房地产项目管理全案

孙宗虎　编著

人民邮电出版社

北　京

图书在版编目（CIP）数据

房地产项目管理全案 / 孙宗虎编著. -- 北京：人
民邮电出版社，2021.6（2023.3重印）
ISBN 978-7-115-56455-9

Ⅰ. ①房… Ⅱ. ①孙… Ⅲ. ①房地产管理 Ⅳ.
①F293.33

中国版本图书馆CIP数据核字（2021）第074088号

内 容 提 要

这是一本关于房地产项目管理人员如何干好工作的图书。本书始于流程，细说过程，关注全程，附带规程，成于章程，具有很强的操作性和实务性。

本书在介绍流程与流程图绘制的基础上，详细介绍了房地产项目市场调研、竞争分析与投资立项管理，房地产项目报批报建管理，房地产项目设计、造价与预算管理，房地产项目招标与采购管理，房地产项目进度管理，项目物料领用与现场管理，房地产项目质量管理，房地产项目竣工验收管理，房地产项目营销推广与策划管理，房地产项目销售管理，房地产项目物业管理，房地产项目财务管理，房地产项目行政、人事、法务管理等13大工作事项。

本书适合房地产项目公司中高层管理人员，尤其是房地产项目管理流程设计者阅读，也适合高等院校房地产开发与管理专业师生、相关培训和咨询人员阅读。

◆ 编　著　孙宗虎
　　　责任编辑　付微微
　　　责任印制　胡　南
◆ 人民邮电出版社出版发行　　北京市丰台区成寿寺路 11 号
　　邮编 100164　　电子邮件 315@ptpress.com.cn
　　网址 https://www.ptpress.com.cn
　　北京虎彩文化传播有限公司印刷
◆ 开本：787×1092　1/16
　　印张：17.5　　　　　　　　　　　　2021 年 6 月第 1 版
　　字数：350 千字　　　　　　　　　2023 年 3 月北京第 2 次印刷

定　价：88.00 元

读者服务热线：（010）81055656　印装质量热线：（010）81055316
反盗版热线：（010）81055315
广告经营许可证：京东市监广登字20170147号

《房地产项目管理全案》一书围绕**房地产项目管理工作的流程设计**，并辅以相应的**工作标准**，将房地产项目管理 13 大事项的执行工作落实到具体的流程上，既解决了"由谁做""做什么"的问题，也解决了"如何有效地做""按照什么标准做"的问题。本书提供了一整套房地产项目管理工作者如何**干工作、干好工作、追求卓越工作**的有效解决方案。

本书系在之前版本的基础上修订而成，为了更加符合当前企业发展的大趋势及满足精细化管理需求，有关内容修订如下。

一、重构了流程体系，使逻辑关系更清晰

首先，在整体内容结构上，本书重新梳理了流程顺序，针对房地产项目市场调研、竞争分析与投资立项管理，房地产项目报批报建管理，房地产项目设计、造价与预算管理，房地产项目招标与采购管理，房地产项目进度管理，项目物料领用与现场管理，房地产项目质量管理，房地产项目竣工验收管理，房地产项目营销推广与策划管理，房地产项目销售管理，房地产项目物业管理，房地产项目财务管理，房地产项目行政、人事、法务管理等 13 大工作事项，梳理了房地产项目管理的工作内容，使房地产项目管理流程更加符合当今企业的实际。

其次，根据梳理后的房地产项目管理流程体系，结合企业切实推行流程管理的需要，本书增补了一些新的流程，进一步细化了房地产项目管理的具体工作事项，使房地产项目管理流程更加全面、详细，便于企业将流程管理应用到房地产项目管理的每一个具体事项上。

最后，为方便房地产企业推行流程管理或应用本书推行流程改造，本书的每一章都新设了一节内容，即在介绍流程设计之前，先对流程设计的目的或流程在房地产项目管理中发挥的作用进行说明，并给出了本章流程之间的内在逻辑关系，为房地产企业选用本书介绍的相关流程提供了决策依据。

二、细化了管理过程，使内容更翔实

（1）对于某一个具体的流程，本书按房地产项目运行的实际情况重新梳理或更新了流程步骤，进一步细化、补充了流程中节点事项的工作标准，使房地产项目管理流程、工作标准更加符合房地产项目管理的实际工作需要，以方便企业相应部门的员工"拿来即用"。

（2）本书还针对房地产项目管理流程中关键事项的落实及执行设计了相应的考核指标与操作说明，为流程中关键事项的执行效果提供了考核依据，从而确保流程与工作标准能够得到高效执行，最终为房地产企业推动流程管理提供了有力的保障。

三、根据管理现状编写，使企业能据实而作

本书提供的是"参照式"流程设计范本。随着房地产项目管理水平的不断提高，房地产项目管理的流程与工作标准也在不断地发生变化，因此，读者在应用本书时可参考以下建议。

（1）读者可根据所在企业的实际情况，适当修改或重新设计书中提供的房地产项目管理流程与工作标准，使之更加适用本企业的情况。

（2）读者可参照本书中的流程，将所在企业每个部门内每个岗位的工作流程适当压缩，力求达到流程再造的目的，以提高房地产项目的运营效率。

（3）读者要在实践中不断改进已经形成的工作流程，真正做到因需而变、高效管理、高效工作，最终实现"赢在执行"的目标。

我们衷心希望本书能为房地产企业推动流程管理提供业务运用层面的指导和实务性的解决方案。

再次感谢数以万计的读者对本书的支持与厚爱，没有你们这些实践专家提供的建议，就不会有本书的这些改进和补充。

目录 Contents

第 2 章　房地产项目市场调研、竞争分析与投资立项管理

第3章　房地产项目报批报建管理

第4章　房地产项目设计、造价与预算管理

第7章　项目物料领用与现场管理

目录

第 12 章　房地产项目物业管理

第 13 章　房地产项目财务管理

目
录

第14章　房地产项目行政、人事、法务管理

目　录

第1章 流程与流程管理

管理的核心目标是用制度管人，按流程做事。不论是制度设计，还是流程设计，都是每一个企业要开展的工作，而且是每年都要循环开展的工作。

企业在进行流程设计之前，应先对流程的概念有一个清晰的认识，并在此基础上掌握流程图绘制的方法，选好绘制工具，然后着手设计。同时，企业要根据自身的运营情况，及时对流程进行修改、调整和再造。

1.1 流程

1.1.1 流程的定义

关于流程，不同的人有不同的看法。有人认为，流程就是程序，其实，"流程"和"程序"是两个互相关联但绝不等同的概念。"程序"体现出一件工作中若干作业项目哪个在前、哪个在后，即先做什么、后做什么。而在"流程"中，除了体现出先做什么、后做什么之外，还体现出每一项具体任务由谁来做，即甲项工作由谁负责，乙项工作由谁负责等，从而反映出他们之间的工作关系。

只有通过流程，才能把一件工作的若干作业项目或工作环节，以及责任人之间的相互工作关系清晰地表示出来。

一般情况下，企业流程有以下五大特征：

（1）流程是为达成某一结果所必需的一系列活动；

（2）流程活动是可以被准确重复的过程；

（3）流程活动集合了所需的人员、设备、物料等；

（4）流程活动的投入、产出、品质和成本可以被衡量；

（5）流程活动的目标是为服务对象创造更多的价值。

我们不妨给流程下一个定义："**流程就是为特定的服务对象或特定的市场提供特定的产品或服务所精心设计的一系列活动。**"

流程包括六大要素，即输入的资源、活动、活动的相互作用（结构）、输出的结果、服务对象和价值。流程的基本模式如图 1-1 所示。

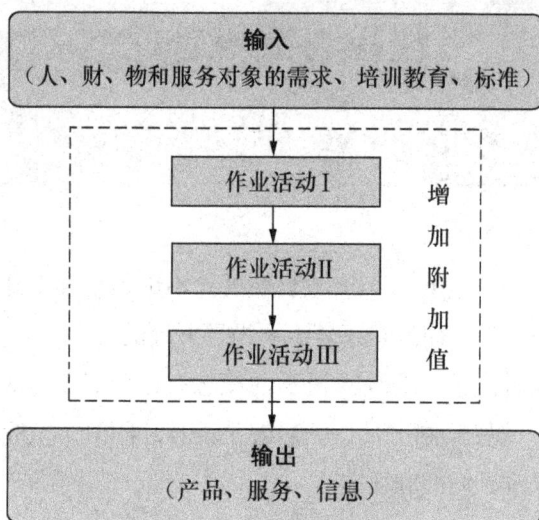

图 1-1　流程的基本模式

1.1.2　流程的分类

企业流程可分为决策流程、管理流程和业务流程三大类，具体内容如表 1-1 所示。

表 1-1　企业流程的分类

序号	类别	定义	特点 / 构成
1	决策流程	◎能确保企业达到战略目标的流程 ◎确定企业的发展方向和战略目标，整合、发展和分配企业资源的过程	◎股东、董事、监事会等组建流程 ◎战略、重大问题及投资流程 ◎企业决策流程的构成如图 1-2 所示
2	管理流程	◎企业开展各种管理活动的相关流程 ◎通过管理活动对企业业务的开展进行监督、控制、协调、服务，间接为企业创造价值	◎上级组织对下级组织的管控流程 ◎资源配置流程（人、财、物以及信息） ◎企业管理流程的构成如图 1-3 所示
3	业务流程	◎直接参与企业经营运作的相关流程 ◎安排完成某项工作的先后顺序，对每一步工作的标准、作业方式等内容做出明确规定，主要解决"如何完成工作"这一问题	◎涉及企业"产、供、销"环节 ◎包括核心流程和支持流程 ◎企业业务流程的构成如图 1-4 所示
备注	从企业经营活动的角度来说，企业流程又可分为战略流程、经营流程和支持流程		

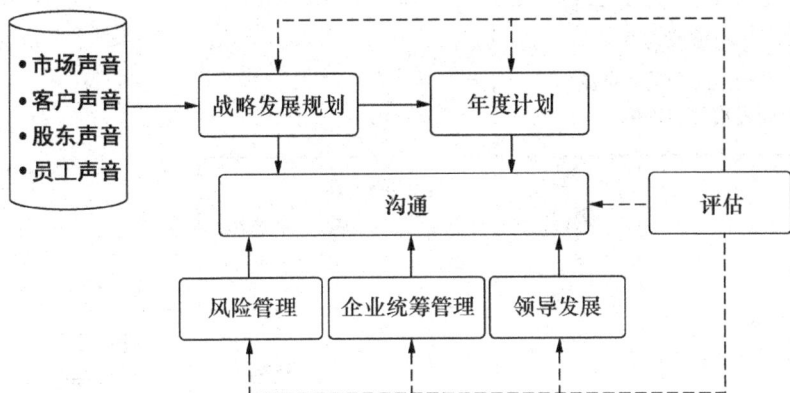

图 1-2　企业决策流程的构成

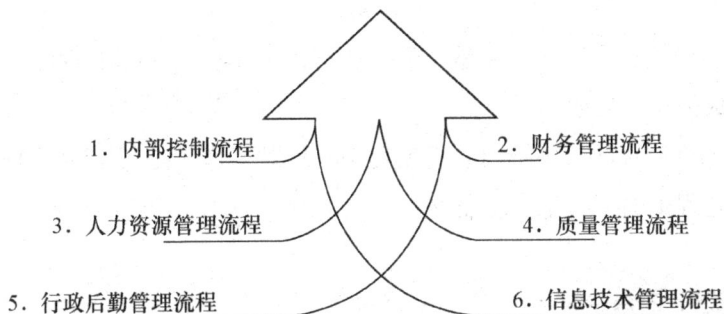

1．内部控制流程　　　　2．财务管理流程

3．人力资源管理流程　　4．质量管理流程

5．行政后勤管理流程　　6．信息技术管理流程

图 1-3　企业管理流程的构成

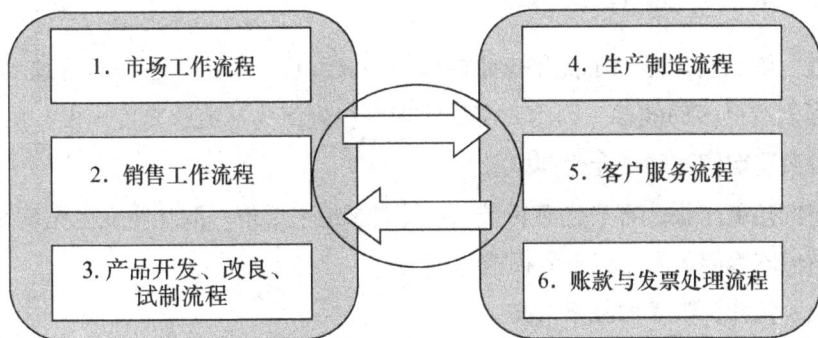

图 1-4　企业业务流程的构成

1.1.3　流程的层级

为便于对各类流程进行管理，我们通常将企业内部流程分为三个层级，即企业级流程、部门级流程和岗位级流程，具体内容如图 1-5 所示。

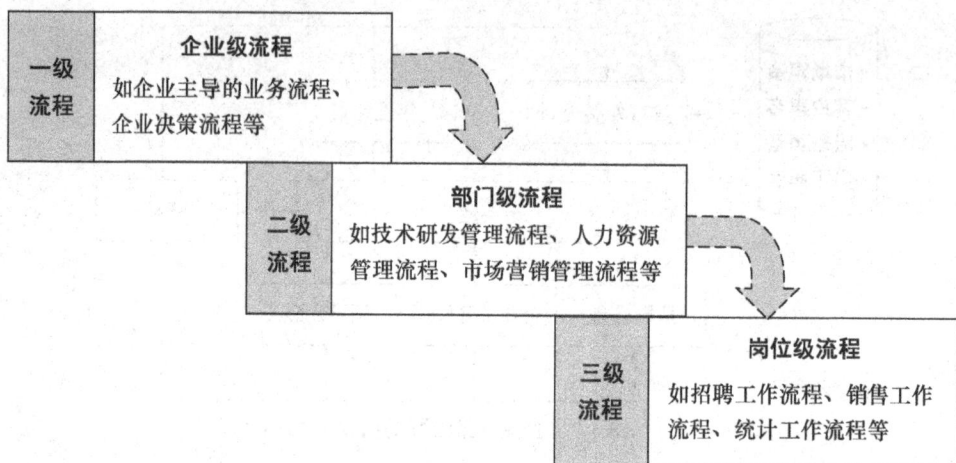

图 1-5　企业内部流程的层级

企业内部各级流程之间的关系是环环相扣的，上一级别流程中的某个节点在下一级别可能会演化成另一个流程。

例如，在二级流程的人力资源管理流程中，招聘工作只是其中的一个节点，而它又会演化成三级流程中的招聘工作流程。

1.2　流程管理

1.2.1　流程管理的含义分析

企业进行流程管理是为了优化企业内部的各级流程，帮助企业提高管理水平，并通过优化流程创造更多的效益。因此，流程管理可被理解为从流程角度出发，关注流程能否 **"为企业实现增值"** 的一套管理体系。

从客户的角度来说，客户愿意付费 / 购买就能带来增值。但从企业的角度来说，"增值"可以被理解为但不限于以下六种情况：

（1）效益提升，投资回报率上升；

（2）工作效率提高，业绩提升；

（3）工作质量、产品 / 服务质量提升；

（4）各种浪费减少，经营成本降低；

（5）沟通顺畅，办公氛围和谐、向上；

（6）品牌价值提升，知名度提升。

企业流程管理主要是对企业内部进行革新，解决职能重叠、中间层次多、流程堵塞等问题，使每个流程从头至尾责任界定清晰，职能不重叠、业务不重复，达到缩短流程周期、节约运作成本的目的。

1.2.2　流程管理的目标分析

流程管理是按业务流程标准，在职能管理系统授权下进行的一种横向例行管理，是一种以目标和服务对象为导向的责任人推动式管理。

流程管理的目标分析说明如表 1-2 所示。

表 1-2　流程管理的目标分析说明

项次	分析项	具体描述
1	流程管理的 最终目的	◎提升客户满意度，提高企业的市场竞争能力 ◎提升企业绩效
2	流程管理的 宗旨	◎通过精细化管理提高管控程度 ◎通过流程优化提高工作效率 ◎通过流程管理提高资源的合理配置程度 ◎快速实现管理复制
3	流程管理的 总体目标	管理者依据企业的发展状况制定流程改善的总体目标
4	总体目标分解	在总体目标的指导下，制定每类业务或单位流程的改善目标
5	流程管理的 工作标准与要求	◎保证业务流程面向客户，管理流程面向企业目标 ◎流程中的活动都是增值的活动 ◎员工的每一项活动都是实现企业目标的一部分 ◎流程持续改进
6	流程管理在 企业发展各阶段的 具体目的	企业需要根据自身发展阶段和遇到的具体问题对流程管理有所侧重 ◎梳理：工作顺畅，信息畅通 ◎显化：建立工作准则，便于员工查阅、了解流程，便于员工之间沟通并发现问题，便于员工复制流程及对流程进行管理 ◎监控：找到监测点，监控流程绩效 ◎监督：便于上级对工作进行监督 ◎优化：不断改善工作，提升工作效率

1.2.3　流程管理工作的三个层级

总体来说，企业流程管理工作包括三个层级，即流程规范、流程优化和流程再造。各个层级的主要内容及适用情况如表 1-3 所示。

表 1-3 流程管理工作三个层级的主要内容及适用情况

层级划分	主要内容	关键输出	适用时机 / 阶段
第一层级流程规范	整理企业流程，界定流程各环节的工作内容及相互之间的关系，形成业务的无缝衔接	◎流程清单 ◎流程体系框架图 ◎各流程图	适合所有企业的正常运营时期
第二层级流程优化	流程的持续优化过程，持续审视企业的流程，不断完善和强化企业的流程体系	◎流程诊断表 ◎流程清单（新） ◎流程体系框架图（新） ◎各流程图（新）	适合企业任何时期
第三层级流程再造	重新审视企业的流程和再设计	◎流程再造分析报告 ◎流程清单（新） ◎流程体系框架图（新） ◎各流程图（新）	适合企业变革时期，以适应企业变革阶段治理结构的变化、战略改变、商业模式变化，以及出现的新技术、新工艺、新产品、新市场等情况

需要注意的是，在流程建设管理工作中，企业应遵循"点面结合"的原则，在加强流程管理体系整体建设（面）的同时持续改进具体流程内容（点）。

1.3 流程管理工作的开展

1.3.1 项目启动

为确保流程能够满足企业战略发展的要求，企业需要从全局视角开展流程管理工作，构建企业流程体系框架，找到关键流程，设计出符合企业实际和发展需求的流程与流程体系。

企业可组建流程建设项目小组，启动流程建设项目的工作指引，具体内容如表 1-4 所示。

表 1-4 启动流程建设项目的工作指引

步骤	步骤细分	具体说明	责任主体	输出
启动流程建设项目	成立项目小组	具体参见表 1-5	流程管理部门	◎项目小组成员名单及职责说明 ◎项目工作计划
	选择规划工具或方法	包括基于岗位职责的建设方法（从下到上）、基于业务模型的建设方法（从下到上）和借助第三方（咨询公司）的建设方法等	流程管理部门	◎规划项目操作指引 ◎会议记录 / 纪要
	制订工作计划	明确项目里程碑，确定各项具体工作清单与步骤及其责任主体，可使用甘特图	流程规划项目组	

房地产项目管理全案

步骤	步骤细分	具体说明	责任主体	输出
启动流程建设项目	发布项目操作指引	包括项目简介、工作计划、成员名单及职责、建设步骤方法、各步骤的详细操作说明、流程图模板、案例、已有流程清单、项目组激励方案等	流程管理部门	◎规划项目操作指引 ◎会议记录/纪要
	召开项目启动会	会议重点是项目整体介绍、背景及理念、角色与职责定位、总体计划、项目最终成果及意义等	流程管理部门	
备注	本阶段常用的工具或方法有甘特图、项目管理法等			

流程建设工作需要得到企业领导层的重视与支持，项目小组的组建及成员构成如表1-5 所示。

表 1-5　流程建设项目小组的组建及成员构成

角色定位	成员构成	主要职责
企业流程管理委员会	由企业高层领导组成，如总经理、各主管副总等，成员人数控制在 3~5 人	◎提供资源支持 ◎任命建设项目经理 ◎审核建设项目计划 ◎参与关键问题决策 ◎参与关键环节的建设及决策
流程建设项目经理	可由流程管理部门经理担任，也可考虑增设项目副总，由相关部门经理担任	◎编制项目计划 ◎监督项目成员完成目标 ◎评估项目成员工作表现
项目助理	可由流程管理部门人员担任	协助项目经理管理项目日常工作，如整理文档等
成员（各部门负责人）	项目成员应具有丰富的工作经验，多为各部门负责人，由其参与部门流程建设工作；也可指派部门人员参与项目小组的工作。各业务部门的流程应统一建设	◎根据项目计划，组织本部门完成相应的流程建设工作 ◎参与本部门流程图和企业全景流程图的绘制，宣贯和应用流程建设成果
成员（流程管理部门的人员）	流程管理部门的工作人员均应参与到项目中来	负责流程建设方法、工具的开发及各部门的相关培训与指导工作

1.3.2　识别流程

在识别流程阶段，企业需要做的是识别本企业有哪些流程，编制流程清单，界定流程之间的界限及为流程命名，帮助企业从流程的视角弄清企业管理现状，为后续的流程建设、每个流程的具体描述提供良好的基础。

由于各部门流程识别、流程清单的梳理对之后的工作至关重要，因此这项工作一般应由各部门领导牵头组织，先整理出部门业务流程主线，明确本部门的关键环节和核心业务，进而确定主要业务流程及分项流程之间的关系。识别流程阶段的工作指引如表 1-6 所示。

表 1-6　识别流程阶段的工作指引

步骤	步骤细分	具体说明	责任主体	输出
识别流程	流程建设培训	流程管理部门对各部门进行流程建设方面的培训，培训的重点是如何使用各种表格等，具体内容包括项目简介、涉及的概念、目的和产出、职责划分、建设步骤、表格编制、工作计划、答疑等	流程管理部门	◎培训课程 ◎培训计划 ◎部门流程清单 ◎企业流程清单（参见表 1-7）
	各部门流程识别	进行部门内岗位分析、业务线分析；将职责分解，细化到岗位、业务活动，并按活动的先后顺序排列，提炼出流程；界定流程的上下接口、输入输出及责任主体；汇总部门内流程，编制部门流程清单	各部门，包括岗位代表人员、部门负责人	
	编制企业流程清单	流程管理部门汇总各部门流程清单，与各部门充分沟通，删除重复流程，查漏补缺，形成企业流程清单	流程管理部门	
备注	本阶段常用的工具及方法有战略地图、业务单元分析法、部门职能分析法、岗位工作分析法等			

1.3.3　构建流程清单

流程建设项目小组在本阶段的主要任务是与各部门进行沟通、讨论，对企业流程进行分类和分级，构建企业流程框架，输出企业流程清单，具体内容如表 1-7 所示。

表 1-7　企业流程清单

序号	一级流程	二级流程	三级流程	归口管理部门	流程状态
备注	流程状态的填写说明：1 代表流程已有且有效；2 代表流程已有，待梳理；3 代表无流程，待设计梳理				

1.3.4　评估流程重要程度

本阶段的工作任务是评估企业流程的重要程度，识别关键流程、核心流程等，将其作为流程设计、运行管理、优化再造工作的重点，以提高企业流程建设工作的效率和效益。

企业的所有活动都是为了提高客户的满意度，实现价值，企业流程重要程度的衡量标准是流程的增值性。一般情况下，直接与客户产生业务关系的流程（如售后服务流程）、与企业核心竞争力相关的流程（如产品质量管理流程）等为企业的重要流程。

表 1-8 为某公司流程建设项目的流程重要程度评估分析表，供读者参考。

表 1-8　某公司流程建设项目的流程重要程度评估分析表

流程名称	与客户相关度（30%）	与整体绩效相关度（30%）	与战略相关度（25%）	流程横向跨度（15%）	评估得分	重要程度等级
××××流程	60	60	60	60	60	
用表说明	1. 以"××××流程"的评估为基准，其他各流程与之对比 2. 各评估项单项总分为 100 分，各单项评分乘以权重后的和为总分 3. 重要程度评估根据最终评分结果，采取强制百分比法，排名前 5% 的为 A 级流程，排名前 6%～20%（包含）的为 B 级流程，排名前 21%～30%（包含）的为 C 级流程，排名前 31%～50%（包含）的为 D 级流程，其他为 E 级流程 4. 评级结果为 A、B、C 级的流程要重点管理					

1.3.5　完善体系框架

完成流程重要程度评估分析后，企业需要在流程清单的基础上进一步完善流程体系框架，标注流程的重要程度等级，具体内容如表 1-9 所示。

表 1-9　企业流程的重要程度等级

一级流程	二级流程	三级流程	归口管理部门	流程状态
××××流程（B级）	××××流程（B级）	××××流程（A级）		
		××××流程（B级）		
	××××流程（C级）	××××流程（C级）		
		××××流程（D级）		

1.3.6　进行流程设计

企业在进行流程设计时，可遵循以下七个步骤。

第 1 步：界定流程范围

流程设计的第 1 步是界定流程范围，即确定信息的输入和输出。

在这一环节，企业需要回答以下几个问题。

- 有哪些流程业务活动？
- 流程从何处开始、何处终止？
- 流程的输入和输出是什么？
- 输出的成果交给谁（客户）？
- 客户有何要求？

在此，我们以设计外部招聘管理流程为例，说明流程范围界定，具体内容如表 1-10 所示。

表 1-10　外部招聘管理流程范围界定

流程名称	外部招聘管理流程	流程编号	
流程责任部门 / 责任人	人力资源部 / 招聘主管	流程对应客户	各用人部门
本流程业务活动	人力资源部招聘、面试、录用管理工作		
流程开始	招聘需求	流程结束	录用决策、签订劳动合同
流程输入	已批准的招聘计划、临时招聘需求	流程输出	面试评估报告、劳动合同
流程客户要求（目标）	1. 在期限内完成招聘任务 2. 人岗匹配		

第 2 步：确定流程活动的主要步骤

流程设计人员在界定完流程范围后，接下来需要进行调查分析，确定本流程活动的主要步骤，操作方法如图 1-6 所示。

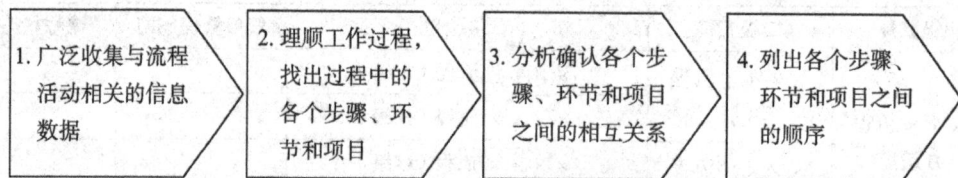

1. 广泛收集与流程活动相关的信息数据
2. 理顺工作过程，找出过程中的各个步骤、环节和项目
3. 分析确认各个步骤、环节和项目之间的相互关系
4. 列出各个步骤、环节和项目之间的顺序

图 1-6　确定流程活动的主要步骤

我们以设计外部招聘管理流程为例，其主要步骤（参见表 1-11）包括招聘需求汇总、招聘岗位分析与条件确定、发布招聘信息、简历收取与筛选、面试与评估、做出录用决策、签订劳动合同及试用期管理等。

第 3 步：步骤详细说明

本阶段应针对已确定的流程活动的主要步骤进行分析和描述，需要完成的工作如下：

- 分析每一个步骤的输入、输出（成果）；
- 明确后续步骤的客户要求；
- 确定每一步骤工作/活动的检查、考核、评估指标；
- 确定每一步骤涉及的部门/人员，明确其责任、权限和资源需求；
- 确定本流程的层次及与上下层级之间的关系。

我们仍以设计外部招聘管理流程为例，本阶段流程活动的主要步骤及具体描述如表1-11所示。

表 1-11　外部招聘管理流程活动的主要步骤及具体描述

流程名称	外部招聘管理流程		流程编号	
流程责任部门/责任人	人力资源部/招聘主管		流程对应客户	各用人部门
本流程业务活动	人力资源部招聘、面试、录用管理工作			
流程开始	招聘需求		流程结束	录用决策、签订劳动合同
流程输入	已批准的招聘计划、临时招聘需求		流程输出	面试评估报告、劳动合同
流程客户要求（目标）	1. 期限内完成招聘任务 2. 人岗匹配			
流程步骤	步骤描述		重要输入	重要输出
招聘需求汇总	人力资源部在经过批准的年度招聘计划指导下，按时进行计划内的人员招聘工作		招聘计划	—
	计划外招聘需由部门提出招聘申请并拟订上岗要求和资格条件，报总经理或相关副总经理审核		岗位说明书	招聘岗位清单
招聘岗位分析与条件确定	人力资源部根据当时的市场薪资行情和企业薪资架构体系，初步拟订待招聘的职位等级及基本薪资范围		—	—
	根据待招聘职位的高低，呈交相应的决策层核准，之后正式启动招聘工作 ◎部门经理及以上管理职位由总裁核准 ◎部门主管及主管以下职位由分管人力资源副总经理核准		—	—
发布招聘信息	通过内外部多种渠道发布招聘信息，同时收集人才资料，可经由下列方式进行 ◎刊登内部职位空缺公告 ◎刊登报纸广告 ◎接洽人才中介机构 ◎请高校推荐 ◎参加人才交流会等		岗位说明书	招聘广告

流程步骤	步骤描述	重要输入	重要输出
简历收取与筛选	人力资源部收到应聘者的各项资料后，先进行初步审核，审阅其学历、经验是否符合企业要求，再将审核通过的应聘者的资料转交用人部门进一步审核，通过书面资料审核淘汰一部分不符合岗位要求的应聘者	应聘简历	面试人员清单
面试与评估	由人力资源部主导，对通过审核的应聘者进行笔试及面试，从人员的基本素质方面进行评估，筛选出符合要求的应聘者	面试清单	面试记录面试评估表
	在人力资源部的协助下，由相关业务部门的人员对应聘者进行专业技能考核	—	面试评估表
	◎主管级别及以下职位由副总经理进行最终面试 ◎部门经理及以上管理职位由总经理进行最终面试	—	面试评估表
做出录用决策	根据企业高层领导及用人部门的意见，人力资源部告知被录用者其最终职位和薪资金额	—	—
	将其他优秀但未被录用的应聘者的资料存入人才库	—	人才库
	通过面试的应聘者必须参加体检，体检未通过者不予录用	—	体检报告
签订劳动合同	人力资源部发出录用通知单，与被录用者签订劳动合同，并根据招聘/录用管理制度为被录用者办理相关的入职手续	—	劳动合同
试用期管理	执行试用期管理流程	—	—
考核评估方法	招聘任务是否按期完成、招聘人数完成率、招聘计划出错次数、招聘广告出错次数等		

第4步：选择流程形式

根据流程的分类、层级、复杂程度，以及流程活动的内部关联性等因素，企业流程主要有四种展现形式，即箭头式流程图、业务流程图、矩阵式流程图和泳道式流程图。

☆ 箭头式流程图

箭头式流程图的特点是直观、一目了然，适用于企业员工都熟悉流程中各项作业概况的情况或流程中各项作业任务较简单的情况。箭头式流程图的示例如图 1-7 所示。

企业在设计箭头式流程图时，需要注意以下两个问题。

● 在图中明确执行主体，如果是单一的执行主体，可将执行主体省略。
● 用简洁的语言对流程图中的主要活动进行解释说明，以进一步明确活动要求和指令。

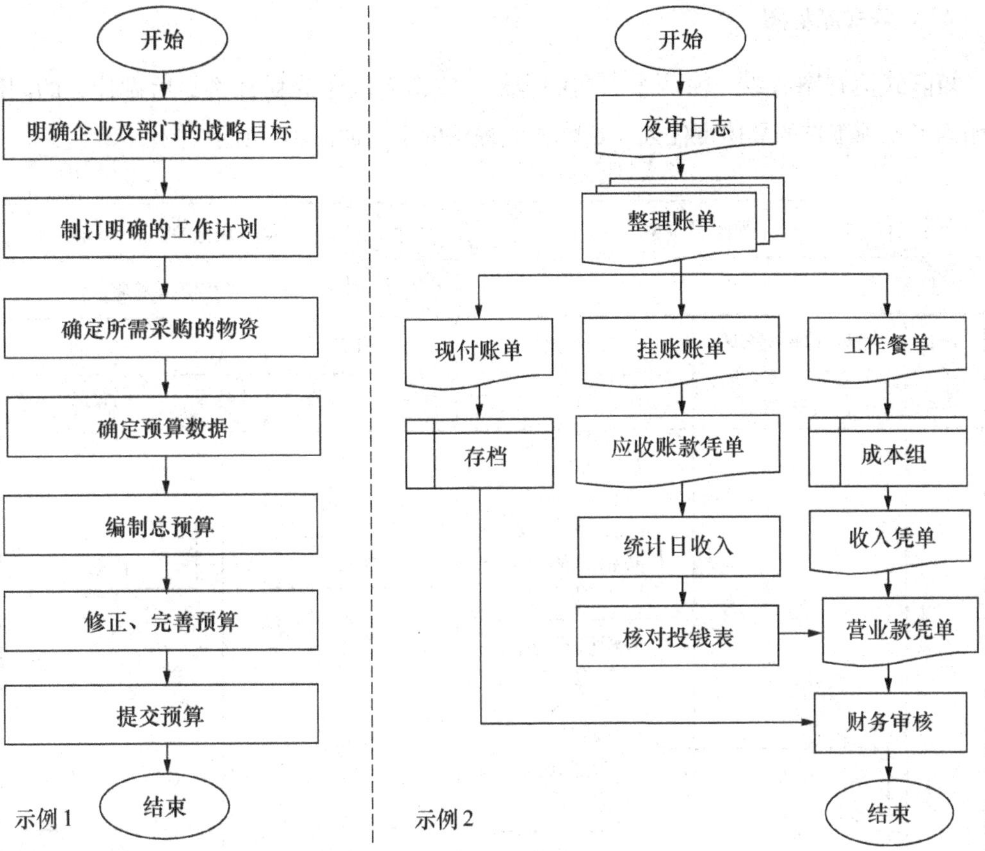
开始
明确企业及部门的战略目标
制订明确的工作计划
确定所需采购的物资
确定预算数据
编制总预算
修正、完善预算
提交预算
结束
示例1
开始
夜审日志
整理账单
现付账单
挂账账单
工作餐单
存档
应收账款凭单
成本组
统计日收入
收入凭单
核对投钱表
营业款凭单
财务审核
结束
示例2

图 1-7　箭头式流程图的示例

☆ 业务流程图

在业务流程图中，需要明确流程的上下执行主体、活动内容、要求及指令，并将要求和指令用统一的语言表达出来。流程活动的承担者之间必须是平等、互助、尊重、关怀的关系。业务流程图的示例如图 1-8 所示。

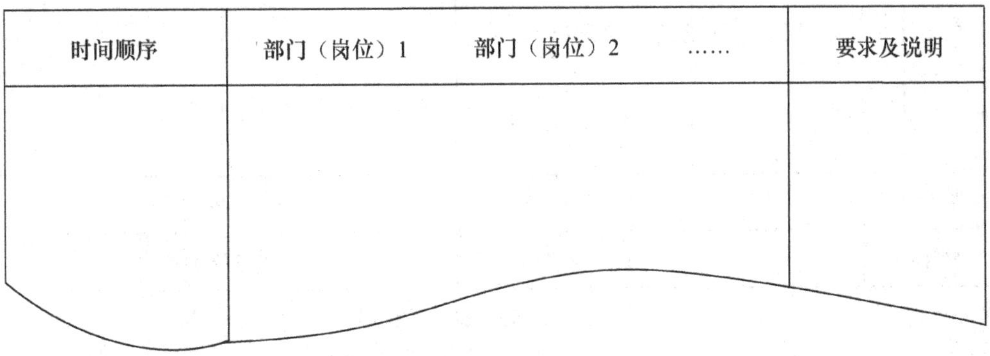
时间顺序
部门（岗位）1
部门（岗位）2
……
要求及说明

图 1-8　业务流程图的示例

☆ 矩阵式流程图

矩阵式流程图有纵、横两个方向的坐标，它既解决了先做什么、后做什么的问题，又明确了各项工作的具体责任人。矩阵式流程图的示例如图 1-9 所示。

单位名称	质量管理部		流程名称	制程质量检验工作流程	
层级	3		任务概要	制程质量检验	
主体	质量管理部经理	质检专员	生产部	生产车间	
节点	A	B	C	D	

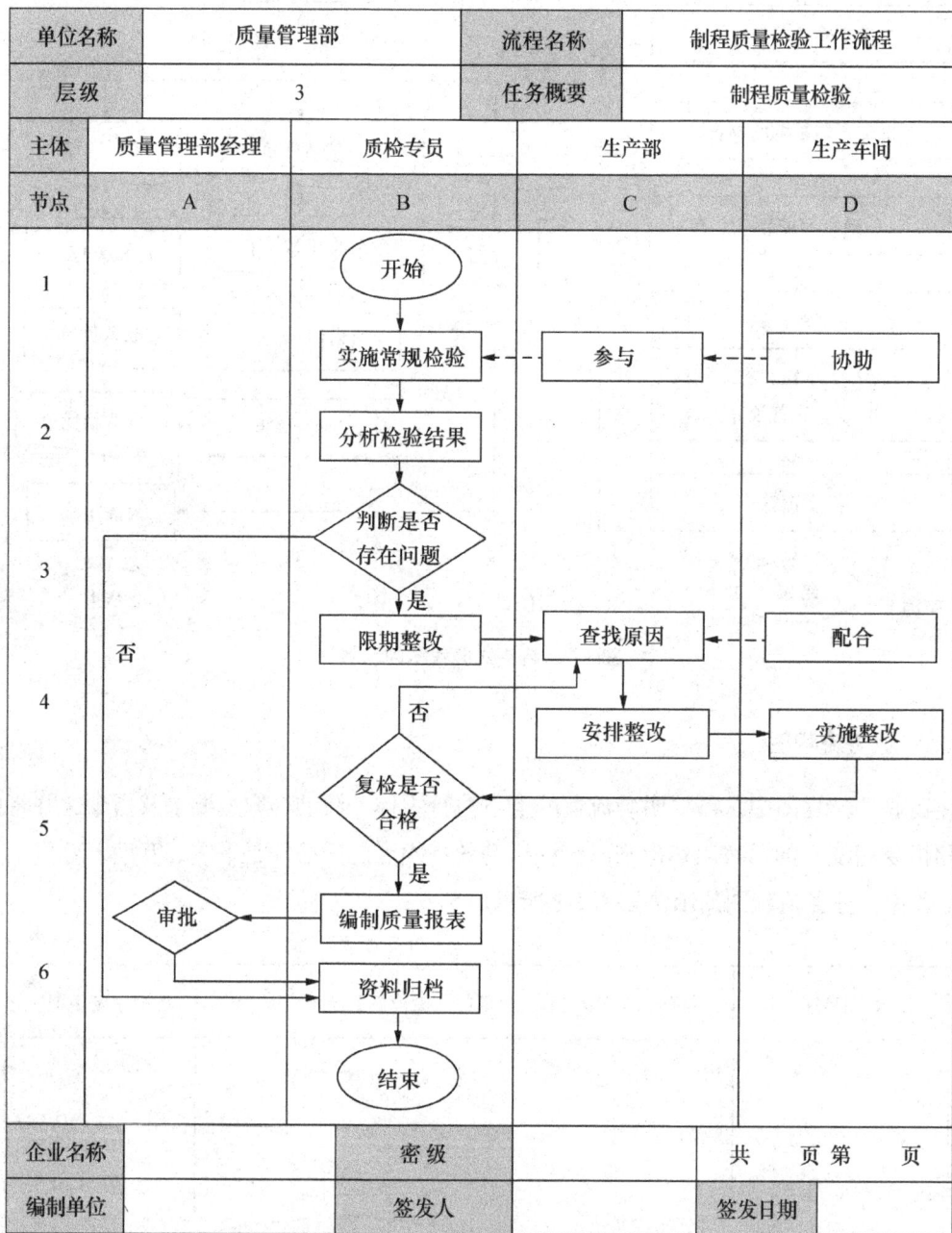

图 1-9　矩阵式流程图的示例

☆ 泳道式流程图

与矩阵式流程图相似，泳道式流程图也是通过纵、横双向坐标来设计流程的，纵向为分项工作任务，横向是承担任务的部门、岗位（即执行主体）。

这种流程图样式与其他流程图类似，但在业务流程的执行主体上，主要通过泳道（纵向条）区分执行主体。泳道式流程图的示例如图1-10所示。

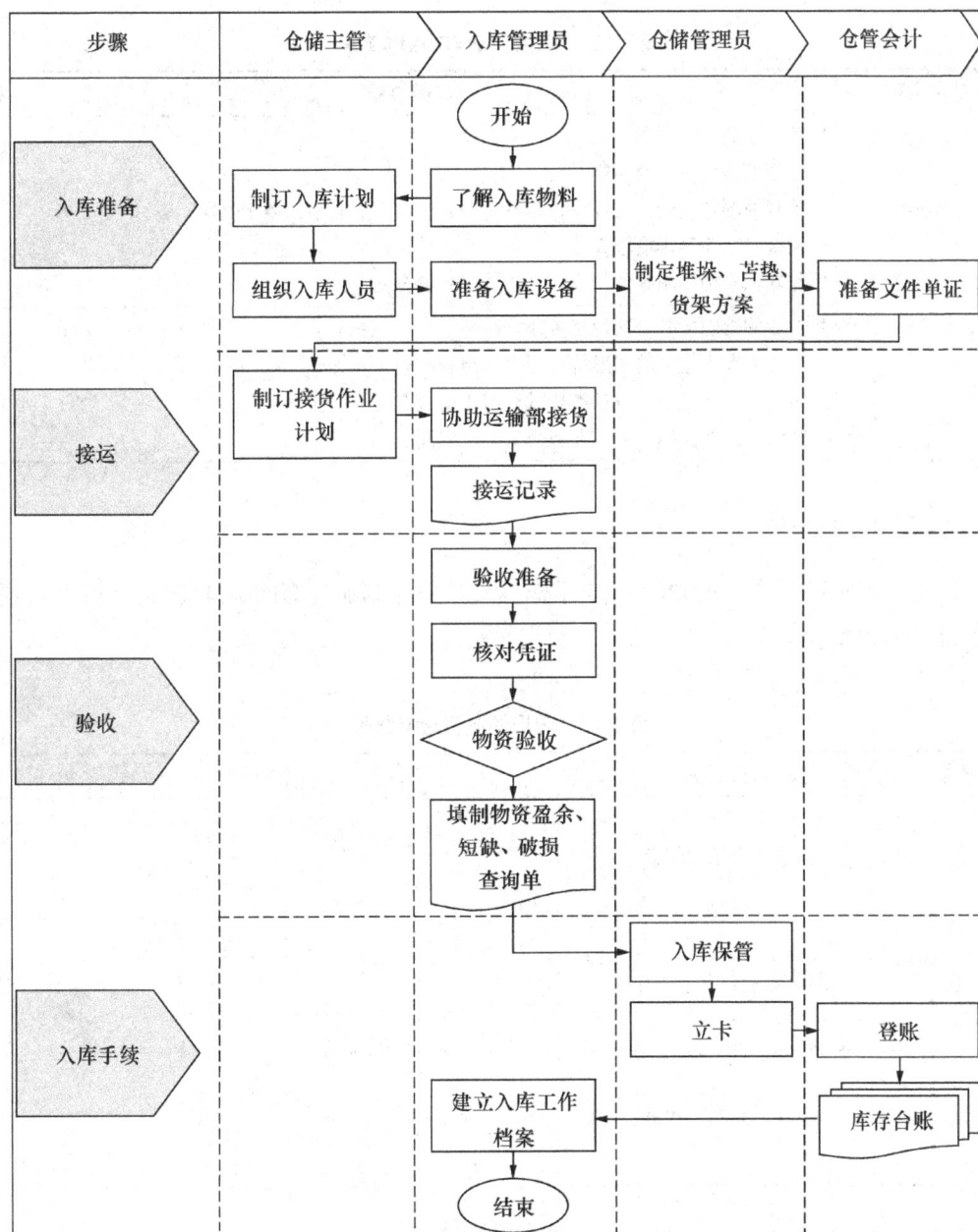

图1-10　泳道式流程图的示例

第 5 步：绘制流程草图

流程图的绘制是指流程设计人员将流程设计或流程再造的成果以书面形式呈现出来。

☆ 绘制工具的选择

绘制流程图常用的工具有 Word、Visio 等，这两个工具各有各的特点（见表 1-12），流程图设计人员可根据本企业流程设计的要求、个人的使用习惯等自由选择。

表 1-12　常用的流程图绘制工具

工具名称	工具介绍
Word	1. 普及率高 2. 方便发排、打印及印刷 3. 绘制的图片清晰，文件小，容易复制到移动存储器中，便于收发 4. 较费时，绘制难度较大 5. 与其他专用绘图软件相比，绘图功能不够全面
Visio	1. 专业的绘图软件，附带相关建模符号 2. 通过拖曳预定义的图形符号很容易组合图表 3. 可根据本单位流程设计需要进行组织的自定义 4. 能绘制一些组织复杂、业务繁杂的流程图

☆ 流程绘制符号

美国国家标准学会（ANSI）规定了流程设计中绘制流程图的标准符号，常用的流程绘制符号如表 1-13 所示。

表 1-13　常用的流程绘制符号

序号	符号名称	符号
1	流程的开始或结束	⬭
2	具体作业任务或工作	▭
3	决策、判断、审批	◇
4	单向流程线	→

序号	符号名称	符号
5	双向流程线	
6	两项工作跨越、不相交	
7	两项工作连接	
8	作业过程中涉及的文档信息	
9	作业过程中涉及的多文档信息	
10	与本流程关联的其他流程	
11	信息来源	
12	信息储存与输出	

实际上，流程绘制标准符号远不止表1-13所列的这些。但是，流程图的绘制越简洁、明了，操作起来就越方便，企业也更容易接受和落实；符号越多，流程图就越复杂，越难以落实到位。所以，一般情况下，企业使用1~4项流程绘制标准符号就基本可以满足绘制流程图的需要了。

☆ **绘制草图**

不同的流程展现形式体现了不同层次的流程。例如，一二级流程适合用矩阵式流程图和泳道式流程图呈现，而三级流程中的部分业务流程适合用箭头式流程图和业务流程图呈现。

值得一提的是，流程设计人员在绘制流程图的过程中，需要确定该流程与上下游流程之间的接口，以及与规范流程运行要求相关联的制度之间的关系，并根据实际情况尽量将其在流程图中反映出来，如流程图中可根据流程节点给出相应的制度、表单等。

第6步：流程意见反馈

流程图绘制完成后，需要通过意见征询、试运行等方式获得相关意见和建议，发现不足和纰漏，以便对其做出进一步修改和完善，直至最终定稿。

针对初步绘制的流程图，流程设计人员可通过以下三种方式征求各方的意见，具体内容如图 1-11 所示。

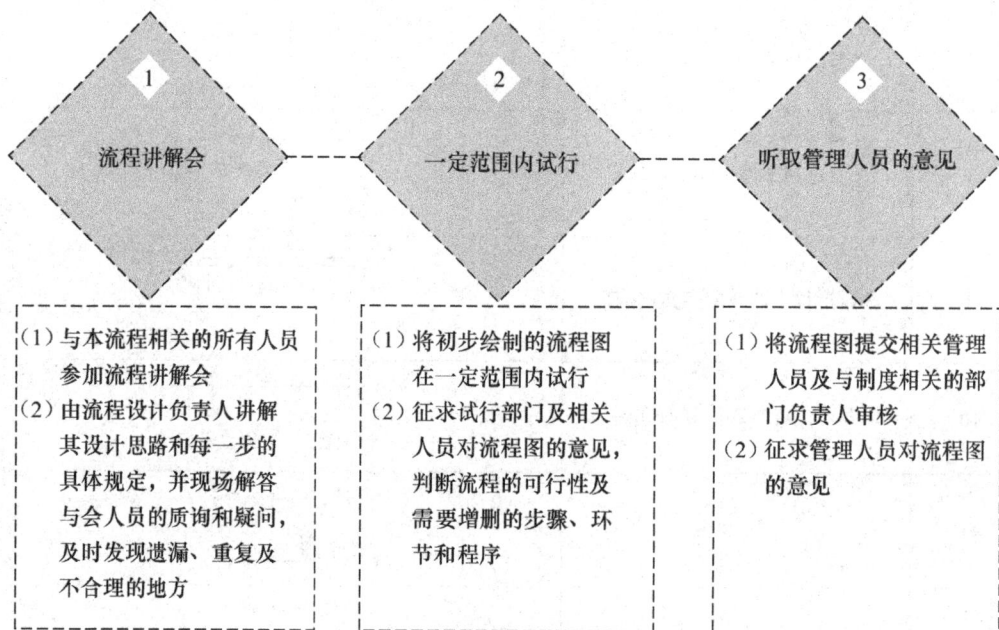

1

流程讲解会

2

一定范围内试行

3

听取管理人员的意见

（1）与本流程相关的所有人员参加流程讲解会 （2）由流程设计负责人讲解其设计思路和每一步的具体规定，并现场解答与会人员的质询和疑问，及时发现遗漏、重复及不合理的地方	（1）将初步绘制的流程图在一定范围内试行 （2）征求试行部门及相关人员对流程图的意见，判断流程的可行性及需要增删的步骤、环节和程序	（1）将流程图提交相关管理人员及与制度相关的部门负责人审核 （2）征求管理人员对流程图的意见

图 1-11　流程图草案意见征询方式

第7步：流程调整修正

通过上述方式进行意见征询后，流程设计人员应综合分析意见征询结果，汇总各种修改意见，对流程图进行修改和完善，提交权限主管领导审核后再呈交总经理批准，或在董事会审议通过后公示执行。

☆ 流程定稿要求

老员工能够按流程图做事，新员工根据流程图知道怎样做事。

☆ 流程试运行与检查

流程设计人员要监控流程试运行过程，检查并汇总试运行过程中出现的问题，做好检查记录，为问题分析和流程改善做准备。流程实施与检查内容说明如表 1-14 所示。

表 1-14　流程实施与检查内容说明

项次	检查项目	具体检查内容
1	检查流程是否稳定	◎在实施过程中是否出现例外活动 ◎在实施过程中是否出现步骤、时间、权责方面的冲突 ◎是否出现上一部分的步骤成果（输入）不能充分影响下一步骤的活动 ◎是否出现资源（特别是人力资源）与任务不匹配的情况
2	检查程序是否合理	◎适宜性：程序适应内外部环境变化的能力 ◎充分性：程序各过程的展开程度 ◎有效性：达到的结果与所使用的资源之间的关系，确保程序的经济性

☆ **流程简化**

流程简化的目标是用最少的资源执行流程，减少资源浪费。流程简化的方法包括取消环节、合并环节、环节调序、简化环节、自动化环节以及一体化环节等。

流程简化工作的一般操作方法如下：

● 对评估流程进行再评估，确认和削减增加资源耗费的活动；

● 评估各种测量方法，判断其能否提供有用和可控的信息；

● 缩短时间，测试输出数量 / 质量是否相应减少；

● 依据上述变动调整程序简化计划；

● 将程序置于自动运行状态，通过周期性检查发现问题。

1.3.7　发布、实施与检查

1. 流程的确定与发布

流程设计人员将经过实践检验的流程图提交企业领导审核签字后，以适当的方式向全体员工公示，并自公示之日起生效，便于员工遵照执行。

一般情况下，常用的流程公示方式有四种，企业可根据实际情况选择运用，具体内容如表 1-15 所示。

表 1-15　流程公示的四种方式及操作说明

序号	公示方式	操作说明
1	全文公告公示	在企业公共区域将流程图及相关说明全文公告，并将公告现场以拍照、录像等方式加以记录

序号	公示方式	操作说明
2	集中学习	召开员工会议或组织员工进行集中学习、培训，并让员工签到确认参与了学习或培训
3	员工阅读并签字确认	将流程及相关说明做成电子或纸质文件交由员工阅读并签字确认。确认方式包括在流程文件的尾页签名、另行制作表格登记、制作单页的"声明"或"保证"
4	作为劳动合同附件	将流程文件作为劳动合同的附件，在劳动合同专项条款中约定"劳动者已经详细阅读，并自愿遵守本企业的各项规定"等内容

企业的经营管理人员或人力资源管理人员，对流程公示工作要细心谨慎，注意以下两大事项。

☆ 事项1：务必让当事人知晓

务必将相关通知、决定等送到当事人手中，而不是"通告一贴，高高挂起"，要确保能够达到公示与告知的目的。

☆ 事项2：注意留存公示的证据

不同的公示方式有不同的证据留存方式。例如，让员工在"签阅确认函"上签字确认，可签"已经阅读、明了，并且承诺遵守"等。

2. 优化流程实施的环境

设计了流程并不意味着企业的运行效率和经济效益必然会有大幅度的提高，更重要的工作是抓好流程管理的落实。

在管理和实施流程的过程中，企业不能忽视对流程实施环境的管理，应该注意以下几点。

☆ 建立合适的企业文化

企业流程设计或再造一般均以流程为中心、以追求客户满意度的最大化为目标，这就要求企业从传统的职能管理向过程管理转变。

企业在实施流程管理时，需要改变过去的传统观念和习惯做法，建立一种能够适应这种转变的以"积极向上、追求变革、崇尚效率"为特征的企业文化，以使每个流程中的各项活动都能实现最大化增值的目标，为企业经济效益的提高做贡献。

房地产项目管理全案

☆ **提高企业领导对流程管理的认识**

提高企业领导，特别是企业高层领导对流程管理的认识是企业发展中的重要问题，是企业提高运营效率和经济效益的重要措施，是企业战胜竞争对手的主要手段，是企业发展战略的重要因素。

只有企业的董事长、总经理、总监等高层领导重视流程管理，才能推动企业的流程再造，实施才能见到效果。

☆ **加强培训，使企业上下共同提高对流程的认识**

在实施流程管理的过程中，企业高、中层管理人员是推动流程管理的骨干，广大员工则是推动流程管理的重要力量。

通过培训，使企业的管理团队与员工提高对流程设计或再造的认识，共同认识到流程的意义，认识到流程再造对企业生存和发展的作用，只有这样推动与实施流程再造，才能达到良好的效果。

此外，通过培训，可以提高员工的自觉性，使员工自觉遵守新的流程。

3. 实现流程的有效落实

企业的流程图绘制完毕、装订成册后，需要发给企业各部门，以便员工遵照执行。流程图实际上是企业的一项规章制度，它可以帮助企业建立正常的工作规则和工作秩序。

以下是流程有效落实的四种思路，具体内容如图 1-12 所示。

新员工入职流程、制度培训

明确流程负责人，实行问责制

流程E化

流程制度化

注：流程 E 化是指应用现有的 IT 技术，实现企业各项管理和业务流程的电子化。

图 1-12 流程有效落实的四种思路

4. 开展有针对性的流程检查

流程检查的目的是提高企业的效益，保证流程目标的最终实现。

● 控制流程检查的成本投入。流程检查成本投入需要与该流程的产出价值相匹配，否则既浪费资源，又不能创造价值。企业在流程检查工作中要有成本意识，强化

"投资回报"的概念。

- 把握好流程检查的度。在设计流程检查方案时，需要确定流程检查的精细度、频次及抽样方法，控制检查成本。流程检查工作要抓住关键流程，抓住流程的关键环节，结合实际情况和流程的运转时间确定流程检查的频次和抽样方式。

5. 流程检查重点的选取

流程检查需要与流程实际执行情况相匹配，合理设置流程关键控制点。

- 对于流程成熟度高（流程绩效表现合理且稳定）、人员能力较强的流程，企业可降低检查投入，也可取消相关的关键控制点。
- 对于流程成熟度较低（流程绩效波动较大）的流程，企业需要加强对该流程的检查力度或新增关键控制点，以稳定流程绩效。

流程检查重点选取的矩阵分析如图 1-13 所示。

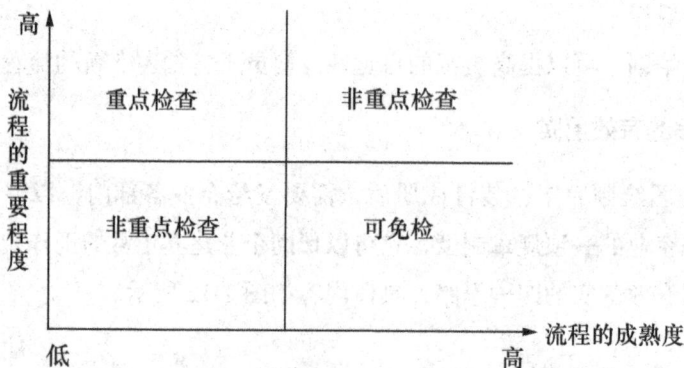

注：流程的重要程度评估请参照本章 1.3.4 所述。

图 1-13　流程检查重点选取的矩阵分析

6. 流程检查工作的实施程序

流程检查工作的实施程序如图 1-14 所示。

7. 流程绩效评估与改进

从本质上看，流程绩效评估是为企业战略与经营服务的，企业需要对某些关键的流程进行绩效评估，将流程绩效作为企业绩效管理的一个重要维度。

☆　确定流程的绩效目标

企业战略目标被分解为部门绩效目标与岗位绩效目标，并被包含在关键流程中，即流程被赋予绩效目标。因此，流程的绩效评估需围绕目标展开，实行目标导向的流程绩效评估。

```
                    ┌─────────┐
                    │  开始   │
                    └────┬────┘
                         │
          ┌──────────────┴──────────────┐           ┐
          │      明确流程检查的目的       │           │
          └──────────────┬──────────────┘           │
                         │                           │
          ┌──────────────┴──────────────┐           │
          │      明确流程的关键节点       │           │  流
          └──────────────┬──────────────┘           │  程
                         │                           │  检
          ┌──────────────┴──────────────┐           │  查
          │    分析、筛选流程检查重点     │           │  规
          │（分析流程现状及容易出错的关键节点）│        │  划
          └──────────────┬──────────────┘           │
                         │                           │
          ┌──────────────┴──────────────┐           │
          │  确定流程中各检查点的检查方法与标准 │        │
          │（查阅资料与记录、现场观察、访谈）│         ┘
          └──────────────┬──────────────┘
                         │                           ┐
          ┌──────────────┴──────────────┐           │
          │   编制检查工作计划，制作检查表  │           │
          └──────────────┬──────────────┘           │  流
                         │                           │  程
          ┌──────────────┴──────────────┐           │  检
          │  与被检查部门沟通，确认目标与计划 │         │  查
          └──────────────┬──────────────┘           │  实
                         │                           │  施
          ┌──────────────┴──────────────┐           │
          │  按计划进行流程检查并详细记录  │           │
          └──────────────┬──────────────┘           ┘
                         │
          ┌──────────────┴──────────────┐           ┐
          │ 汇总并分析检查结果，编制流程检查报告 │        │
          └──────────────┬──────────────┘           │
                         │                           │  流
          ┌──────────────┴──────────────┐           │  程
          │   与被检查部门沟通，分析原因   │           │  实
          └──────────────┬──────────────┘           │  施
                         │                           │  问
     否            ◇─────┴─────◇                      │  题
  ┌──────────────◇  流程设计是否  ◇                   │  的
  │              ◇    问题      ◇                     │  改
  │               ◇───────────◇                      │  进
  │                    │是                            │  与
  │              ┌─────┴───────────┐                 │  跟
  ┌───────────┐ │ 制定流程实施问题的改进措施 │          │  进
  │流程优化与再造│ └─────┬───────────┘                 │
  └─────┬─────┘        │                           │
        │        ┌─────┴───────────┐                 │
        │        │ 执行、跟进、评估改进措施 │            │
        │        └─────┬───────────┘                 ┘
        │              │
        │         ┌────┴────┐
        └────────►│  结束   │
                  └─────────┘
```

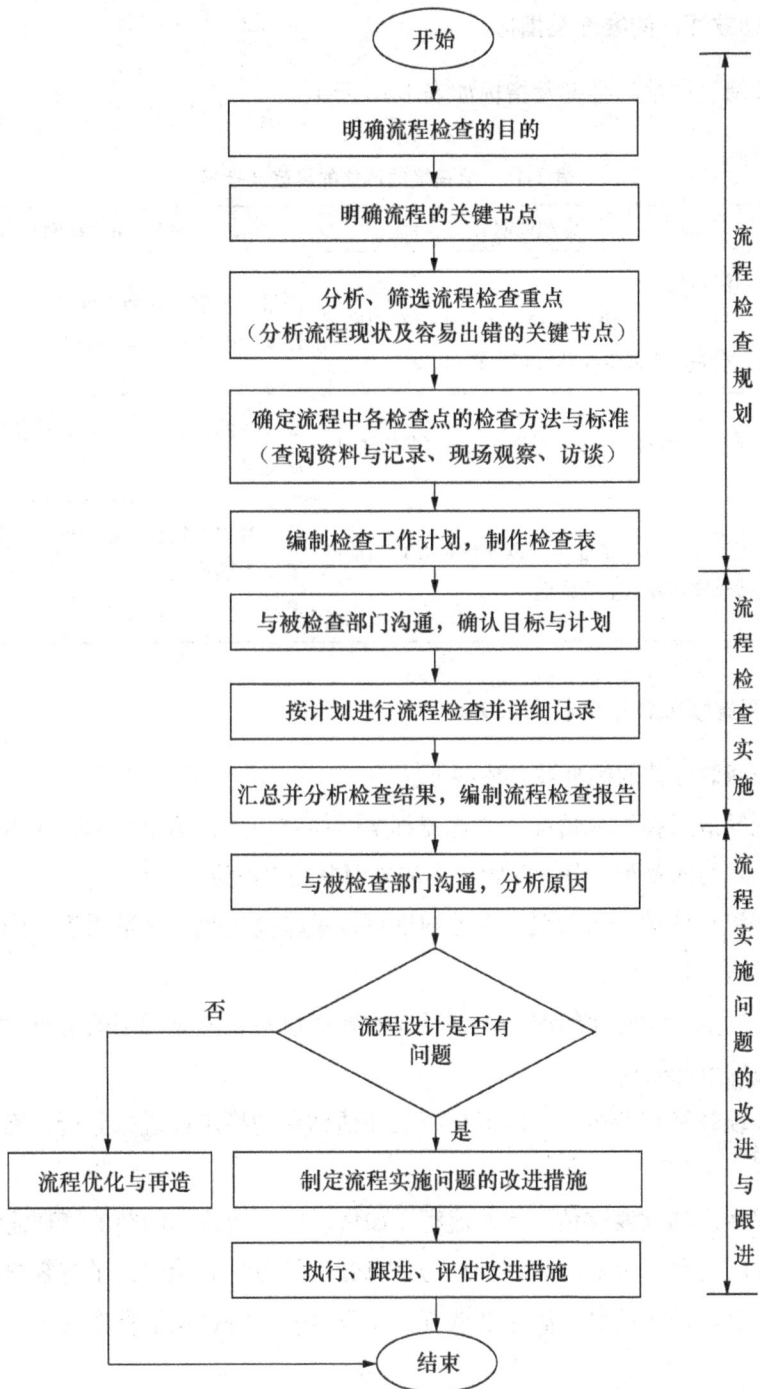

图 1-14　流程检查工作的实施程序

第一章　流程与流程管理

☆ 流程绩效评估的维度及指标

企业流程绩效评估的维度及指标如表 1-16 所示。

表 1-16　流程绩效评估的维度及指标

评估维度	详细说明	指标举例
效果	◎流程的产出 ◎流程的产出满足客户（包括内部客户和外部客户）需求和期望的程度	产量、产值、计划目标完成率、外部客户满意度、内部客户满意度等
效率	通过效果评估，确认资源节约与浪费的情况	处理时间、投入产出比、增值时间比、质量成本等
弹性	流程应具备调整能力，以便满足客户当前的特殊要求和未来的要求	处理客户特殊要求的时间、被拒绝的特殊要求所占的比例、特殊要求递交上级处理的比例等

☆ 流程实施绩效评估的标准及方法

流程实施绩效评估的标准及方法如下。

（1）流程绩效目标达成情况。对比流程实际绩效与流程绩效目标，找出实际绩效与流程绩效目标之间的差距，分析差距产生的原因并加以改进。

（2）内部流程绩效排名情况。企业内部可以做横向比较，这适用于不同区域的业务流程竞争、成功经验分享等。

（3）外部同类竞争对比情况。与同行业主要竞争对手的流程绩效进行对比，以了解企业在该方面的市场表现。

（4）流程绩效稳定性情况。对流程绩效评估结果的稳定性进行分析，确认流程是否处于受控状态。

（5）流程客户满意度评估。有些流程（如售后服务流程）的绩效管理需要客户与市场的评估，此时需要一个好的客户沟通与信息管理平台，其能够记录与客户的日常沟通信息、投诉信息、回访信息、满意度调查信息等，并可将这些信息作为客户满意度评估的依据。

☆ 流程绩效评估结果的运用

企业流程绩效评估结果可运用于五个方面，具体内容如图 1-15 所示。

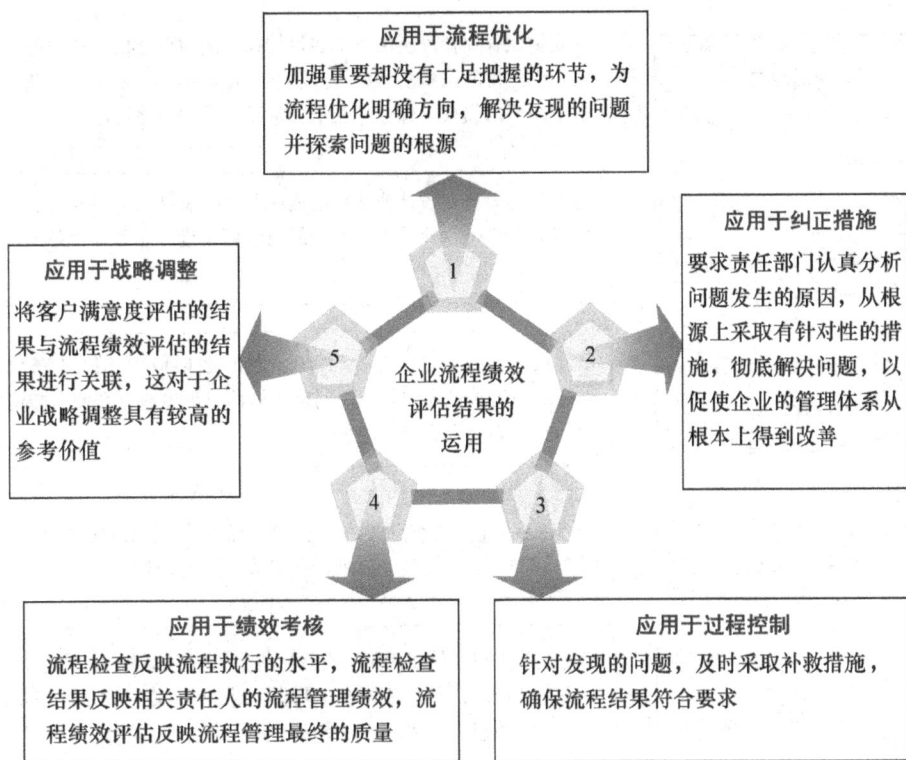

应用于流程优化
加强重要却没有十足把握的环节，为流程优化明确方向，解决发现的问题并探索问题的根源

应用于纠正措施
要求责任部门认真分析问题发生的原因，从根源上采取有针对性的措施，彻底解决问题，以促使企业的管理体系从根本上得到改善

应用于战略调整
将客户满意度评估的结果与流程绩效评估的结果进行关联，这对于企业战略调整具有较高的参考价值

企业流程绩效评估结果的运用

应用于绩效考核
流程检查反映流程执行的水平，流程检查结果反映相关责任人的流程管理绩效，流程绩效评估反映流程管理最终的质量

应用于过程控制
针对发现的问题，及时采取补救措施，确保流程结果符合要求

图 1-15　企业流程绩效评估结果的运用

1.4　流程执行章程设计

1.4.1　配套制度设计

制度是规范员工行为的标尺之一，是企业进行规范化、制度化管理的基础。只有不断推进规范化、制度化管理，企业才能逐步发展壮大。

1. 制度设计步骤

企业在设计流程配套制度时，要明确需要解决的问题及要达到的目的，为制度准确定位，开展内外部调研，明确制度规范化的程度，统一制度格式等。制度设计的步骤如图 1-16 所示。

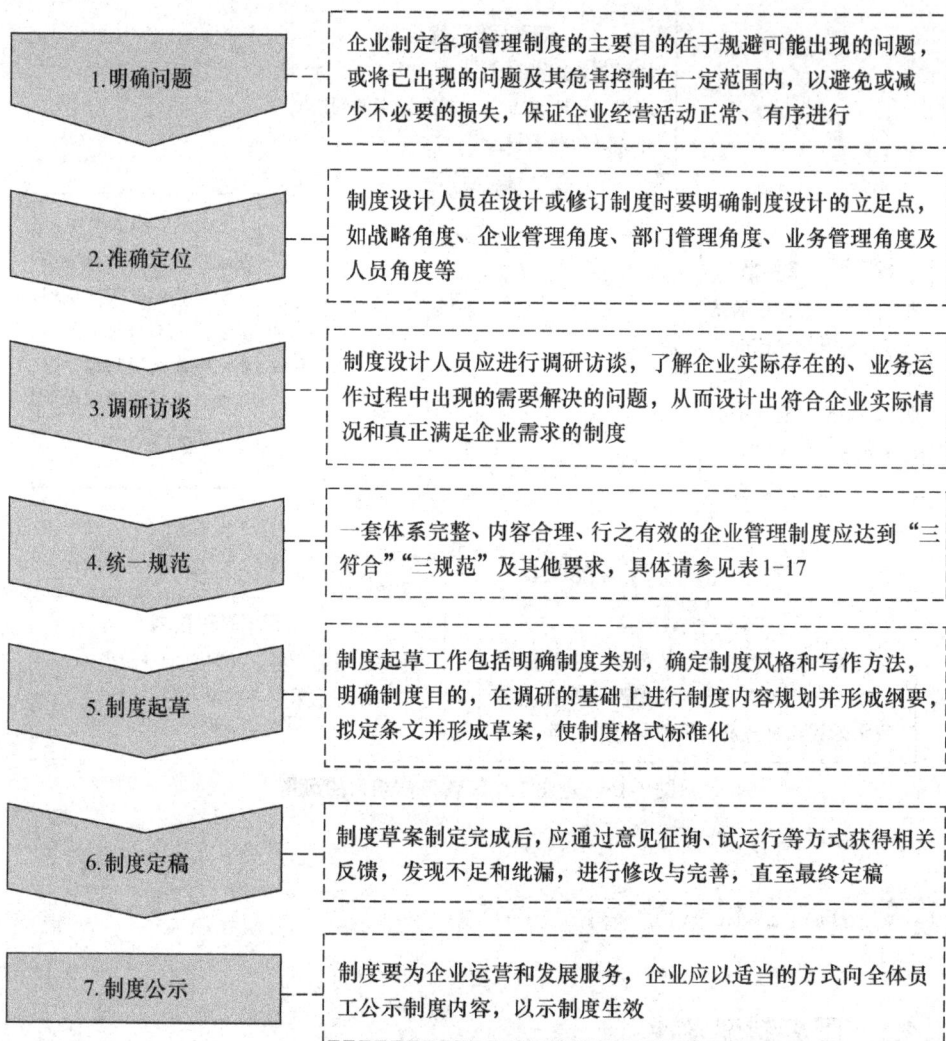

1.明确问题	企业制定各项管理制度的主要目的在于规避可能出现的问题，或将已出现的问题及其危害控制在一定范围内，以避免或减少不必要的损失，保证企业经营活动正常、有序进行
2.准确定位	制度设计人员在设计或修订制度时要明确制度设计的立足点，如战略角度、企业管理角度、部门管理角度、业务管理角度及人员角度等
3.调研访谈	制度设计人员应进行调研访谈，了解企业实际存在的、业务运作过程中出现的需要解决的问题，从而设计出符合企业实际情况和真正满足企业需求的制度
4.统一规范	一套体系完整、内容合理、行之有效的企业管理制度应达到"三符合""三规范"及其他要求，具体请参见表1-17
5.制度起草	制度起草工作包括明确制度类别，确定制度风格和写作方法，明确制度目的，在调研的基础上进行制度内容规划并形成纲要，拟定条文并形成草案，使制度格式标准化
6.制度定稿	制度草案制定完成后，应通过意见征询、试运行等方式获得相关反馈，发现不足和纰漏，进行修改与完善，直至最终定稿
7.制度公示	制度要为企业运营和发展服务，企业应以适当的方式向全体员工公示制度内容，以示制度生效

图1-16 制度设计的步骤

2.制度设计规范及要求

要想设计一套体系完整、内容合理、行之有效的企业管理制度，制度设计人员必须遵循一定的规范及要求，具体内容如表1-17所示。

表1-17 制度设计规范及要求

设计规范	具体要求
三符合	符合企业管理者最初设想的状态
	符合企业管理科学原理
	符合客观事物发展规律或规则

房地产项目管理全案

设计规范		具体要求
三规范	规范制度制定者	◎品行好，能做到公正、客观，有较强的文字表达能力和分析能力，熟悉企业各部门的业务及具体工作方法 ◎了解国家相关法律法规、社会公序良俗和员工习惯，了解制度的制定、修改、废止等程序及审批权限 ◎制度所依资料全面、准确，能反映企业经营活动的真实面貌
	规范制度内容	◎合法合规，制度内容不能违反国家法律法规，要遵守公德民俗，确保制度有效、内容完善 ◎形式美观、格式统一、简明扼要、易操作、无缺漏 ◎语言简洁、条例清晰、前后一致、符合逻辑 ◎制度可操作性强，能与其他规章制度有效衔接 ◎说明制度涉及的各种文本的效力，并用书面或电子文件的形式向员工公示或向员工提供接触标准文本的机会
	规范制度实施过程	◎明确培训及实施过程、公示及管理、定期修订等内容 ◎营造规范的执行环境，减少制度执行过程中可能遇到的阻力 ◎规范全体员工的职责、工作行为及工作程序 ◎制度的制定、执行与监督应由不同人员完成 ◎监督并记录制度执行的情况

3. 制度框架设计

制度的内容结构常采用"一般规定—具体制度—附则"的模式。一项规范、完整的制度所需具备的内容包括制度名称、总则／通则、正文／分则、附则与落款、附件这五大部分。制度设计人员应注意每一部分，使所制定的制度内容完备、合规、合法。

根据制度的内容结构，图1-17给出了常用的制度内容框架及设计规范，供读者参考。

需要说明的是，对于针对性强、内容单一、业务操作性强的制度，正文中不用分章，可直接分条列出，但总则与附则中的有关条目不可省略。

4. 制度修订

企业在发展过程中，有些制度可能会成为制约其发展的因素，因此企业需要不断修订、完善甚至废止这些制度。总之，不断推进制度化管理伴随着企业发展的整个过程。

制度设计人员或修订人员需要根据实际情况，及时修订与企业发展不相适应的规范、规则和程序，以满足企业日常经营及长远发展的需要。配套制度修订时间的选择如表1-18所示。

第一章　流程与流程管理

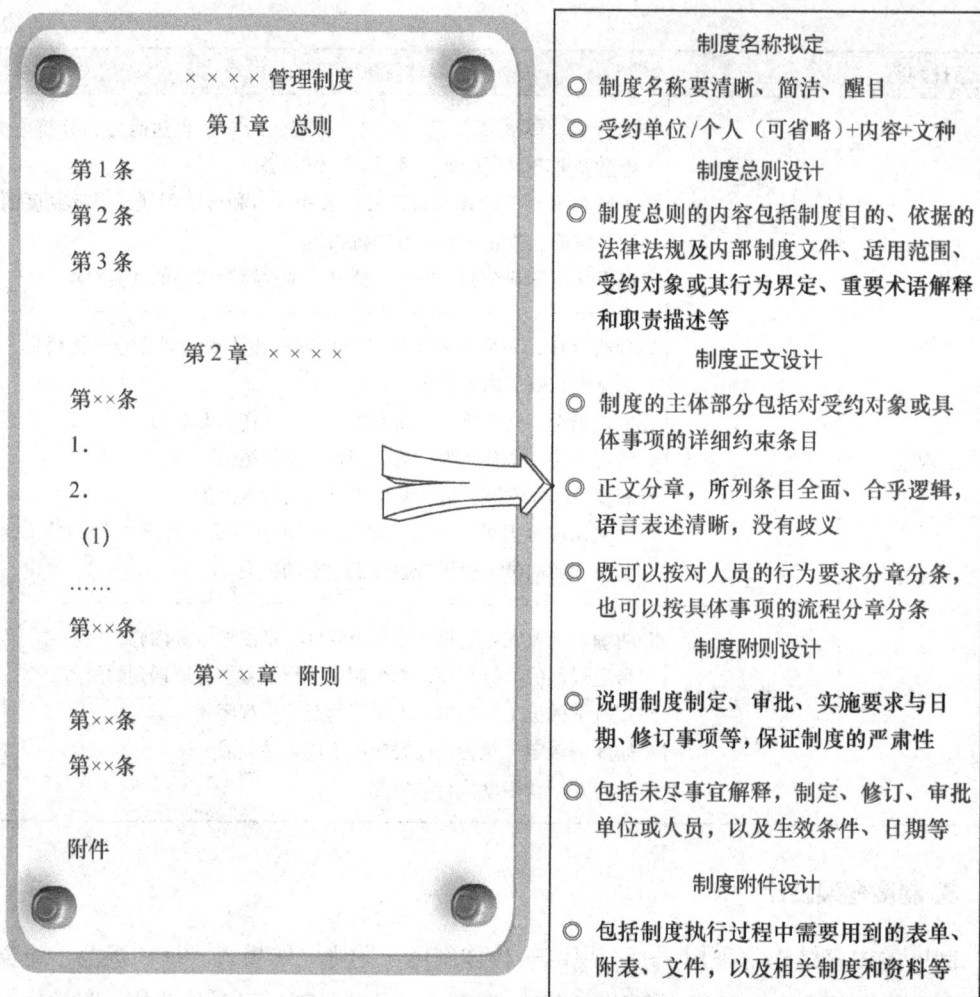

图 1-17　制度内容框架及设计规范

表 1-18　配套制度修订时间的选择

状况类别	修订时间
企业外部	◎国家或地方修订或新颁布相关法律法规，导致企业某些制度或条款不合法、有缺陷或多余等 ◎企业所处的外部环境、市场条件等发生重大变化，影响了企业的日常经营活动
企业内部	◎配套的流程发生了变化 ◎企业定期复审制度、调整机构、重新设置岗位等 ◎企业各部门或各岗位通过工作实践，认为已有制度存在问题
备注	在上述情况下，如果制度确实不符合企业当前的实际情况，可撤销或合并到其他制度中

制度修订就是在现存相关制度的基础上，对制度的内容进行添加、删减、合并等处理，以及对制度的体系结构进行再设计。制度设计人员可根据图 1-18 所示的流程修订制度。

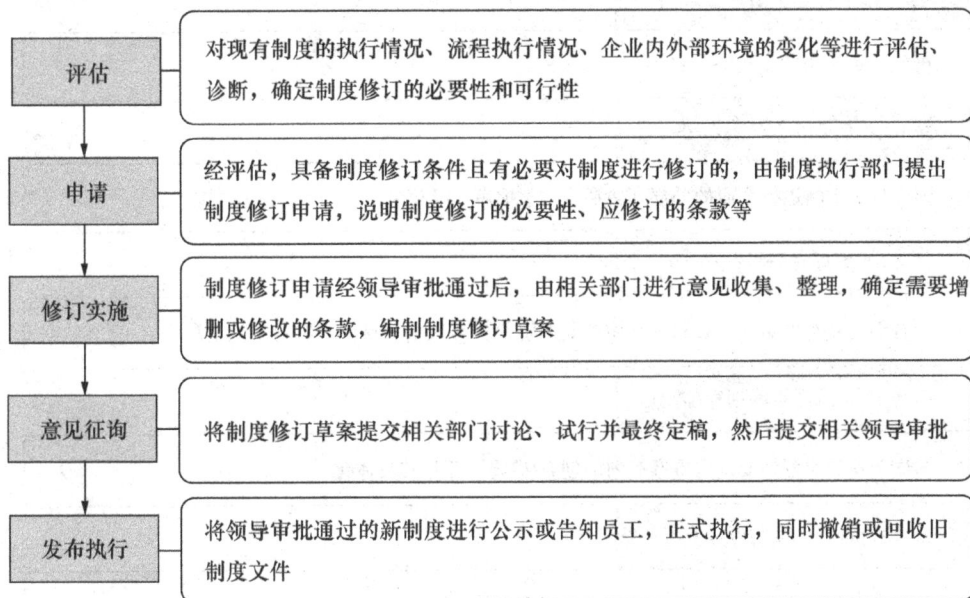

评估	对现有制度的执行情况、流程执行情况、企业内外部环境的变化等进行评估、诊断，确定制度修订的必要性和可行性
申请	经评估，具备制度修订条件且有必要对制度进行修订的，由制度执行部门提出制度修订申请，说明制度修订的必要性、应修订的条款等
修订实施	制度修订申请经领导审批通过后，由相关部门进行意见收集、整理，确定需要增删或修改的条款，编制制度修订草案
意见征询	将制度修订草案提交相关部门讨论、试行并最终定稿，然后提交相关领导审批
发布执行	将领导审批通过的新制度进行公示或告知员工，正式执行，同时撤销或回收旧制度文件

图 1-18　制度修订流程

在制度修订的过程中，制度设计人员要注意以下几点：

● 要适应企业新的机构运行模式与流程管理的要求；

● 要发挥各制度管理部门的主动性和制度执行部门的能动性；

● 要强化各项工作的管理责任要求；

● 要强调各职能部门的管理服务标准；

● 要规范制度的编制格式，为制度的再修订和日后的统稿工作制定标准。

1.4.2　辅助方案设计

方案是指某一项工作或行动的具体计划或针对某一问题制定的规划。撰写工作方案是员工必须完成的一项任务。一份实操性强、思路清晰、富有创新性的方案，不仅有利于方案的实际操作，而且还能获得上级领导的称赞。

1. 方案设计的步骤

方案设计的步骤如图 1-19 所示。

第 1 步 确定方案目标主题

将方案的目标主题确立在一定范围内，力求主题明晰，重点突出

第 2 步 收集相关资料

围绕目标主题收集相关资料

第 3 步 调查外部环境态势

围绕目标主题进行全面的外部环境调查，掌握第一手资料

第 4 步 整理与分析资料

综合调查获得的第一手资料和手中的其他资料，整理出对目标主题有用的信息

第 5 步 提出具体的创意/措施

根据企业的实际需要提出方案策划的创意/措施，并将其具体化

第 6 步 选择、编制可行方案

将符合目标主题的创意细化成具体的执行方案

第 7 步 制定方案实施细则

根据选定的方案，将具体的任务分配到各职能部门，分头实施，并按进度表与预算表进行监控

第 8 步 制定检查、评估办法

对选定的方案提出详细可行的检查办法、评估标准及成果巩固措施

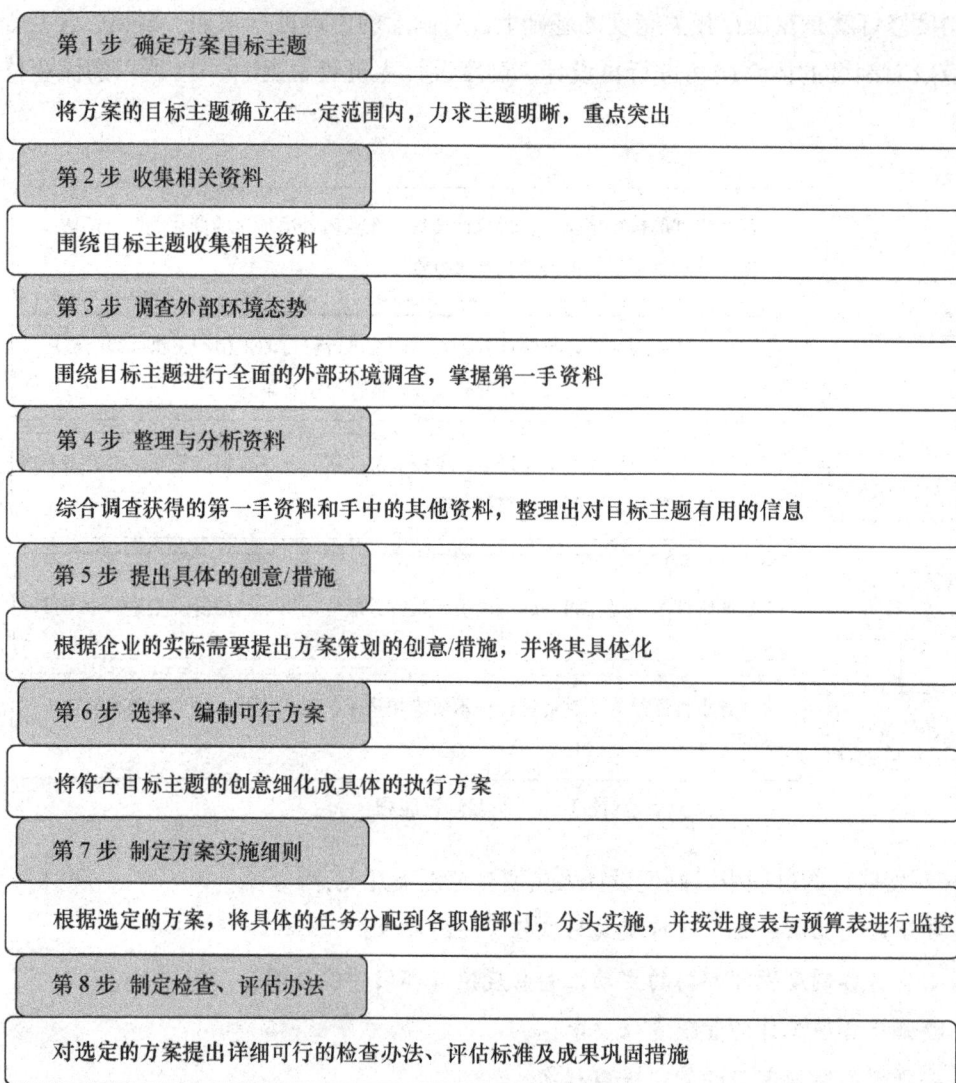

图 1-19　方案设计的步骤

2. 方案的内容结构

方案一般包括目标和目的、适用范围、现状分析、具体措施等内容，其结构如图 1-20 所示。

目标和目的：效益提升、成本降低、管理提升、效率提升、目标达成、问题解决等

适用范围：时间范围、人员范围、部门范围等

现状分析：企业外部环境分析、企业内部环境分析、企业所面临的问题分析

具体措施：制订什么计划、采取什么措施，强调解决对策和具体建议是什么，会产生什么效果，需要哪些资源给予支持。资源支持包括财力、人力和物力的支持等

实施和管理：负责人、实施的时间、实施的步骤、实施的成果，实施中需要注意哪些事项

考核和评估：考核和评估的主题、内容、标准、指标、步骤及结果

参考附件：本方案涉及的相关制度、表单、文书等文件

图 1-20 方案的内容结构

1.4.3 文书设计

文书是用于记录信息、交流信息和发布信息的一种工具。企业管理文书是指企业为了某种需要，按照一定的体例和要求形成的书面文字材料，包括各类文书、公文、文件等。

1. 企业管理文书分类

企业管理文书分类如表 1-19 所示。

表 1-19 企业管理文书分类

文书分类	具体文书种类
通用类文书	请示、批复、批示、通知、决定等，由企业统一规定编写格式与编号
合同类文书	劳动合同、业务合同等
会务类文书	企业各类会议的开幕词、闭幕词、演讲稿、会议记录、会议纪要、会议报告和会议提案等
社交类文书	介绍信、感谢信、慰问信、表扬信、祝贺信和邀请函等
法务类文书	纠纷报告书、申诉书、仲裁申请书、起诉书和答辩书等
事务类文书	计划、总结、建议、报告、倡议、简报、启事、消息、号召书、意向书、企划书、调查报告等

文书分类	具体文书种类
制度规范类文书	制度、守则、规定、办法、细则、方案、手册等
与业务工作相关的文书	各项与职能及日常事务相关的文书，如内部竞聘公告、招聘广告、营销广告等

2. 文书设计的注意事项

● 遵循企业规定的文书格式、编写要求和编号规范。

● 语言表述规范、完整、准确，避免表达残缺、出现歧义等错误。

● 语言简明精炼、言简意赅，行文流畅，主题明确。

3. 文书设计规范

我们以工作计划为例，对文书的设计规范进行说明。工作计划是对即将开展的工作的设想和安排，如提出任务指标、任务完成时间和实施方法等。工作计划既是明确工作目标、推进工作开展的有效指导，也是对工作进度和工作质量进行考核的依据之一。工作计划的内容结构如图 1-21 所示。

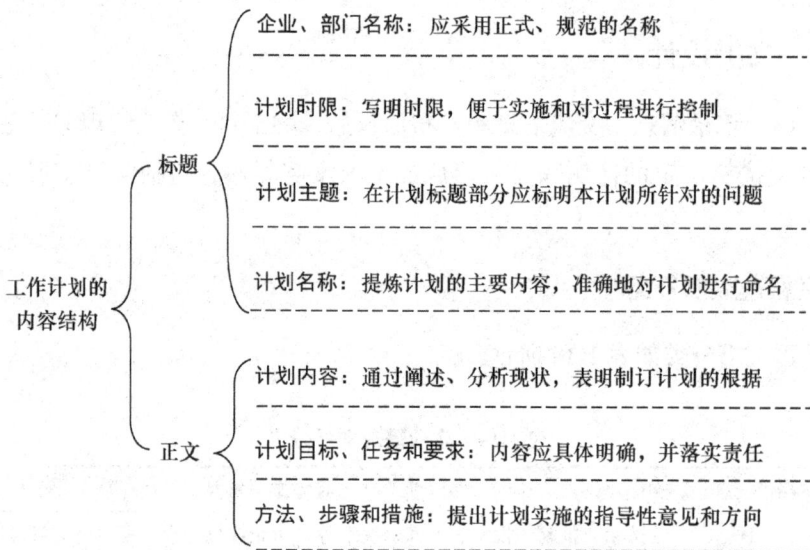

工作计划的内容结构

标题
- 企业、部门名称：应采用正式、规范的名称
- 计划时限：写明时限，便于实施和对过程进行控制
- 计划主题：在计划标题部分应标明本计划所针对的问题
- 计划名称：提炼计划的主要内容，准确地对计划进行命名

正文
- 计划内容：通过阐述、分析现状，表明制订计划的根据
- 计划目标、任务和要求：内容应具体明确，并落实责任
- 方法、步骤和措施：提出计划实施的指导性意见和方向

图 1-21　工作计划的内容结构

1.4.4　表单设计

1. 表单种类

表单主要分为文字表单、工具表单和数量表单三种：

- 文字表单就是将文字信息按要求整理成表单，借以说明某一概念或事项等；
- 工具表单是企业员工经常使用的一种表单；
- 数量表单用于呈现数据，以便相关人员进行统计。

2. 表单的编制要求

表单的编制要求如下：

- 表单的内容要与标题相符；
- 表单的内容应言简意赅；
- 表单的格式应简洁明了且前后连贯。

3. 设计表单

设计表单就是将表单的行、列看作一个坐标的横轴、纵轴，将需要表达的内容清晰、简洁、直观地置入坐标中予以展现。

常见的表单绘制工具有 Word、Excel 等，表单设计人员可以根据工作需要进行选择。下面以 Word 为例介绍绘制表单的步骤，具体内容如图 1-22 所示。

步骤1 创建表单	步骤2 输入表单内容	步骤3 设置表单属性	步骤4 表单形式的编辑与修饰
运用设定插入法、选择插入法、手绘法、复制法和文本转换法等创建所需的表单	在表单中输入内容时，要使用关键词，这样既能简明扼要地表达主要意思，又能实现表述工整的目的	包括选用表单的样式，设置表单的边框、底纹、列与行的属性、单元格的属性等	包括插入或删除单元格、行、列和表格，改变单元格的行高和列宽，移动、复制行和列，合并、拆分单元格，表格的拆分，表单标题行的重复、对齐和调整，表头的绘制等

图 1-22　绘制表单的步骤

1.5　流程诊断与优化

1.5.1　流程诊断分析

流程优化的前提是对现有流程进行调查和研究，分析流程中存在的问题，即流程诊断。

1. 流程诊断分析工作的步骤

流程诊断分析工作的步骤如表 1-20 所示。

表 1-20　流程诊断分析工作的步骤

步骤	工作内容	采用的方法
1. 流程信息收集	◎收集信息 / 数据，了解企业流程执行现状 ◎找出流程建设、管理中存在的问题 ◎了解企业员工所关心的问题 ◎加强企业员工之间的沟通，让所有员工树立流程管理意识	内部调查、专家访谈、讨论会、外部客户访谈和座谈会等
2. 问题查找与分析	◎清晰地阐述需要解决的问题 ◎将大问题细分成若干小问题，这样更容易解决 ◎分析、探究问题的根源，提出解决方案	NVA/VA 分析法、5Why 分析法、鱼骨图法和逻辑树法等
3. 编制诊断报告	◎根据问题的根源，结合企业的实际情况编制诊断报告 ◎提出问题解决方案，提供创意，优化 / 再造流程	—

2. 流程诊断分析工作的要求

在流程诊断分析过程中，流程管理人员要重视以下要求，提高诊断工作的科学性、合理性和有效性。

- 不要拘泥于数据，要探究"我试图回答什么问题"。
- 不要在一个问题上绕圈子。
- 开阔视野，避免钻牛角尖。
- 假设也可能被推翻。
- 反复检验观点。
- 细心观察。
- 寻找突破性的观点。

3. 流程诊断分析的方法

企业常用的流程诊断分析方法有 NVA/VA 分析法、5Why 分析法等，具体内容如下。

☆ NVA/VA 分析法

NVA/VA 分析法是指将构成某个流程的各项工作任务分为三类，即非增值活动、增值活动和浪费。NVA/VA 分析法的说明如图 1-23 所示。

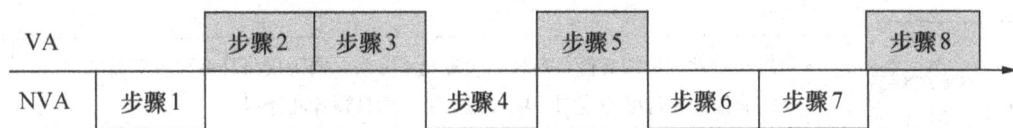

注：了解增值活动（VA）在流程的全部活动中所占的比重，找出需要改进的重点，制定切实可行的改进目标。

- 非增值活动（NVA）指不增加附加值，但却是实现增值不可缺少的活动，是各项增值活动的重要衔接。
- 增值活动（VA）指能提高产品或服务的附加值的活动。
- 浪费（Waste）指既不能增值，也不是必需的活动。

图 1-23 NVA/VA 分析法的说明

☆ 5Why 分析法

5Why 分析法是指在对某一个流程进行诊断、分析和改进时，需针对其提出以下问题并给出答案。

- 为什么确定这样的工作内容？
- 为什么在这个时间和这个地点做？
- 为什么由这个人来做？
- 为什么采用这种方式做？
- 为什么需要这么长时间？

流程管理人员根据以上五个问题的答案，找出企业流程在实际运行过程中存在的问题，分析问题的根源，从而制定流程优化或再造方案。

1.5.2 流程优化的注意事项

流程优化的注意事项如下：

- 优化那些不能给企业带来利润或效率，效益较差的流程，或者在日常运行中容易出现问题的流程；
- 优化那些对企业运营非常重要且急需改造的流程；
- 优化流程必须先易后难；
- 经过优化的流程必须和原有流程紧密衔接，确保流程管理的系统性和全面性；
- 经过优化的流程必须具有可操作性和稳定性。

1.5.3 流程优化程序

企业流程优化工作应抓住重点，找出最急迫和最重要的需求点。流程优化的具体程序如图 1-24 所示。

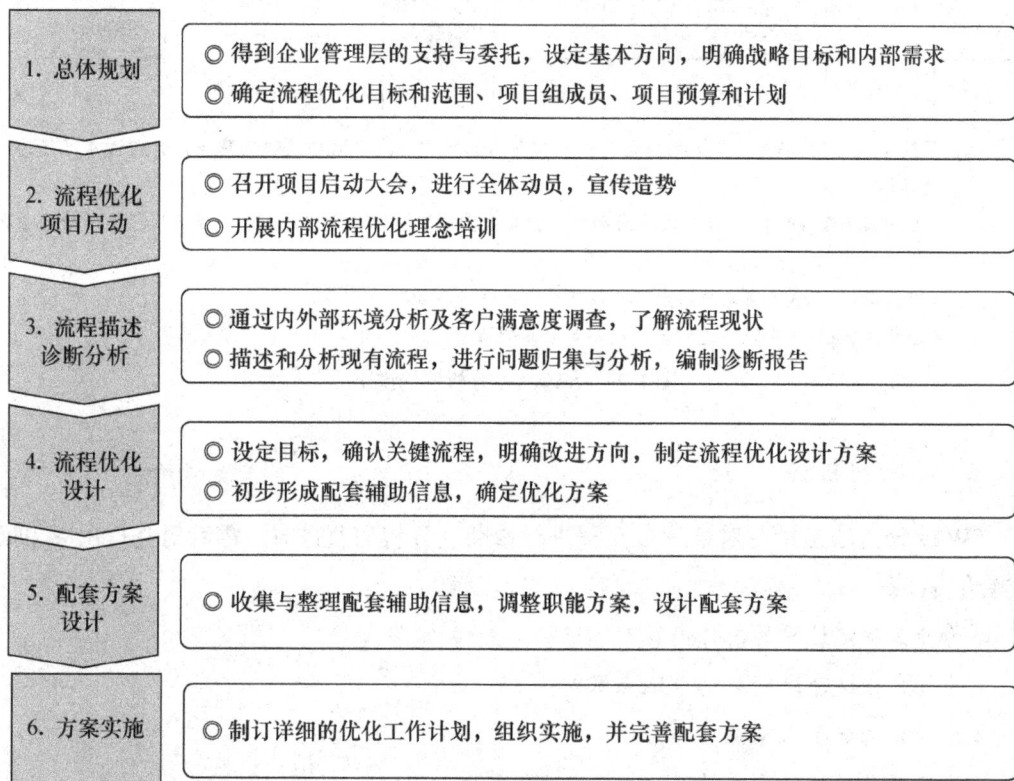

1. 总体规划	○ 得到企业管理层的支持与委托，设定基本方向，明确战略目标和内部需求 ○ 确定流程优化目标和范围、项目组成员、项目预算和计划
2. 流程优化项目启动	○ 召开项目启动大会，进行全体动员，宣传造势 ○ 开展内部流程优化理念培训
3. 流程描述诊断分析	○ 通过内外部环境分析及客户满意度调查，了解流程现状 ○ 描述和分析现有流程，进行问题归集与分析，编制诊断报告
4. 流程优化设计	○ 设定目标，确认关键流程，明确改进方向，制定流程优化设计方案 ○ 初步形成配套辅助信息，确定优化方案
5. 配套方案设计	○ 收集与整理配套辅助信息，调整职能方案，设计配套方案
6. 方案实施	○ 制订详细的优化工作计划，组织实施，并完善配套方案

图 1-24　流程优化的具体程序

总体来说，流程优化工作包括以下三步：

● 现在何处——流程现状分析；

● 应在何处——流程优化目标；

● 如何到达该处——流程优化方法和途径。

1.5.4 流程优化 ESIA 法

企业流程优化可以从清除（Eliminate）、简化（Simplify）、整合（Integrate）和自动化（Automate）四个方面入手，该方法简称为"ESIA 法"，它可以帮助企业减少流程中的非增值活动和调整流程的核心增值活动。

1. 清除

清除主要指对企业现有流程内的非增值活动予以清除。

企业可通过以下问题判断某一活动环节是属于增值还是非增值。

- 这个环节存在的意义?
- 这个环节的成果是整个流程完成的必要条件吗?
- 这个环节对整个流程有哪些直接或间接的影响?
- 清除该环节可以解决哪些问题?
- 清除该环节可行吗?

需要明确的是,对于流程而言,超过需要的产出就是一种浪费,因为它占用了流程有限的资源。浪费现象包括但不限于以下几种:

- 过量产出;
- 活动间的等待;
- 不必要的运输;
- 反复的作业;
- 过量的库存(包括流程运行过程中大量文件和信息的淤积);
- 缺陷、失误;
- 重复的活动,如信息重复录入;
- 活动的重组;
- 不必要的跨部门协调。

2. 简化

简化是指在尽可能清除非必要的非增值环节后,对剩下的活动进一步简化。

简化的方法包括但不限于以下几种。

- 简化表单:消除表单设计上的重复内容,借助相关技术,梳理表单的流转,从而减少工作量和一些不必要的活动环节。
- 简化流程步骤/环节:运用IT技术,提高员工处理信息的能力,简化流程步骤,整合工作内容,提高流程结构效率。
- 简化沟通。
- 简化物流:如调整任务顺序或增加信息的提供。

3. 整合

整合,即对分解的流程进行整合,以使流程顺畅、连贯,更好地满足客户的需求。

- 活动整合:将活动进行整合,授权一个人完成一系列简单活动,减少活动转交过程中的出错率,缩短工作处理时间。
- 团队整合:合并专家组成团队,形成"个案团队"或"责任团队",缩短物料、信息和文件传递的距离,改善在同一流程中工作的人与人之间的沟通。

- 供应商（流程的上游）整合：减少企业和供应商之间的一些不必要的业务手续，建立信任和伙伴关系，整合双方流程。
- 客户（流程的下游）整合：面向客户，与客户建立良好的合作关系，整合企业和客户的各种关系。

4. 自动化

- 简单、重复与乏味的工作自动化。
- 数据的采集与传输自动化。减少反复的数据采集，并缩短单次采集的时间。
- 数据的分析自动化。通过分析软件，对数据进行收集、整理与分析，提高信息利用率。

1.6 流程再造

1.6.1 流程再造的核心

企业流程再造也叫作"企业再造"，或简称为"再造"。它是 20 世纪 90 年代初期兴起的一种新的管理理念和管理方法，被誉为继科学管理和全面质量管理之后的"第三次管理革命"。

企业再造概念的提出者迈克尔·哈默（Michael Hammer）和詹姆斯·钱皮（James Champy）在《企业再造——商业革命宣言》（*Reengineering the Corporation: A Manifesto for Business Revolution*）一书中指出，"再造就是对企业的流程、组织结构、文化进行彻底、急剧的重塑，以达到绩效的飞跃"。

流程再造的核心，不是单纯地对企业的管理与业务流程进行再造，而是将以职能为核心的传统企业改造成以流程为核心的新型企业，这也就是我们所说的企业再造。通过不断地变革与创新（从广义上讲，这里不仅包括流程再造，还包括企业组织的再造和变革），使原来趋向衰落的企业重新焕发生机，并且永远充满朝气和活力。

1.6.2 流程再造的基础

当前，市场竞争越来越激烈，企业要想在激烈的市场竞争中求得生存和发展，且立于不败之地，就必须全面、彻底地了解客户的需求，最大限度地满足客户的需求，并且不断适应外部市场环境的变化。企业进行流程设计与流程再造的目的是使内部管理流程规范化，并对其不断加以改造，只有这样企业才能适应不断变化的市场形势。

通常情况下，现代企业所面临的外部挑战主要来自客户（Customer）、变化（Change）、竞争（Competition）三个方面。由于这三个英文单词的首字母都是 C，所以外部挑战又称为"3C"。企业在进行流程设计与流程再造时，切记要把握好"3C"。只有这样，企业所设计或再造的流程才能够适应自身的发展和市场的变化，满足客户的需求。

以上是企业进行流程设计或流程再造时的外部条件。

就企业内部而言，企业中长期发展战略规划是流程设计与流程再造的基础条件。因此，企业应先制定发展战略，再着手开展流程设计与流程再造工作。

1.6.3　流程再造的程序

企业流程再造的一般程序如表 1-21 所示。

表 1-21　企业流程再造的一般程序

一般程序	具体事项
1. 设定基本方向	（1）得到高层管理者的支持 （2）明确战略目标，确定流程再造的基本方针 （3）分析流程再造的可行性 （4）设定流程再造的出发点
2. 项目准备与启动	（1）成立流程再造小组 （2）设立具体工作目标 （3）宣传流程再造工作 （4）设计与落实相关的培训
3. 流程问题诊断	（1）进行现状分析，包括内外部环境分析、现行流程状态分析等 （2）发现问题
4. 确定再造方案，重设流程	（1）明确流程方案设计与工作重点 （2）确认工作计划目标、时间以及预算计划等 （3）分解责任、任务 （4）明确监督与考核办法 （5）制定具体行动策略
5. 实施流程再造方案	（1）成立实施小组 （2）对参加人员进行培训 （3）发动全员配合 （4）新流程试验性启动、检验 （5）全面开展新流程

一般程序	具体事项
6.流程监测与改善	（1）观察流程运作状况 （2）与预订再造目标进行比较分析 （3）对不足之处进行修正和改善

企业流程评估及流程再造的操作要点如下。

1. 流程评估的操作要点

● 确定企业与上下游互动关系的流程。

● 定义企业核心流程绩效评估的指标。

● 分析企业现有流程运作模式的优势和劣势。

● 确认企业流程现有运作模式。

● 确认企业流程的客户价值点。

● 确认企业流程与组织的关系。

● 确认企业流程的资源及成本。

● 分析决定企业流程再造的优先级别。

2. 流程再造的操作要点

● 了解现有流程及其目标、范围。

● 对比现有流程结构的优势和劣势。

● 分析流程各活动环节的责任归属。

● 确认与流程相匹配的绩效指标。

● 分析流程的瓶颈及再造切入点。

● 确定是否对流程控制点重新设计。

● 确认经重新设计的新流程系统。

● 建立评估体系，对新流程进行监测。

1.6.4 流程再造的技巧

图 1-25 提供了一些流程再造的技巧，供读者参考。

员工认同，思想转变

管理者支持，资金投入

培养与引进流程参与人员

以管理流程和信息流程再造为前提

技巧1：采用以过程为核心的组织方式

把企业经营过程中的各项活动进行跨部门组织和统筹

技巧2：从系统的观点看待流程

流程是一个信息流、物料流、能量流有机结合的过程，必须把三者协调起来，达成生产目标

技巧3：采用新的技术措施和手段

新流程应以降低成本、适应市场变化为目标，要求采用新方法、新技术等

流程再造
所需支持

流程再造的
技巧

重视信息流程建设工作，强调流程的可控与反馈

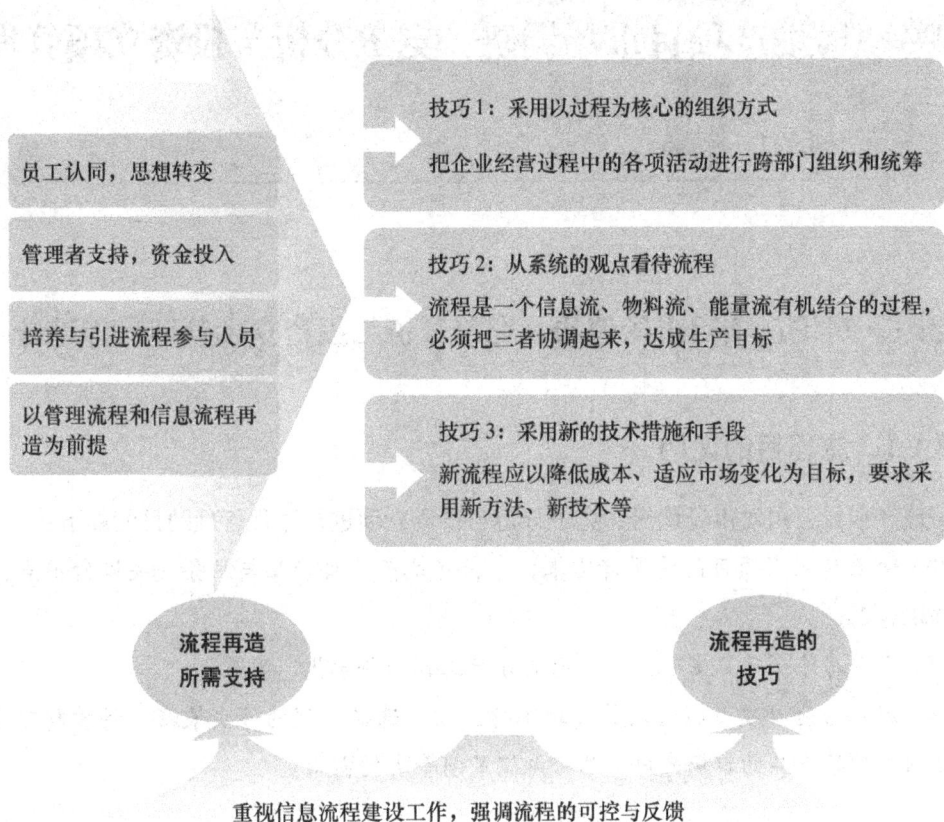

图 1-25　流程再造的技巧

2.1　房地产项目市场调研、竞争分析与投资立项管理流程设计

2.1.1　流程目的说明

房地产项目公司对市场调研、竞争分析与投资立项进行流程管理的目的如下：

（1）明确房地产项目的消费者需求，分析房地产项目产品与服务的关键价值点，避免工作逻辑混乱；

（2）促进房地产项目定位立项与商业分析工作的科学化、规范化；

（3）加强房地产项目投资决策管理工作，便于选择合理的开发策略，科学制定楼盘价格，增加项目产品的市场寿命，尽可能满足消费者的需求。

2.1.2　流程结构设计

房地产项目市场调研、竞争分析与投资立项管理流程设计可采取并列式结构，即将市场调研、竞争分析与投资立项管理细分为 7 个事项，分别就每个事项设计流程，具体的结构设计如图 2-1 所示。

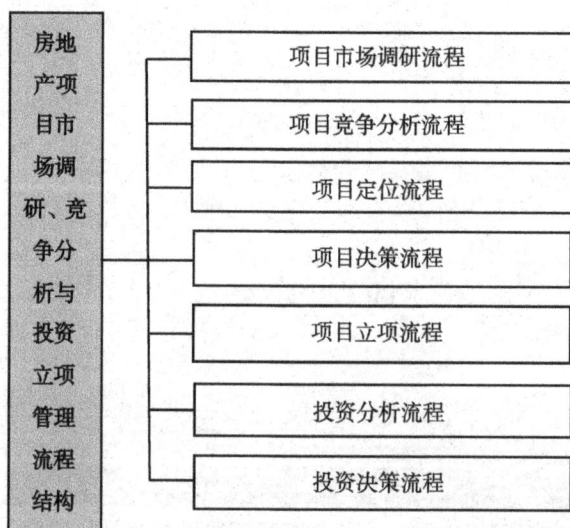

图 2-1　房地产项目市场调研、竞争分析与投资立项管理流程结构设计

2.2 项目市场调研流程设计与工作执行

2.2.1 项目市场调研流程设计

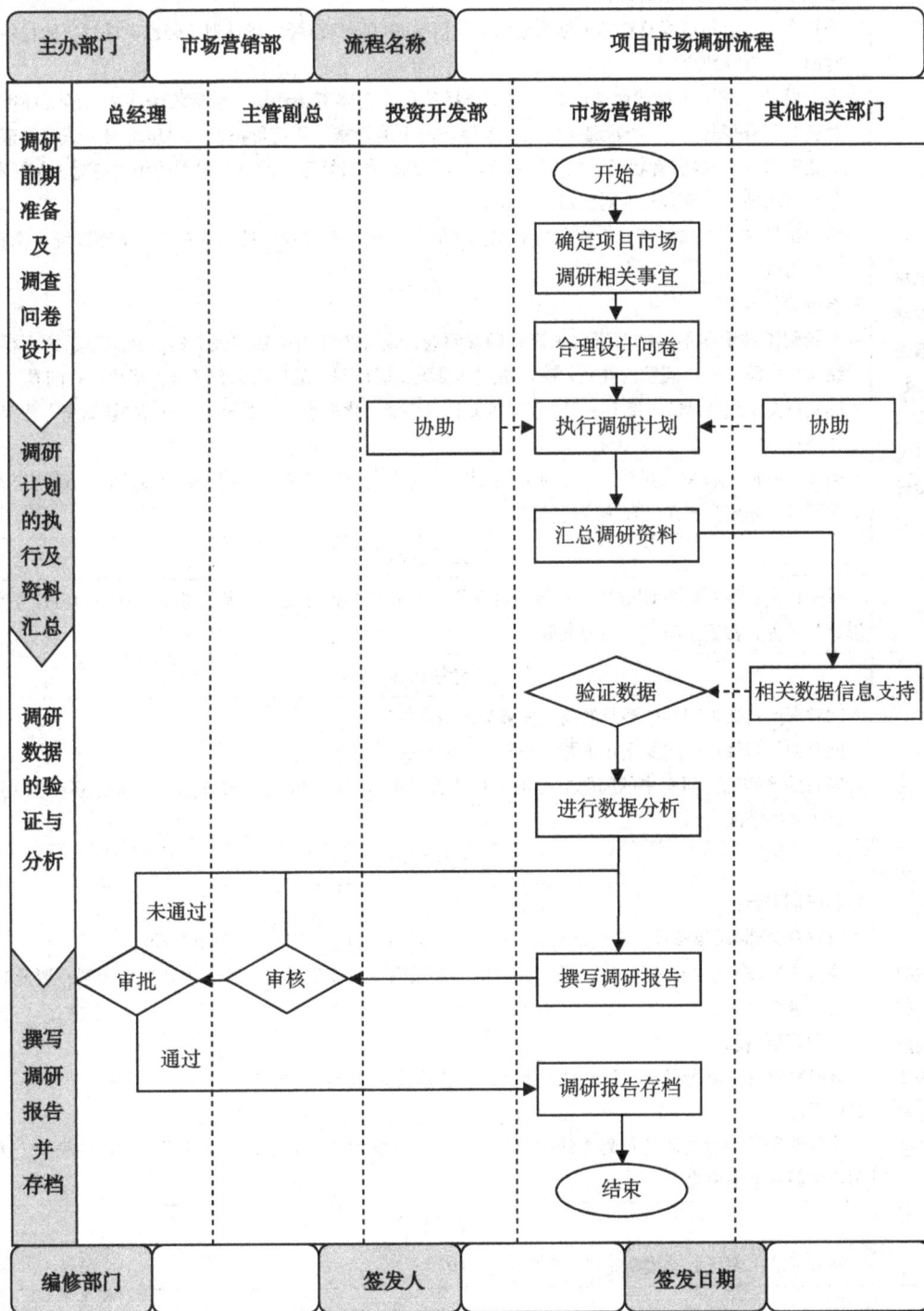

主办部门	市场营销部	流程名称	项目市场调研流程

	总经理	主管副总	投资开发部	市场营销部	其他相关部门
调研前期准备及调查问卷设计				开始 → 确定项目市场调研相关事宜 → 合理设计问卷	
调研计划的执行及资料汇总			协助	执行调研计划 ← 汇总调研资料	协助
调研数据的验证与分析				验证数据 → 进行数据分析	相关数据信息支持
撰写调研报告并存档	审批 (未通过)	审核 (通过)		撰写调研报告 → 调研报告存档 → 结束	

编修部门		签发人		签发日期	

2.2.2 项目市场调研执行程序、工作标准、考核指标、执行规范

任务名称	执行程序、工作标准与考核指标
调研前期准备及调查问卷设计	**执行程序** **1. 确定项目市场调研相关事宜** ☆房地产项目公司市场营销部根据市场的实际情况制订项目市场调研计划，确定市场调研的目的、时间、人员与地点 ☆市场营销部确定市场调研的内容，主要包括项目的整体市场环境（包括政治环境、经济环境、社会文化环境等）、市场状况（包括相关地域的土地价格、新房价格、二手房价格、销售渠道、促销策略等）、购房者状况（包括购房者收入、购房者偏好等）及竞争对手的相关情况（包括竞争对手的项目、竞争对手的营销活动等） ☆确定市场调研方式，调研方式主要有电话访问、发放调查问卷、现场调查等（下面以发放调查问卷为例） **2. 合理设计问卷** ☆市场营销部根据不同的调研对象设计调查问卷，设计步骤为搜集相关资料，确定问题的内容、结构与措辞，安排问题的顺序，确定格式和排版，拟订问卷的初稿和预调查，形成正式问卷 ☆问卷行文要浅显易懂，要考虑到受访者的知识水平及文化程度，不要超过受访者的认知能力范围 **工作重点** 　　问卷中的问题设置要灵活，便于受访者回答，通常应包括开放式问题、封闭式问题、量表应答式问题等，还要突出房地产项目的特征 **工作标准** 　　目标标准：通过问卷调查巧妙获得项目决策者所需要的各种资料，尤其是竞争对手的项目开发思路与过程、营销策略与促销力度等 **考核指标** ☆问卷深度：要求问卷中涉及的信息能够为决策者提供参考 ☆问题的针对性：问题要紧扣主题，与调研主题相关 ☆问卷的严密性：问卷中的问题应列出所有可能存在的答案供调研对象选择，问题设置不存在前后矛盾的情况
调研计划的执行及资料汇总	**执行程序** **1. 执行调研计划** ☆市场营销部按照调研计划，组织相关部门的人员执行房地产项目市场调研活动 ☆执行中要注意控制时间进度，保证在规定的期限内完成调研活动。如果确实需要延期，要及时向上级汇报 **2. 汇总调研资料** 　　调研完成后，市场营销部要汇总调研结果，准备做资料分析 **工作重点** 　　执行调研计划时要注意计划中的一些关键场景，市场营销部必须按照步骤设计好这些场景，否则会使调研活动失真 **工作标准** 　　完成标准：调研活动按期完成，资料汇总完毕

任务名称	执行程序、工作标准与考核指标
调研计划的执行及资料汇总	**考核指标** ☆调研执行的规范性、严谨性：确保调研活动的工作流程与操作步骤严格按照规定执行 ☆调研所用时间：不得超过规定调研期限的____天 ☆调研废卷率：要求调研所得信息真实、准确，废卷率不超过____% $$调研废卷率 = \frac{回收问卷中废卷的数量}{发放问卷总数量} \times 100\%$$
调研数据的验证与分析	**执行程序** **1. 验证数据** 市场营销部在汇总调研资料时，要注意鉴别资料中的真实信息与虚假信息，并鉴定所得数据是否存在显著偏差，对明显存在错误的数据和信息要及时剔除 **2. 进行数据分析** ☆确定数据和信息无误后，市场营销部着手进行调研数据的分析 ☆根据调研目的和对象不同，可以采用不同的分析方法，常用的有 SWOT 分析法、回归分析法、关键因素分析法等 ☆若有必要，可以使用不同的研究方法对同一问题进行解释，互相验证结论的真伪，从而进一步提升结论的真实性与准确性 **工作重点** ☆市场营销部验证数据时，对于不好把握的数据和信息，要注意寻求其他相关部门的信息支持，如有必要，工作人员可亲自到现场核实 ☆要提升数据分析的实用性，根据资料总结出本项目需要借鉴和警惕的地方 **工作标准** 参照标准：房地产行业其他项目公司同类调研数据的验证与分析过程资料 **考核指标** 数据验证出错率：用来衡量调研数据验证的准确程度 $$数据验证出错率 = \frac{考核期内数据验证出错的次数}{考核期内数据验证总次数} \times 100\%$$
撰写调研报告并存档	**执行程序** **1. 撰写调研报告** ☆调研和分析结束后，市场营销部根据资料分析情况，开始撰写"房地产项目市场调研报告"，如有必要，还要编制"竞争对手分析报告"等 ☆报告中必须准确阐明全部有关论据，包括从问题的提出到引出的结论、论证的全部过程、分析研究问题的方法等，还应当有可供项目决策者进行独立思考的全部调查结果和必要的市场信息，以及对这些情况和内容的分析评论 ☆市场营销部将调研报告呈递主管副总审核通过后，报总经理审批。审批未通过的，由市场营销部修改并重新撰写，直至获批

第 2 章 房地产项目市场调研、竞争分析与投资立项管理

任务名称	执行程序、工作标准与考核指标
撰写调研报告并存档	**2. 调研报告存档** ☆市场营销部将审批通过的市场调研报告建档保存 ☆建档保存的市场调研报告将作为公司日后开展相关经营活动的依据 **工作重点** 　市场营销部要重点编制"竞争对手分析报告"，在其中设置"借鉴分析"板块，将竞争对手的经验和教训总结出来供项目决策者参考
	工作标准
	目标标准：调研报告能够为项目产品的设计、上市、营销、促销等活动提供充分的决策支持
	执行规范
	"房地产项目市场调研计划""房地产项目市场调研报告""竞争对手分析报告"

2.3.1 项目竞争分析流程设计

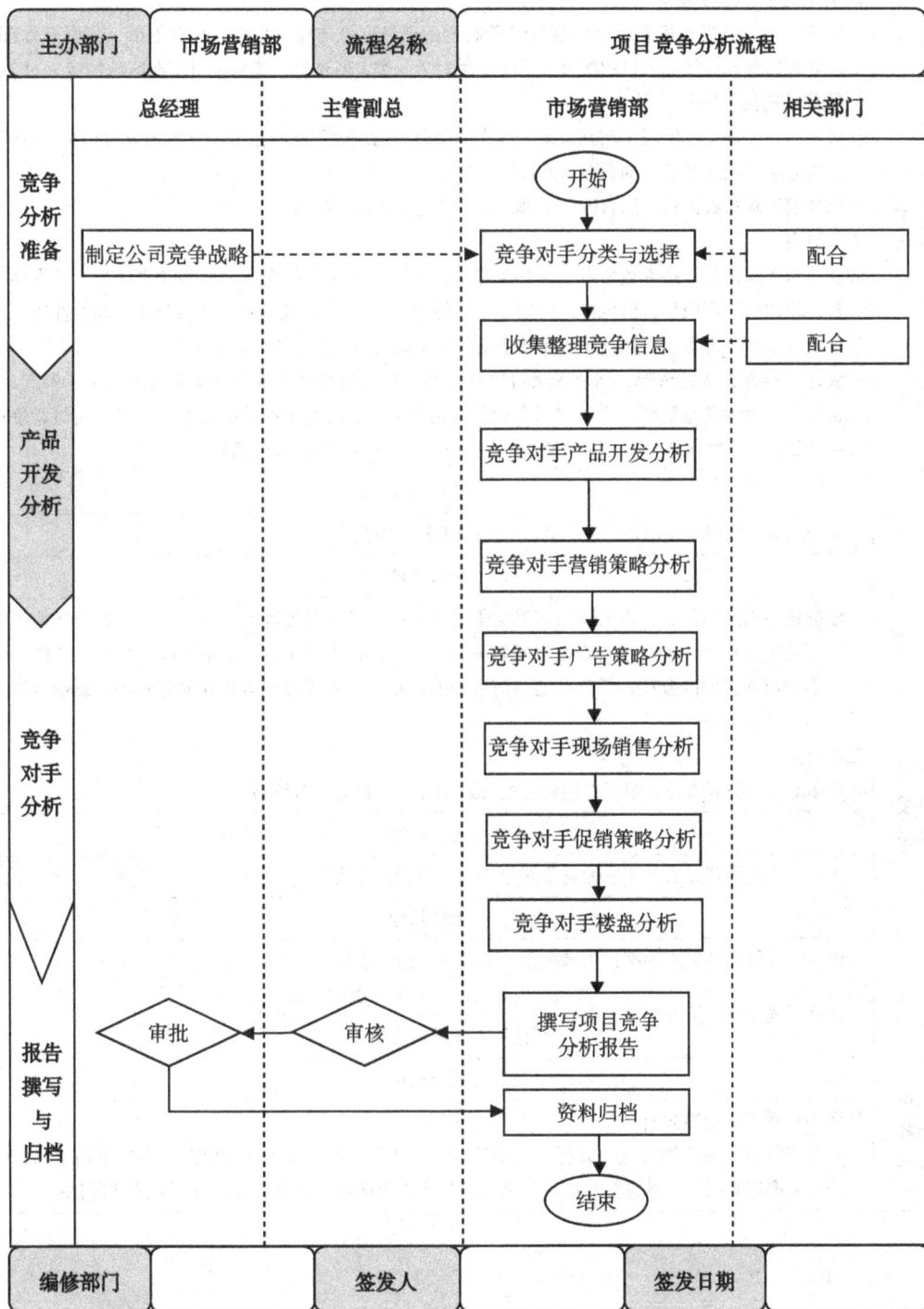

主办部门	市场营销部	流程名称	项目竞争分析流程		
	总经理	主管副总	市场营销部		相关部门

竞争分析准备	制定公司竞争战略		开始		
			竞争对手分类与选择	←	配合
			收集整理竞争信息	←	配合
产品开发分析			竞争对手产品开发分析		
			竞争对手营销策略分析		
			竞争对手广告策略分析		
竞争对手分析			竞争对手现场销售分析		
			竞争对手促销策略分析		
			竞争对手楼盘分析		
报告撰写与归档	审批	审核	撰写项目竞争分析报告		
			资料归档		
			结束		

| 编修部门 | | 签发人 | | 签发日期 | |

第 2 章

房地产项目市场调研、竞争分析与投资立项管理

2.3.2 项目竞争分析执行程序、工作标准、考核指标、执行规范

任务名称	执行程序、工作标准与考核指标
竞争分析准备	**执行程序** **1. 竞争对手分类与选择** 　房地产项目公司市场营销部根据总经理制定的项目定位与竞争战略，在企划部、投资开发部、信息管理部等部门相关人员的配合下，将竞争对手分类，并选择、确定项目所在区域的竞争对手 **2. 收集整理竞争信息** ☆市场营销部制定竞争对手调查方案，并在相关部门的配合下执行方案。方案内容包括调查目的、调查方法、调查对象、调查参与人员等 ☆市场营销部对收集到的信息进行整理，为后续的分析做好准备 **工作重点** ☆竞争对手通常分为品牌竞争者（各方面与本企业基本一致的公司）、形式竞争者（虽然开发同一种类型的房地产项目，但风格、户型不一样的竞争者）、一般竞争者（项目分属不同的性质，如别墅开发商与普通住宅开发商）及愿望竞争者（提供不同产品的开发商）四类 ☆要注意调查方法的选择：调研人员可以有目的、有计划地到竞争对手项目地收集和了解产品、价格等方面的信息资料；可以与对方销售人员联系，了解竞争产品的动态；还可以在与竞争对手经销商的日常沟通中，通过技巧性的询问方式来捕捉竞争产品的信息 **工作标准** 效率标准：收集竞争对手信息需要在____个工作日内完成
产品开发分析	**执行程序** 　根据整理出来的信息，市场营销部对竞争对手的产品开发状况进行分析，分析内容包括但不限于以下几个要点：竞争对手是否在开发新项目，新项目的市场定位、价格区间、户型、装修、配套与本公司项目的区分度，新项目是如何运营的，新项目的优势和劣势分别有哪些，新项目的质量控制水平如何等 **工作重点** 　竞争对手产品开发分析最好以模板化的方式展开，以提升分析效率 **工作标准** 参照标准：公司过去各年度的竞争对手产品开发分析方法 **考核指标** 产品开发分析结果准确率：用来衡量产品开发分析的质量 $$产品开发分析结果准确率 = \frac{产品开发分析结果准确的次数}{产品开发分析总次数} \times 100\%$$
竞争对手分析	**执行程序** **1. 竞争对手营销策略分析** 　根据竞争对手的营销信息，分析其营销策略，包括但不限于以下几个要点：营销策略总结；楼盘的销售渠道有哪些，其重要程度是如何排序的；渠道的成本估算；分销目标完成情况估算

任务名称	执行程序、工作标准与考核指标
竞争对手分析	**2. 竞争对手广告策略分析** 　　根据竞争对手的广告信息，分析其广告策略，包括但不限于以下几个要点：竞争对手的广告诉求对象（目标消费群体）、诉求重点与诉求策略，广告主题策略与广告创意策略，广告媒体策略（广告投放媒介类型、组合策略）等 **3. 竞争对手现场销售分析** 　　根据竞争对手的现场销售信息，分析其现场销售情况，包括但不限于以下几个要点：现场气氛塑造措施是否到位，现场付款方式是否方便，现场是否有相应的促销方式及促销方式是否有效，以及现场顾客分析等 **4. 竞争对手促销策略分析** 　　根据竞争对手的促销信息，分析其促销策略，包括但不限于以下几个要点：促销主题有哪些、促销活动策划是否有足够的吸引力、促销执行情况及促销效果是否令人满意等 **5. 竞争对手楼盘分析** 　　根据竞争对手的楼盘信息，分析其楼盘情况，包括但不限于以下几个要点：楼盘概况，楼盘户型、面积及种类分析，楼盘定价分析，楼盘销售状况分析，楼盘配套分析，楼盘优劣势分析，学习借鉴分析，失误及问题分析 **工作重点** 　　注意分析竞争对手产品的市场细分与竞争策略
	工作标准
	☆方法标准：采用合理科学的分析方法进行分析，如组织矩阵分析法、价值链分析法、标杆法等 ☆质量标准：分析过程中数据引用合理，方法使用恰当，结论经验证后正确率较高
报告撰写与归档	**执行程序**
	1. 撰写项目竞争分析报告 　　市场营销部经理以调查的资料为依据，在上述各项分析的基础上，按分析的过程及结果，撰写"竞争对手分析报告"并报主管副总审核、总经理审批 **2. 资料归档** 　　市场营销部经理将通过审批的"竞争对手分析报告"连同相关资料一并存档 **工作重点** 　　资料归档按照房地产项目公司规定的程序和标准进行，以便为后期工作提供依据
	工作标准
	质量标准：竞争对手分析报告内容全面、合理，建设性强
	考核指标
	☆"竞争对手分析报告"一次性通过率：目标值为100% $$\text{"竞争对手分析报告"一次性通过率} = \frac{\text{一次性通过审核的报告数}}{\text{提交审核的报告总数}} \times 100\%$$ ☆"竞争对手分析报告"的完成时间：应在____个工作日内撰写完成
	执行规范
	"竞争对手分析报告"

第 2 章　房地产项目市场调研、竞争分析与投资立项管理

2.4.1 项目定位流程设计

主办部门	市场营销部	流程名称	项目定位流程
	总经理	主管副总	市场营销部	各职能部门

市场调查与分析

开始 → 确定项目定位目标和任务 → 明确目标和任务的具体细节与要求

市场调查与分析 ← 参与配合

项目定位设计与策划

细分市场

评估细分市场 ← 参与配合

选择目标市场

项目适配分析 ← 参与配合

审批 ← 未通过 / 通过 ← 审核 ← 未通过 ← 制定项目定位策划方案

实施项目定位

通过

审批 ← 审核 ← 制定执行策略与方案

实施项目定位 ← 参与配合

结束

| 编修部门 | | 签发人 | | 签发日期 | |

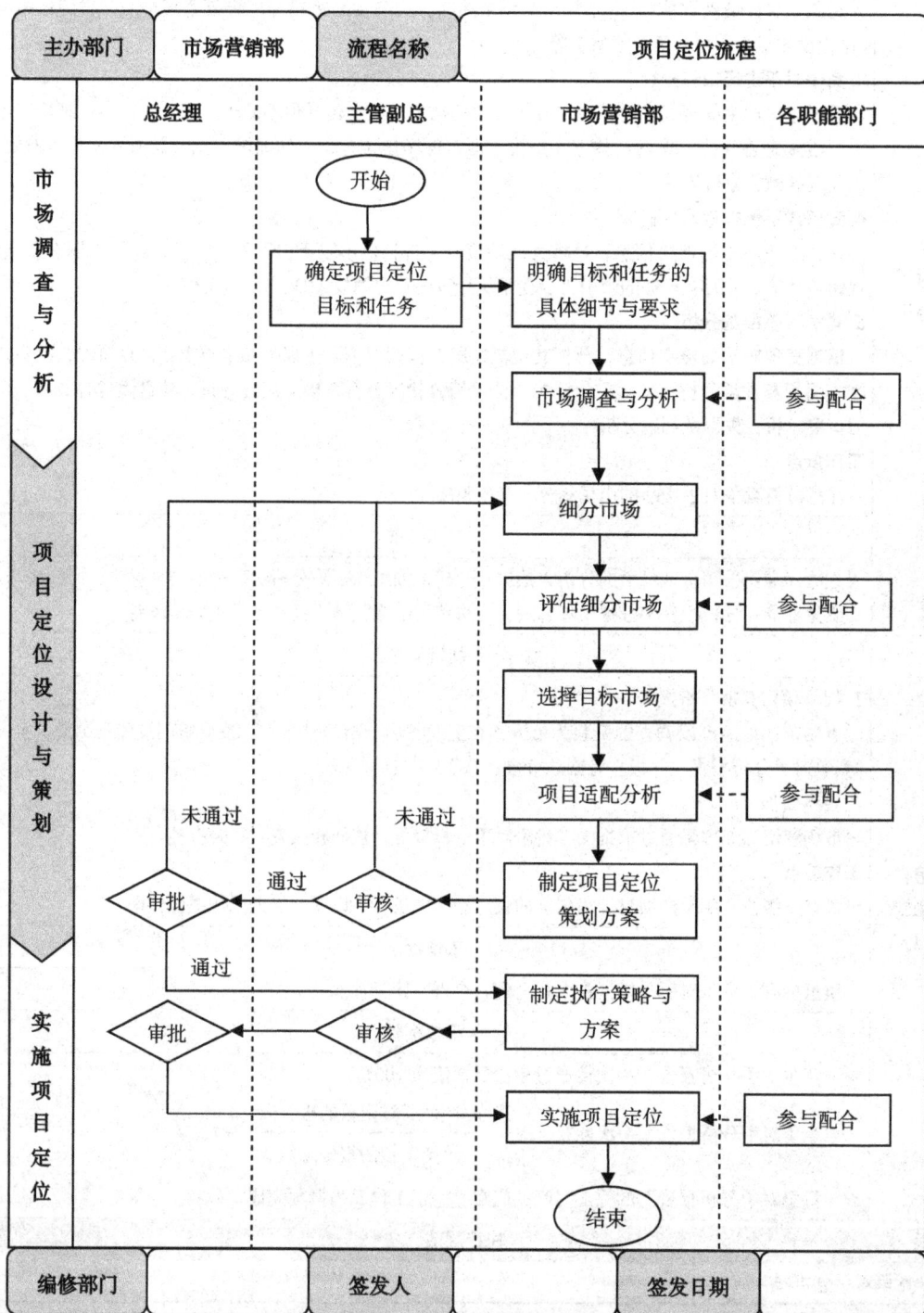

房地产项目管理全案

2.4.2 项目定位执行程序、工作标准、考核指标、执行规范

任务名称	执行程序、工作标准与考核指标
市场调查与分析	**执行程序** **1. 明确项目定位目标和任务** ☆主管副总根据公司经营战略、营销计划等，确定项目定位目标和任务 ☆市场营销部接收主管副总传达的项目定位目标和任务，明确目标和任务的具体细节与要求 **2. 市场调查与分析** 　市场营销部组织有关人员研究区域房地产市场的整体表现状态、项目目标消费群体、市场竞争情况等方面的内容，对项目所属的市场进行调查和分析 **工作重点** 　市场营销部进行市场调研，主要应围绕项目市场份额、消费者媒体偏好和项目偏好、目标项目的市场状态、产品功能测试等内容展开 **工作标准** ☆内容标准：通过市场调查与分析，一方面了解消费者对项目楼盘的质量、价格、装修、功能、配套等需求方面的特点及其消费习惯、消费潜力等信息；另一方面，调查市场中同类产品的项目运行状况 ☆质量标准：市场调查信息及时、准确 **考核指标** ☆市场调查的规范性：应严格按照市场调查的流程和规范进行 ☆市场调查与分析的及时性：目标值为____天
项目定位设计与策划	**执行程序** **1. 细分市场** ☆在市场调查、分析的基础上，市场营销部依据一定的细分标准对整体市场进行细分 ☆市场细分后，市场营销部经理对所细分的市场进行评估，各职能部门配合提供评估支持 **2. 选择目标市场** ☆根据细分市场评估结果，市场营销部选择符合产品定位要求的细分市场作为目标市场 ☆市场营销部将目标市场与产品项目特点相结合进行综合匹配，完成目标市场适配性分析 **3. 制定项目定位策划方案** ☆市场营销部根据适配性分析结果，确定并描述产品项目在目标市场中的位置 ☆编制项目定位策划方案，提交主管副总审核通过后，报总经理审批。项目定位策划方案包括项目开发理念、项目功能用途、项目目标客户、楼盘初步设计（包括建筑风格、户型、面积、建筑标准等）、项目租售价格及营销策划方案等 ☆若项目定位策划方案未通过审核或审批，市场营销部应重新进行市场细分、评估、选择并编制项目定位策划方案 **工作重点** ☆对细分市场进行评估，方法主要包括专家意见法、回归分析法、GE 矩阵法等 ☆市场营销部在进行市场细分时，应综合选择和应用单一变量法、综合因素法、系列因素法等方法

任务 名称	执行程序、工作标准与考核指标
项目 定位 设计 与 策划	**工作标准** ☆内容标准：评估内容包括细分市场的规模、发展潜力、盈利吸引力、是否符合公司的战略和资源四方面 ☆方法标准：市场营销部对项目的适配分析应从产品功能匹配、形象匹配、独特卖点匹配、消费者需求匹配等方面展开
实施 项目 定位	**执行程序** 1. 制定执行策略与方案 　项目定位策划方案通过审批后，市场营销部根据定位方案制定执行策略与方案，提交主管副总审核通过后，报总经理审批 2. 实施项目定位 　项目定位执行策略与方案通过审批后，市场营销部依据批示意见实施执行策略与方案，构建项目定位，执行策略与方案涉及的公司各职能部门应协助配合市场营销部实施项目定位 **工作重点** 　项目定位执行策略与方案必须结合公司的规模、技术水平等相关因素制定 **工作标准** 　质量标准：项目的核心诉求、广告设计、楼盘配套等都要与项目定位相一致；项目定位应随着公司的发展、消费者偏好的改变、社会环境的改变等因素做出相应的调整
	执行规范
	"市场调研报告""消费者行为分析报告""项目定位策划方案""项目定位执行策略与方案"

房地产项目管理全案

2.5　项目决策流程设计与工作执行

2.5.1　项目决策流程设计

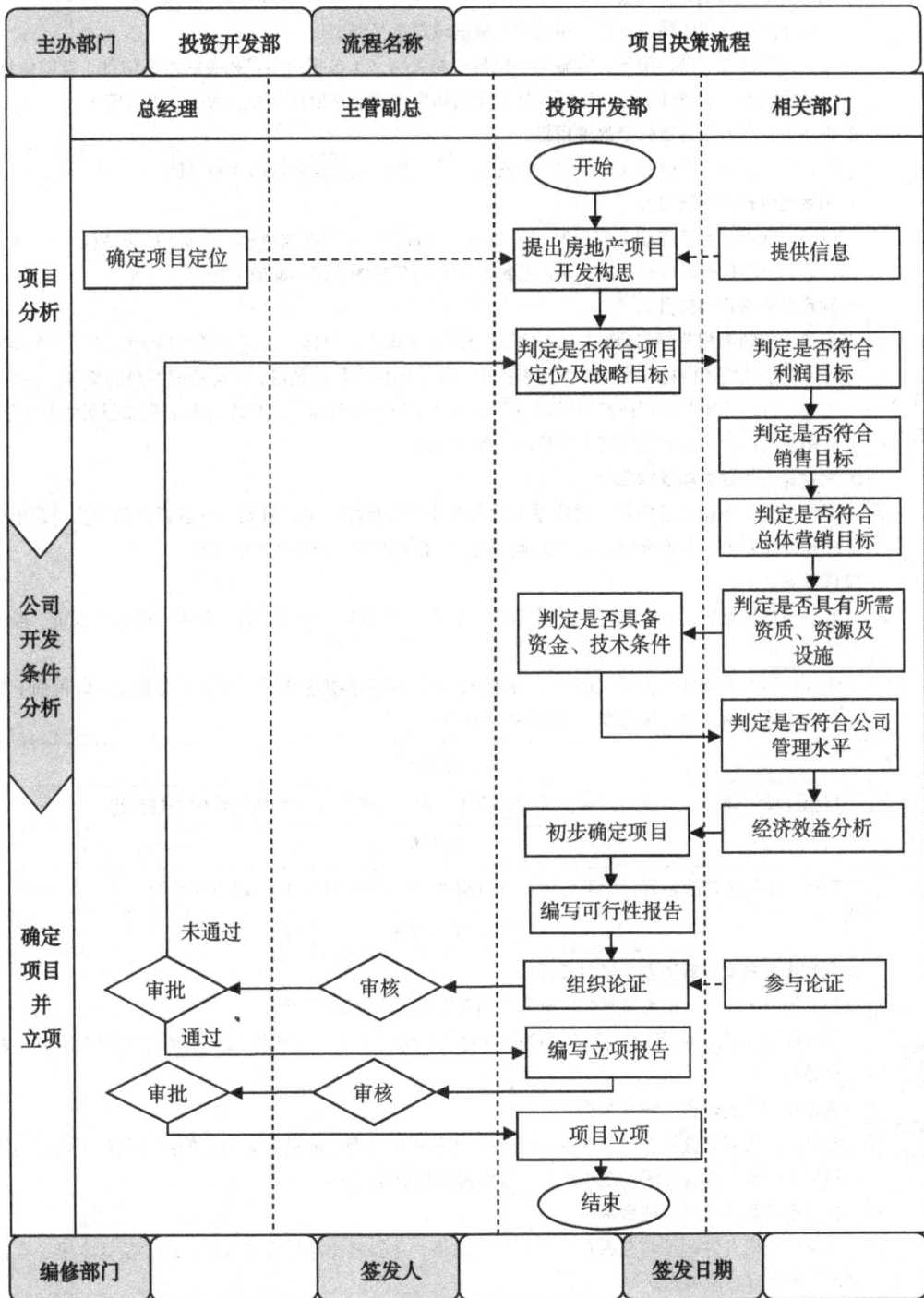

主办部门	投资开发部	流程名称	项目决策流程	
	总经理	主管副总	投资开发部	相关部门

项目分析			开始	
	确定项目定位		提出房地产项目开发构思	提供信息
			判定是否符合项目定位及战略目标	判定是否符合利润目标
				判定是否符合销售目标
				判定是否符合总体营销目标
公司开发条件分析			判定是否具备资金、技术条件	判定是否具有所需资质、资源及设施
				判定是否符合公司管理水平
确定项目并立项			初步确定项目	经济效益分析
			编写可行性报告	
	审批（未通过）（通过）	审核	组织论证	参与论证
			编写立项报告	
	审批	审核		
			项目立项	
			结束	

编修部门		签发人		签发日期	

第 2 章　房地产项目市场调研、竞争分析与投资立项管理

/053/

2.5.2 项目决策执行程序、工作标准、考核指标、执行规范

任务名称	执行程序、工作标准与考核指标
项目分析	**执行程序** **1. 提出房地产项目开发构思** ☆总经理批准公司的项目定位，相关部门根据该定位开展工作 ☆投资开发部在营销、市场、客服等部门提供相关信息（包括与项目相关的市场信息、营销信息、人员信息等）的条件下，提出新项目开发的构思（包括新项目开发的动议、提案等） **2. 判定是否符合项目定位及战略目标** 投资开发部组织人员开会讨论项目构思是否符合项目定位及公司的战略目标 **3. 判定是否符合利润目标** 市场、营销、财务等相关部门研究项目构思是否符合公司利润目标，衡量的标准应参考公司长期目标、中期目标和短期目标，项目落地后为公司带来的预期利润应不低于____元 **4. 判定是否符合销售目标** ☆市场、营销等相关部门研究项目构思是否符合销售稳定目标，要保证现有销量的稳定，不存在内部竞争或资源内耗，应能维持现有销售队伍、销售力量的稳定，不应造成客户的流失 ☆市场、营销等相关部门研究项目构思是否符合销售增长目标，项目应有助于完成公司的季（年）度销售增长目标，不得对销售增长产生抑制作用 **5. 判定是否符合总体营销目标** 市场、营销等相关部门研究项目是否符合总体营销目标，主要研究项目是否有利于公司营销渠道的建设和完善、是否有利于促销活动的进行、是否有利于对分销商的管理 **工作重点** ☆有了项目构思后，必须先过一过现实的"筛子"，它包括项目的必要性分析、可行性分析、经济效益分析等 ☆上面所列的选项实际只是"筛子"的部分选项，属于必要性分析，投资开发部还可以再加上其他特别的选项，如市场前景、项目的生命周期等 **工作标准** 目标标准：通过该阶段的筛选，过滤掉那些主业不聚焦、市场价值堪忧的项目构思 **考核指标** 项目构思与公司战略目标的契合性：项目构思的指向应与公司的战略目标相同
公司开发条件分析	**执行程序** **1. 判定是否具有所需资质、资源及设施** ☆相关部门研究公司是否具有项目所需要的开发资质、资源及设施等 ☆资源应包括供应商资源，具备建造能力的工程师和工人，物流资源，市场消化能力及潜在客户等 **2. 判定是否具备资金、技术条件** 投资开发部召开会议，分析研究公司是否具备项目所需要的资金和相应的技术条件，包括与该项目相关的技术力量现状、技术水平、技术人员数量等 **3. 判定是否符合公司管理水平** 相关部门研究讨论项目是否符合公司管理水平，主要是指品牌管理水平、综合协调水平、项目推广水平和客户服务水平等

任务名称	执行程序、工作标准与考核指标
公司开发条件分析	**工作重点** 考察公司开发条件时要客观，对本公司资金、技术、服务水平的上限要有一个合理的评估 **工作标准** ☆目标标准：通过该阶段筛选，过滤掉那些符合公司目标但没有可操作性的项目构思 ☆质量标准：各项考察、评定严格按照规范进行，评定标准科学、合理 **考核指标** 公司开发条件的考察时限：应在＿＿＿个工作日内完成
确定项目并立项	**执行程序** **1. 经济效益分析** ☆投资开发部协调财务部等相关部门利用各种资料和工具分析项目落地需要的投入和可能的产出，预测项目是否能让公司获得预定的经济效益 ☆在对项目公司进行综合分析的基础上，初步确定待开发项目 **2. 编写可行性报告** 投资开发部在前期综合分析的基础上，编写"项目可行性报告"，报告要充分反映前期分析过程 **3. 组织论证** ☆投资开发部组织相关专家、职能部门负责人等对项目可行性进行充分论证，并根据论证意见对报告进行修改 ☆投资开发部将修改后的可行性报告附带讨论结果报主管副总审核、总经理审批 **4. 编写立项报告** ☆可行性报告经总经理审批通过后，开发部编制"项目立项报告"，并及时上报主管副总审核、总经理审批 ☆批复合格后，开发部实施项目立项 **工作重点** 筛选进入分析的项目构思可以有多项，但通常不超过三项 **工作标准** 目标标准：最终找到既具有必要性又具有可行性，还具有较高经济效益的新项目作为未来的开发方向 **考核指标** ☆项目的评定人员满意度：达到＿＿＿分 ☆项目可行性报告一次性通过率：用来衡量项目可行性报告的质量水平 $$项目可行性报告一次性通过率 = \frac{一次性通过审核的报告数}{提交审核的报告总数} \times 100\%$$
	执行规范
	"新项目开发管理制度""项目构思筛选管理办法""待开发项目经济效益分析报告""项目可行性报告"

第 2 章 — 房地产项目市场调研、竞争分析与投资立项管理

2.6 项目立项流程设计与工作执行

2.6.1 项目立项流程设计

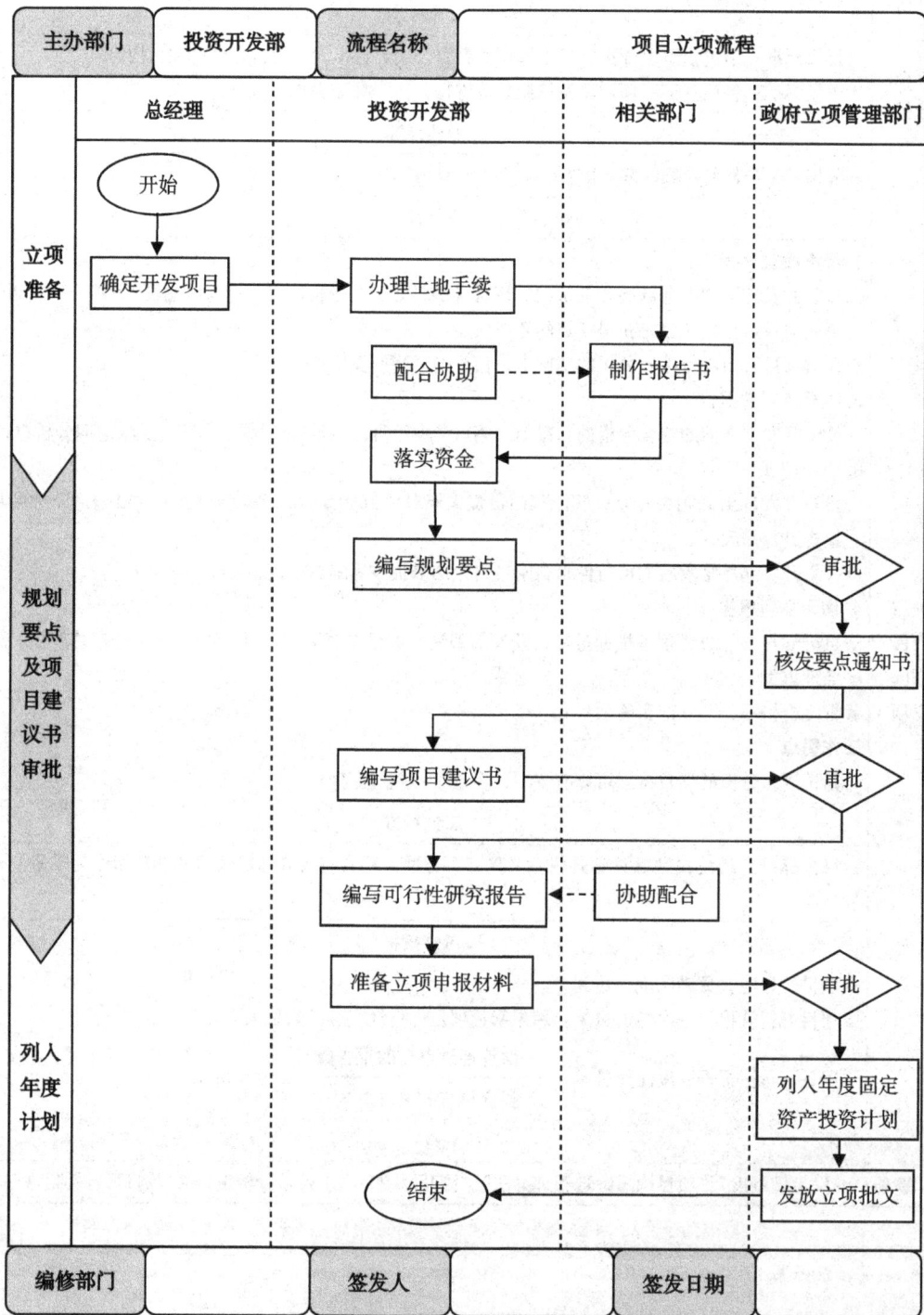

主办部门	投资开发部	流程名称	项目立项流程		
	总经理	投资开发部	相关部门	政府立项管理部门	

立项准备

```
                    ┌────────┐
                    │  开始  │
                    └───┬────┘
                        ▼
确定开发项目 ──────▶ 办理土地手续 ──────────────┐
                                              ▼
            配合协助 ┄┄┄▶ 制作报告书
                        ▲
            落实资金 ◀──┘
                │
                ▼
            编写规划要点 ──────────────▶ ◇审批◇
                                           ▼
                                    核发要点通知书
            编写项目建议书 ────────────▶ ◇审批◇
            编写可行性研究报告 ◀┄┄ 协助配合
            准备立项申报材料 ──────────▶ ◇审批◇
                                           ▼
                                    列入年度固定
                                    资产投资计划
            ┌────────┐                     ▼
            │  结束  │◀────────────  发放立项批文
            └────────┘
```

规划要点及项目建议书审批

列入年度计划

编修部门		签发人		签发日期	

2.6.2　项目立项执行程序、工作标准、考核指标、执行规范

任务 名称	执行程序、工作标准与考核指标
立项 准备	**执行程序** **1. 确定开发项目** ☆总经理根据前期分析资料，确定待开发项目，开始着手项目立项工作 ☆总经理将项目立项的具体工作下达到投资开发部，由投资开发部具体执行立项的各项工作，并办理立项手续，编制相关文件 **2. 办理土地手续** 　投资开发部根据土地使用权的出让方式，尽快办好土地出让手续 **3. 制作报告书** ☆投资开发部代表公司委托有资质的勘察设计院对待开发项目进行分析、研究和规划，制作报告书。报告书应附有详细的规划设计参数和效果图 ☆在勘察设计院制作报告书的过程中，投资开发部要积极提供相关资料和必要的协助 **4. 落实资金** 　投资开发部根据项目特点、财务规范，在财务部门的协助下，落实项目资金，保证资金到位，并联系银信部门拿到资金到位证明 **工作重点** ☆准备工作要保证资料全面、准确、及时 ☆选择勘察设计院时可参考政府审批部门的推荐名单 **工作标准** 　参照标准：公司之前类似开发项目的开发流程、标准等 **考核指标** 　勘察报告内容的完整性与准确性：报告的内容全面、完整，论据充分，并且报告中应用的数据无误或误差控制在标准范围内
规划 要点 及项 目建 议书 审批	**执行程序** **1. 编写规划要点** ☆投资开发部根据项目资料及勘察设计院的报告，编写项目规划要点，并将规划要点呈交自然资源和规划局，申报规划要点 ☆自然资源和规划局审批通过后，向房地产项目公司核发要点通知书 **2. 编写项目建议书** 　投资开发部收到要点通知书后，开始编制项目建议书，并呈交政府立项管理部门审批 **3. 编写可行性研究报告** 　投资开发部依据政府立项管理部门对项目建议书的批复，在整合前期资料的基础上编制可行性研究报告，相关部门予以协助 **工作重点** ☆可行性研究报告要严格按照政府立项管理部门的要求编制，必要时可请专业机构协助

（续）

任务名称	执行程序、工作标准与考核指标
规划要点及项目建议书审批	☆按照有关规定，民用建设项目可行性研究报告的内容通常包括以下几部分：总论（论述项目背景及必要性），建设条件及选址（论述项目选址的合理性、优越性，包括土地的征用、拆迁及安居补偿方案），工程设计方案（论述项目的总体规划方案），项目实施计划与组织（论述项目建设的组织方式，工期安排及各阶段工期的主要任务等），投资计划与资金来源（论述项目总体的投资概算，各部分、各阶段的投资概算，资金来源方式及成本等），项目经济效果（论述投资效益、还贷方式、社会效益等）及结论（提出可行性结论）
	工作标准
	参照标准：公司过去各年度的申请程序及注意事项
	考核指标
	工程设计方案内容的完整性与可行性：方案中所有决策事项都有论据支撑，确保方案切实可行
列入年度计划	**执行程序**
	1. 准备立项申报材料 ☆投资开发部准备项目立项申报材料，并报发改委审批 ☆立项申报材料通常包括立项申请报告书（原件一份）、项目可行性研究报告（一份）、建设用地的权属文件或建设用地预审意见书（一份）、项目建设投资概算（一份）、银信部门出示的资金证明（原件一份）、企业法人营业执照副本（复印件一份）、房地产项目资质证明（一份）、项目地形图（一份）及相关职能部门的意见 **2. 列入年度固定资产投资计划** ☆项目审批通过，政府立项管理部门将项目列入该地区年度固定资产投资计划，并发放立项批文 ☆房地产项目公司拿到批文，立项成功后，投资开发部办理后续的审批手续 **工作重点** ☆立项申报材料要准备齐全，各个地方的规定可能略有差别，可根据规定进行调整 ☆项目立项成功后，后续仍有一系列的审批手续需要办理，投资开发部要积极推进
	工作标准
	参照标准：公司过去各年度类似项目的申报流程及注意事项
	考核指标
	☆立项材料的全面性：立项材料应依据相关政府部门的要求准备齐全 ☆立项材料送达及时率：确保达到____%，用来衡量投资开发部送达材料的及时性 $$立项材料送达及时率 = \frac{按时送达立项材料的次数}{送达立项材料的总次数} \times 100\%$$

执行规范

"新项目开发意向书""房地产项目立项管理制度""项目立项报告""公司印鉴管理办法""开发项目实施方案"

2.7 投资分析流程设计与工作执行

2.7.1 投资分析流程设计

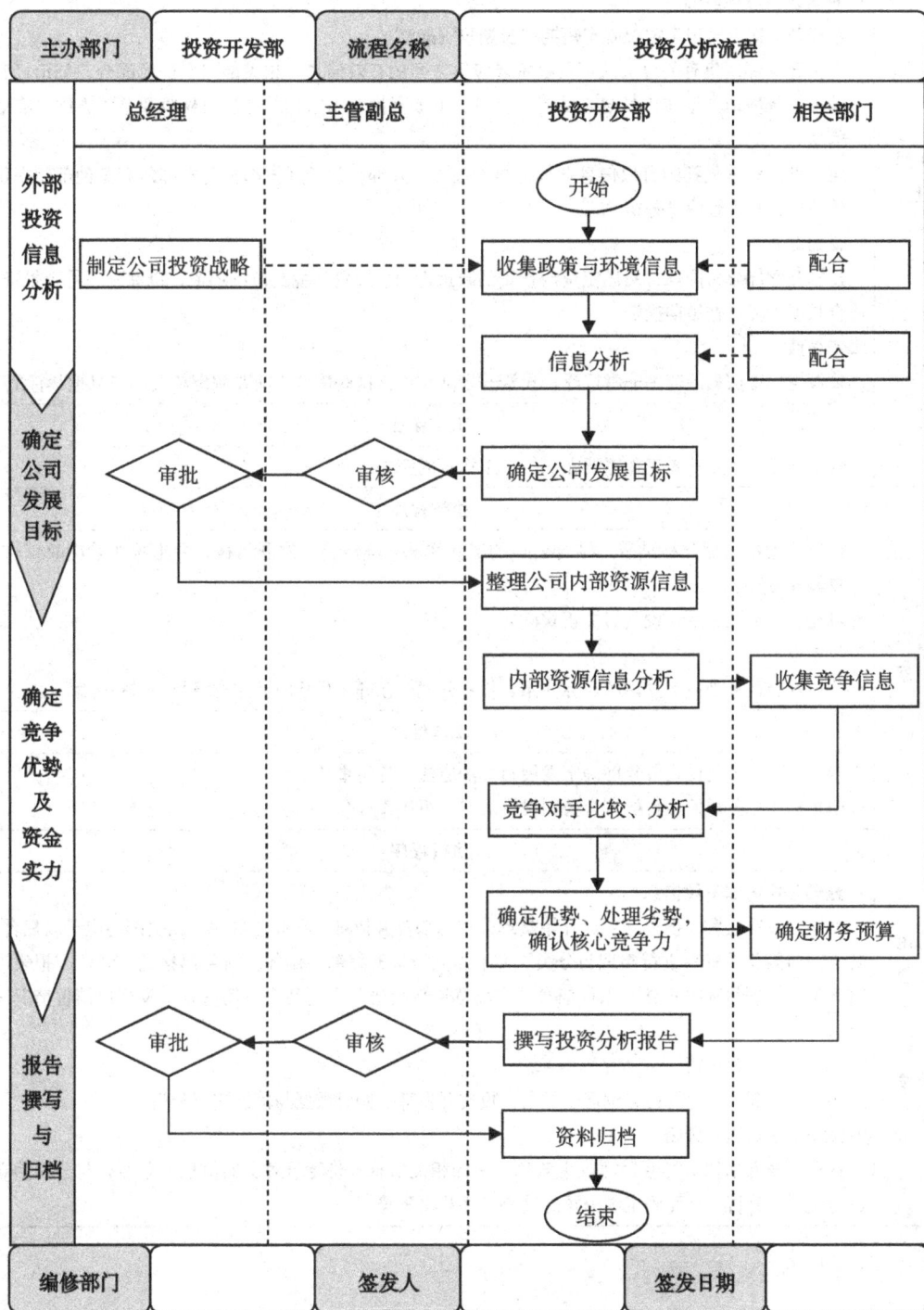

主办部门	投资开发部	流程名称	投资分析流程

```
            总经理          主管副总         投资开发部         相关部门

外部
投资                                          ┌─────┐
信息                                          │ 开始 │
分析                                          └─────┘
                                                 ↓
       ┌────────────┐          ┌──────────────────┐      ┌──────┐
       │制定公司投资战略│- - - - - →│ 收集政策与环境信息 │←- - -│ 配合 │
       └────────────┘          └──────────────────┘      └──────┘
                                                 ↓
确定                                    ┌──────────┐      ┌──────┐
公司                                    │  信息分析  │←- - -│ 配合 │
发展                                    └──────────┘      └──────┘
目标                                          ↓
       ◇审批◇ ← ◇审核◇ ←          ┌──────────────┐
                                    │ 确定公司发展目标 │
                                    └──────────────┘
                                                 ↓
        └─────────────────────→     ┌──────────────────┐
                                    │ 整理公司内部资源信息 │
                                    └──────────────────┘
                                                 ↓
确定                                 ┌──────────────┐      ┌──────────┐
竞争                                 │ 内部资源信息分析 │ ─→ │ 收集竞争信息 │
优势                                 └──────────────┘      └──────────┘
及                                            ↓
资金                                 ┌──────────────┐
实力                                 │ 竞争对手比较、分析 │ ←─────┘
                                    └──────────────┘
                                            ↓
                             ┌──────────────────────┐    ┌──────────┐
                             │ 确定优势、处理劣势,     │ ─→ │ 确定财务预算 │
                             │ 确认核心竞争力          │    └──────────┘
                             └──────────────────────┘
                                            ↓
报告    ◇审批◇ ← ◇审核◇ ←          ┌──────────────┐
撰写                                 │ 撰写投资分析报告 │ ←─────┘
与                                  └──────────────┘
归档                                          ↓
        └─────────────────────→     ┌──────────┐
                                    │ 资料归档 │
                                    └──────────┘
                                         ↓
                                    ┌─────┐
                                    │ 结束 │
                                    └─────┘
```

编修部门		签发人		签发日期	

2.7.2 投资分析执行程序、工作标准、考核指标、执行规范

任务名称	执行程序、工作标准与考核指标
外部投资信息分析	**执行程序** **1. 收集政策与环境信息** ☆总经理依据公司现实情况制定短期或长期投资战略 ☆投资开发部搜集有关投资政策及投资环境等方面的有效信息，相关部门要进行配合，如市场营销部搜集房地产整体市场热点的有效信息，财务部搜集国家相关经济及税收政策等方面的有效信息 ☆相关部门将搜集到的有效信息全部汇总到投资开发部，投资开发部整合本部门和其他部门提供的信息，并进行信息分析 **2. 信息分析** 投资开发部分析国家针对固定资产投资的政策走向、投资环境及市场环境，以此判断是否投资、适合长期投资还是短期投资 **工作重点** 政策与环境信息的范围非常广泛，投资开发部在搜集这些信息之前要制定相关的信息搜集标准 **工作标准** 效率标准：信息搜集工作需要在____个工作日内完成
确定公司发展目标	**执行程序** ☆投资开发部根据分析结果，结合公司的实际情况，确定公司发展目标，并上报主管副总审核、总经理审批 ☆总经理审批通过后，投资目标正式确立 **工作重点** 公司发展目标是一个立体的目标体系，投资开发部在确定目标时要注意将目标进行分解 **工作标准** ☆参照标准：公司过去各年度确定发展目标的方法、注意事项 ☆质量标准：公司发展目标符合公司投资战略，可操作性强
确定竞争优势及资金实力	**执行程序** **1. 整理公司内部资源信息** 发展目标确立后，投资开发部开始整理公司内部资源信息，在此过程中，相关部门应予以配合，对本部门的相关资料进行整理与分类，并汇总到投资开发部。例如，财务部报送公司资产报表等财务信息、项目部报送在建工程信息、市场营销部报送公司商品房市场占有率及现房销售情况等信息 **2. 内部资源信息分析** 将公司各部门报送的信息整理归类后，投资开发部开始对数据与信息进行分析 **3. 竞争对手比较、分析** 投资开发部通知市场营销部收集竞争对手的相关信息，将竞争对手的信息汇总后，与公司信息进行比较、分析，从而确定本公司的优势，并找出劣势

房地产项目管理全案

任务名称	执行程序、工作标准与考核指标
确定竞争优势及资金实力	**4. 确定优势、处理劣势，确认核心竞争力** 根据对公司外部、内部及竞争对手信息的综合分析，确定公司的优势及核心竞争力，并针对公司的劣势提出解决措施 **5. 确定财务预算** 财务部进行投资财务预算，之后由投资开发部分析并调整财务预算项目，对公司投资的资金能力做出合理预估 **工作重点** 投资开发部对公司内部资源进行分析时要注意运用分析工具，常用的分析工具为 SWOT 分析模型。该模型又称为态势分析法、自我诊断法，它是将公司外部环境与内部条件结合起来进行分析，从而构建两者最佳策略组合，其基本运用思路是发挥优势因素、克服弱点因素、利用机会因素、化解威胁因素

工作标准
质量标准：分析过程中数据引用合理，方法使用恰当，结论经验证后正确率较高

考核指标
分析结果准确率：用来衡量分析工作的质量 $$分析结果准确率 = \frac{分析结果准确的次数}{分析总次数} \times 100\%$$

任务名称	执行程序
报告撰写与归档	**1. 撰写投资分析报告** 投资开发部以调查的资料为依据，在上述各项分析的基础上，按分析的过程及结果，撰写投资分析报告并报主管副总审核、总经理审批 **2. 资料归档** 投资开发部将通过审批的投资分析报告连同相关资料一并存档 **工作重点** 资料归档按照房地产项目公司的规定程序和标准进行，以便为后期工作提供依据

工作标准
质量标准：投资分析报告的内容全面、合理，建设性强，可以为后续的项目投资工作打下良好的基础

考核指标
☆投资分析报告一次性通过率：目标值为 100% $$投资分析报告一次性通过率 = \frac{首次审批通过的投资分析报告数}{提交审批的投资分析报告总数} \times 100\%$$ ☆投资分析报告撰写完成的时间：应在____个工作日内撰写完成

执行规范
"投资分析报告"

第 2 章 房地产项目市场调研、竞争分析与投资立项管理

2.8 投资决策流程设计与工作执行

2.8.1 投资决策流程设计

主办部门	投资开发部	流程名称	投资分析流程		
	董事会	总经理	投资开发部	相关部门	

投资决策准备 / 进行投资决策 / 确定投资项目

```
                                   开始
                                    │
                                    ▼
           确定投资项目选择方法  ──▶  确定技术要求、财务预算等
                                            │
                                            ▼
           确定投资项目选择标准  ◀──────────┘
                    │
                    ▼
           拟定投资项目选择程序  ──▶  汇总目标项目
                    │                      │
                    ▼                      │
           初选、审查  ◀──────────────────┘
                    │
                    ▼
   审批  ◀──  编制项目初审报告
    │
    ▼
           可行性分析、评估
                    │
                    ▼
   议定 ◀── 组织项目决策会 ◀─是─ 合格 ─否─▶
                                    │
                    ┌──────────────▶│
                    ▼
           确定投资项目
                    │
                    ▼
           拟定开发方案
                    │
                    ▼
                  结束
```

编修部门		签发人		签发日期	

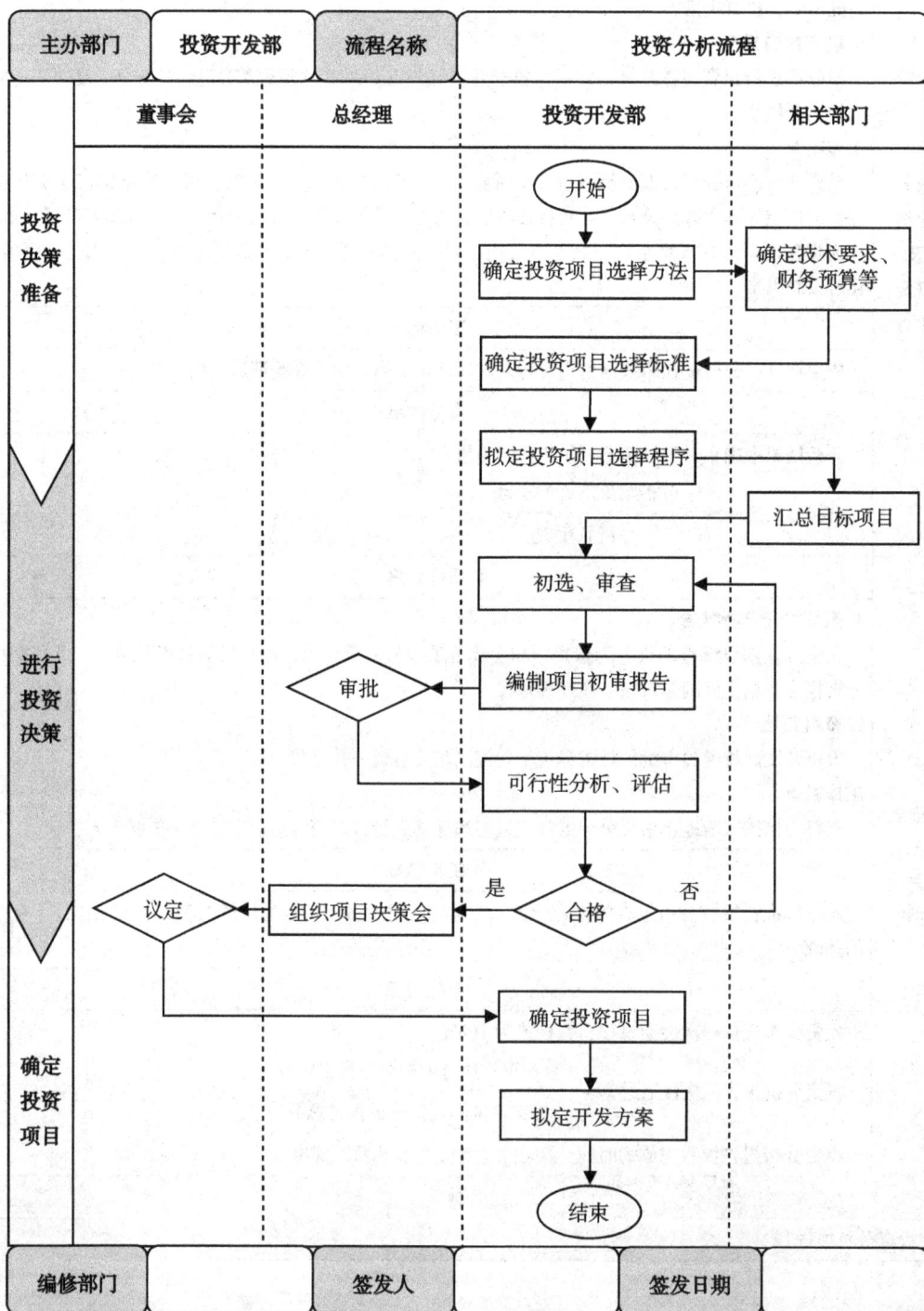

房地产项目管理全案

2.8.2 投资决策执行程序、工作标准、考核指标、执行规范

任务名称	执行程序、工作标准与考核指标
投资决策准备	**执行程序** **1. 确定投资项目选择方法** ☆投资开发部确定投资项目的选择方法，例如，是以公司短期利润最大化为核心进行选择，还是以公司的长远发展为目的进行选择等 ☆房地产项目公司相关职能部门对选择方法中本部门职权范围内的事项进行审定，例如，技术部对工程投资项目的技术要求进行审定、财务部对金融投资项目的财务预算进行核准等，以配合投资开发部最终确定投资项目的选择标准 **2. 确定投资项目选择标准** 投资开发部依据各职能部门报送的相关材料，有针对性地确定投资项目标准，注意这种针对性一定要符合房地产项目公司自身的实际情况 **3. 拟定投资项目选择程序** ☆投资开发部在确定投资项目选择方法和选择标准后，开始拟定投资项目选择程序 ☆投资项目选择程序拟定完成后，投资开发部编制"投资项目选择程序细则" **工作重点** 项目选择标准要具有针对性，符合房地产项目公司的实际情况 **工作标准** 目标标准：通过该阶段的准备工作，明确公司待开发项目的相关标准和选择方法、程序，为后续的投资决策打下基础 **考核指标** 项目选择标准的科学性、完整性：项目选择标准应该反映出房地产项目公司的投资战略，符合公司现阶段的发展要求和实力限制，有较强的针对性和可操作性
进行投资决策	**执行程序** **1. 初选、审查** ☆各职能部门对投资的目标项目进行汇总，例如，工程部汇总工程项目，财务部汇总金融投资项目（证券、基金等）及其他方面的投资项目，并报送投资开发部 ☆投资开发部依据已经编制好的项目选择标准和程序，对投资项目进行严格的初选、审查 ☆审查过程中，投资开发部要坚持以投资目标为出发点，确定与本房地产项目公司自身基础条件相匹配的投资项目，这样可以规避一部分投资风险 **2. 编制项目初审报告** ☆投资项目选定以后，投资开发部开始编制投资项目初审报告 ☆投资项目初审报告编制完成后，上报总经理审批 **3. 可行性分析、评估** ☆总经理审批通过后，投资开发部开始对审批合格的投资项目进行可行性分析与评估，判断是否满足可行性的要求。若不能满足可行性的要求，则在其他目标项目中重新进行初选、审查 ☆如果投资项目能够满足可行性的要求，则投资开发部将投资项目初审报告连同可行性分析与评估报告一起上报总经理，由总经理组织召开投资决策会

任务名称	执行程序、工作标准与考核指标
进行投资决策	**4. 议定** 投资决策会上，由董事会全体股东依据相关标准，结合股东利益与房地产项目公司未来的发展等重要因素，审议每一项投资项目，最终确立议定结果 **工作重点** ☆从项目的初审到董事会的议定需要经过多轮沟通，投资开发部要注意沟通礼仪，加强对沟通过程的控制 ☆初审报告中要总结该投资项目的相关风险，为决策者提供参考 ☆为了增加决策的科学性，投资开发部可在报告中预先利用各种方法进行模拟决策，如综合利用矩阵法、决策树法、盈亏平衡分析法等
	工作标准
	☆目标标准：通过初审、总经理审批和董事会的议定，选定真正适合公司的投资项目 ☆质量标准：各项考察、审核、评定严格按照规范与流程进行，评定标准科学、合理
	考核指标
	☆项目评定人员满意度：达到＿＿＿分 ☆投资项目初审报告一次性通过率：用来衡量报告的质量水平 $$投资项目初审报告一次性通过率 = \frac{首次审批通过的初审报告数}{提交审批的初审报告总数} \times 100\%$$
确定投资项目	**执行程序**
	1. 确定投资项目 董事会议定投资项目并将结果下达到投资开发部，此时投资项目正式确定 **2. 拟定开发方案** 投资开发部在前期综合分析、评审的基础上，拟定并编制项目开发方案，方案要充分反映出前期分析、评审过程中的意见 **工作重点** 房地产项目公司要定期对投资决策过程进行总结，及时改进相关的流程、标准，从而完善投资项目选择与确定管理机制，以规范投资项目的选择与确定工作，从而保证最终确定的投资项目符合公司的发展要求
	工作标准
	☆参照标准：公司过去年度类似项目的开发方案 ☆质量标准：确定投资项目及时，拟定的项目开发方案可操作性强
	考核指标
	项目开发方案编制完成的时间：应在＿＿＿个工作日内编制完成
执行规范	
"投资项目选择程序细则""投资项目初审报告""可行性分析与评估报告""项目开发方案"	

房地产项目管理全案

3.1　房地产项目报批报建管理流程设计

3.1.1　流程目的说明

房地产项目公司对房地产项目报批报建工作实施流程管理的目的如下：

（1）确保报批报建各项工作的全过程可控，保证各项报批报建工作顺利完成；

（2）增强房地产项目公司各部门的管理能力和协调能力，提升工作效率。

3.1.2　流程结构设计

房地产项目报批报建管理流程结构将报批报建工作细分为 5 个事项，并分别就每个事项设计流程，具体的结构设计如图 3-1 所示。

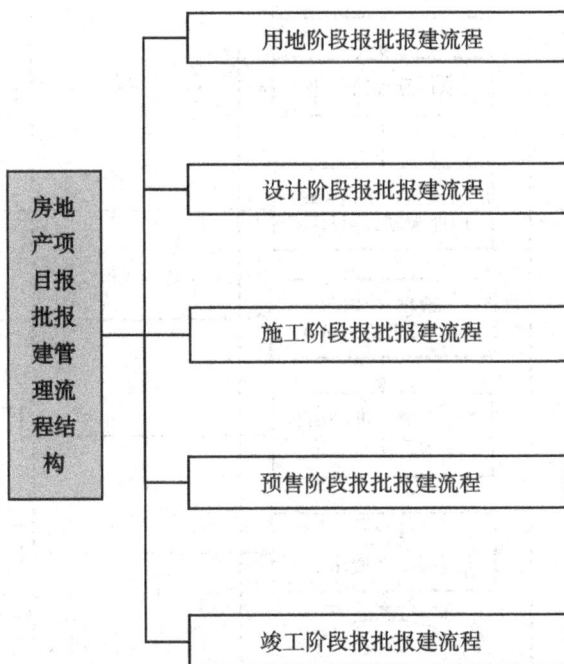

图 3-1　房地产项目报批报建管理流程结构设计

3.2 用地阶段报批报建流程设计与工作执行

3.2.1 用地阶段报批报建流程设计

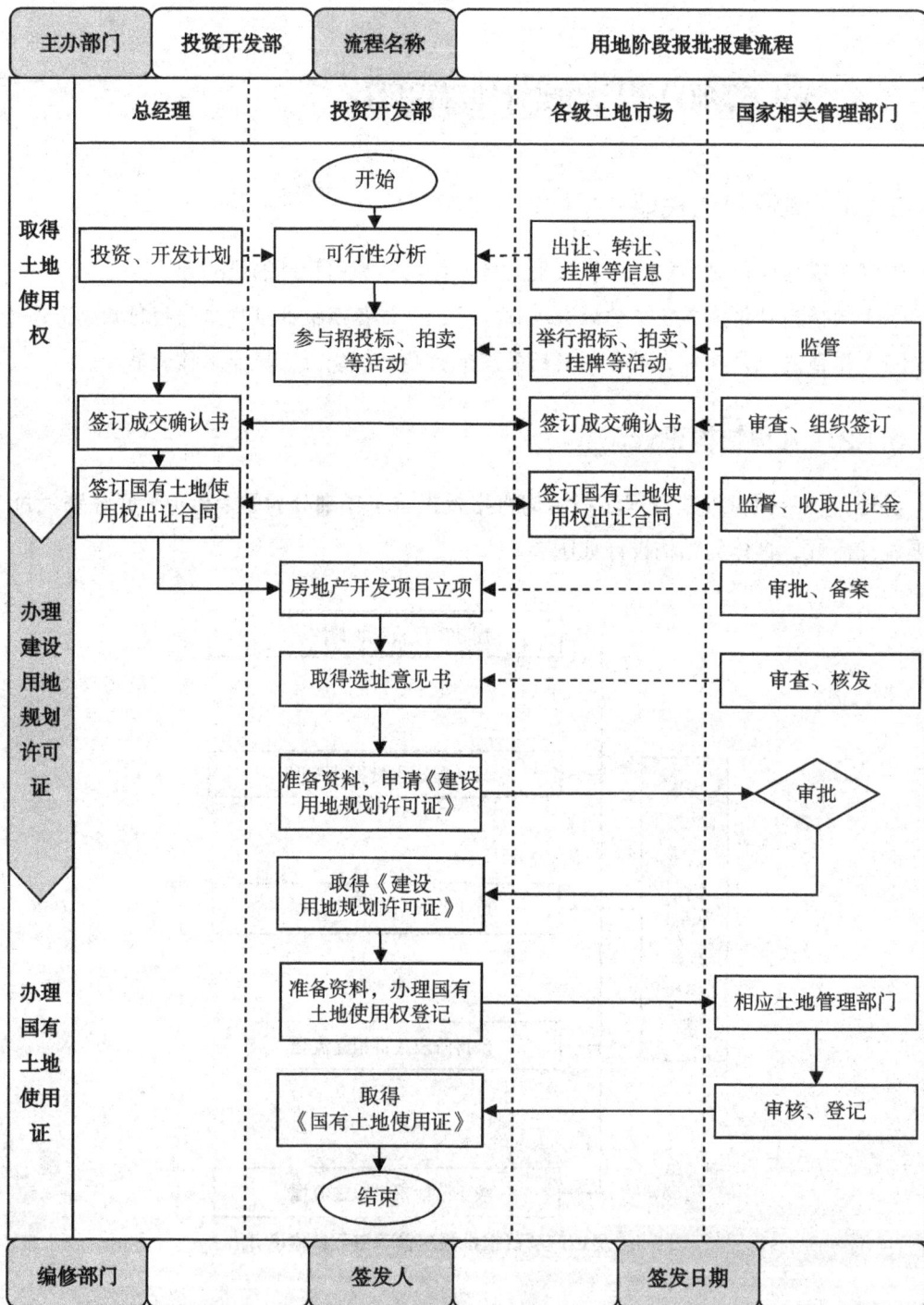

主办部门	投资开发部	流程名称	用地阶段报批报建流程

	总经理	投资开发部	各级土地市场	国家相关管理部门

取得土地使用权

开始

投资、开发计划 → 可行性分析 ← 出让、转让、挂牌等信息

参与招投标、拍卖等活动 ← 举行招标、拍卖、挂牌等活动 ← 监管

签订成交确认书 ← 签订成交确认书 ← 审查、组织签订

签订国有土地使用权出让合同 ← 签订国有土地使用权出让合同 ← 监督、收取出让金

办理建设用地规划许可证

房地产开发项目立项 ⋯ 审批、备案

取得选址意见书 ⋯ 审查、核发

准备资料，申请《建设用地规划许可证》 → 审批

取得《建设用地规划许可证》 ←

办理国有土地使用证

准备资料，办理国有土地使用权登记 → 相应土地管理部门

取得《国有土地使用证》 ← 审核、登记

结束

编修部门		签发人		签发日期	

3.2.2 用地阶段报批报建执行程序、工作标准、考核指标、执行规范

任务名称	执行程序、工作标准与考核指标
取得土地使用权	**执行程序** **1. 可行性分析** ☆投资开发部应该根据公司的房地产投资、开发计划，积极寻找市场机会，关注各级土地市场 ☆投资开发部根据收集到的土地出让、转让等信息，结合本企业房地产开发计划和能力，进行可行性分析，初步确定拟争取的土地 **2. 参与招投标、拍卖等活动** ☆投资开发部与相应土地市场接洽联系，并参加招投标、拍卖等活动 ☆若为转让或合作等其他形式，投资开发部相关负责人在公司领导的授意下与相关转让人、合作人就各项细节开展谈判 **3. 签订成交确认书** ☆投资开发部与土地储备市场确认完出让细节后，将拟交易的相关事项报相应的土地交易中心审查 ☆交易中心审查完毕后，组织双方签订"成交确认书"，发布成交信息。若为转让，可能涉及签订土地转让补偿协议等 **4. 签订国有土地使用权出让合同** ☆土地出让成交确认后 10 日内，公司总经理代表公司及时与土地出让人签订出让合同，并于合同签订后的一个月内缴纳出让价款 50% 的首付款，余款按合同约定及时缴纳 ☆若为土地转让，则按规定办理过户登记 **工作重点** ☆土地市场分为三级，分别对应不同的房地产开发用地获取方式。通过土地一级市场，可获取国家出让的土地；通过土地二级市场，可以获取其他单位（自然人）转让的土地；通过土地三级市场，可与其他土地的使用者合作开发 ☆国有土地的出让，常见的方式有三种，即协议、招标、拍卖。另外，还有挂牌出让这一重要补充形式 ☆签订国有土地使用权出让合同时，双方应提供以下材料：合同申请书、红线图、规划设计条件、企业营业执照及申请人（或委托代理人）身份证明等 ☆若为土地转让，土地使用权出让合同和登记文件中所载明的权利、义务随之转移。如果受让方要改变土地用途，那么应当征得出让方同意并经土地管理部门和城市规划部门批准，按规定重新签订土地使用权出让合同，调整土地使用权出让金，并办理登记 **工作标准** 目标标准：通过合法、合理操作，获得计划开发土地的使用权 **考核指标** ☆对获取的土地使用权价格的控制情况：不超出预期价格的____% ☆合同文件签订失误率：即签订成交确认书、国有土地使用权出让合同等的出错率，目标值为 0 $$合同文件签订失误率 = \frac{出错次数}{签订次数} \times 100\%$$

任务名称	执行程序、工作标准与考核指标
办理建设用地规划许可证	**执行程序** **1. 房地产开发项目立项** ☆取得土地使用权后，投资开发部要着手开始房地产开发项目立项工作 ☆投资开发部相关负责人撰写房地产开发项目建议书，向当地发改委或房地产开发管理办公室等政府主管部门报送，取得其批准，并根据批复编写项目可行性研究报告，再将可行性研究报告送有关部门审批 ☆可行性研究报告获批后，投资开发部有关人员向政府主管部门提交项目建议书、项目可行性研究报告、企业相关资质证明、建设用地权属文件等资料，完成房地产项目立项申报工作 **2. 取得选址意见书** 投资开发部要向政府城市规划行政主管部门取得房地产开发项目选址意见书 **3. 准备资料，申请《建设用地规划许可证》** ☆签订完国有土地使用权出让合同后，投资开发部应尽快准备相关资料，到政府规划部门办理《建设用地规划许可证》 ☆需要准备的资料有申请表，成交确认书，企业营业执照，建设项目的批准、核准、备案文件，国有土地使用权出让合同及其他规定所需资料 **工作重点** 根据规定，企业取得《建设用地规划许可证》后，两年内不得申请变更规划内容。两年后申请变更的，当地政府规划部门要对申请进行审批，审批通过后重新核发《建设用地规划许可证》，并收回原《建设用地规划许可证》 **工作标准** ☆参照标准：项目立项、《建设用地规划许可证》的办理等参照当地政府有关规定执行 ☆目标标准：通过合法、合理操作，房地产开发项目成功立项，并取得《建设用地规划许可证》
办理国有土地使用证	**执行程序** ☆投资开发部准备相关材料，前往政府土地登记管理部门进行土地登记，获得《国有土地使用证》 ☆需要提交的材料有土地登记申请书，企业营业执照，法人代表身份证明，成交确认书，土地出让合同，土地出让金发票，用地红线图、宗地图，《建设用地规划许可证》及其他政府规定材料 **工作重点** 向国土管理部门申请办理土地登记前，要按照土地使用权出让合同的约定付清土地出让价款 **工作标准** ☆参照标准：《国有土地使用证》办理程序参照当地政府规定进行 ☆完成标准：完成土地登记，取得《国有土地使用证》
执行规范	
"土地投标书""土地成交确认书""国有土地使用权出让合同""房地产项目立项报告""房地产开发项目建议书""房地产项目选址意见书"	

3.3 设计阶段报批报建流程设计与工作执行

3.3.1 设计阶段报批报建流程设计

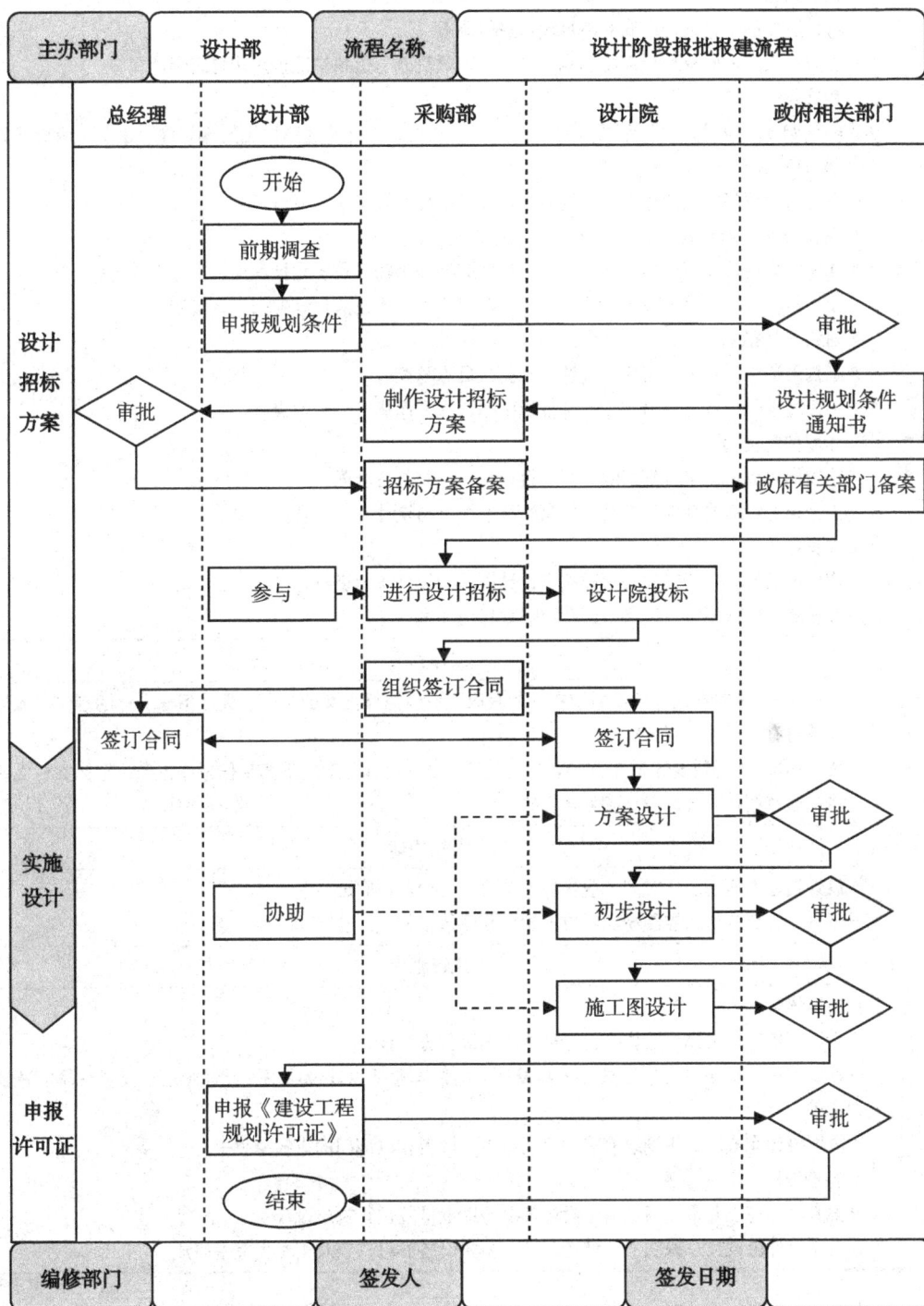

主办部门	设计部	流程名称	设计阶段报批报建流程

	总经理	设计部	采购部	设计院	政府相关部门

设计招标方案：
- 开始 → 前期调查 → 申报规划条件 → 审批（政府相关部门）
- 设计规划条件通知书 → 制作设计招标方案 → 审批（总经理）
- 招标方案备案 → 政府有关部门备案
- 参与（设计部）→ 进行设计招标 → 设计院投标
- 组织签订合同 → 签订合同（总经理）/ 签订合同（设计院）

实施设计：
- 方案设计 → 审批
- 协助（设计部）→ 初步设计 → 审批
- 施工图设计 → 审批

申报许可证：
- 申报《建设工程规划许可证》→ 审批 → 结束

编修部门		签发人		签发日期	

第3章　房地产项目报批报建管理

3.3.2 设计阶段报批报建执行程序、工作标准、考核指标、执行规范

任务名称	执行程序、工作标准与考核指标
设计招标方案	**执行程序**
	1. 前期调查
	☆设计阶段前期，设计部要对项目设计进行调查
	☆需要调查的内容有地形现状、地质勘测、市政管线与道路情况、周边建筑物情况等
	2. 申报规划条件
	☆前期调查结束后，设计部要撰写设计前期调查报告，并持《建设用地规划许可证》至政府规划部门申报规划设计条件
	☆政府规划部门审批通过后，核发《规划设计条件通知书》
	3. 制作设计招标方案
	☆获得《规划设计条件通知书》后，设计部应委托采购部负责招标的人员制作设计招标方案
	☆设计招标方案经总经理审批通过后，采购部将其报送政府规划部门申请备案
	4. 进行设计招标
	☆采购部负责设计招标工作，设计部有关人员参与配合
	☆招标过程中，具备资格的设计院投标中标，双方沟通后续合作事宜
	5. 组织签订合同
	☆招投标完成后，采购部组织中标的设计院与公司签订合同
	☆由公司总经理或其他具备公司代表资格的人员与设计院签订合同
	工作重点
	☆房地产项目的设计工作必须委托有设计资质的设计单位进行
	☆开发商的设计招标方案必须到政府规划部门备案
	工作标准
	☆参照标准：《规划设计条件通知书》的获取、设计招标方案的备案、设计招标文件的制作参照当地政府有关要求执行
	☆质量标准：《规划设计条件通知书》无阻碍，设计招标方案的备案工作程序正确，招标文件无差错，通过招标获取的设计院符合资质要求
	考核指标
	☆设计招标方案的制作时间：应在____个工作日内制作完成
	☆招投标成交价格的控制情况：应不超出预计价格的____%
实施设计	**执行程序**
	1. 方案设计
	☆设计院负责方案设计工作，设计部协助其进行方案设计
	☆建筑工程方案设计（以下简称方案设计）的内容包括设计说明书、设计图纸、投资估算、透视图等
	☆方案设计完成后，应到政府有关部门报批，取得相应部门的审核意见书
	2. 初步设计
	☆方案设计完成并审核通过后，设计部要协助设计院进行初步设计
	☆初步设计由设计总说明书、设计图纸、主要设备和材料表及工程概算书组成

任务名称	执行程序、工作标准与考核指标
实施设计	☆初步设计完成后，应到政府有关部门报批，取得相应部门的审核意见书 **3. 施工图设计** ☆初步设计审核通过后，设计部应协助设计院完成施工图设计工作 ☆施工图设计以图纸为主，主要包括封面、图纸目录、设计说明、图纸、工程预算等内容 ☆施工图设计完成后，应到政府有关部门报批，取得相应部门的审核意见书 **工作重点** 　　房地产开发项目设计主要分为三个阶段，即方案设计、初步设计和施工图设计，而这些设计都是在《规划设计条件通知书》的基础上开展的，因此，当获得《建设用地规划许可证》后，设计部要尽快申报规划条件
	工作标准
	☆参照标准：方案设计、初步设计和施工图设计阶段的报批报建工作参照当地政府有关部门的要求执行 ☆目标标准：方案设计、初步设计和施工图设计都得到批准并审核通过
申报许可证	**执行程序**
	☆当设计院完成所有设计工作后，设计部准备相关材料，前往政府规划部门办理《建设工程规划许可证》 ☆需要提交的材料有申报表，政府各部门对工程设计的审核意见，方案设计、初步设计和施工图设计阶段的输出文件（设计说明书、设计图纸、主要设备及材料表和工程概算书等），以及《建设用地规划许可证》《国有土地使用证》等 **工作重点** 　　开发商将申报表等材料送政府规划部门审核后，应及时缴纳市政设施配套费等费用
	工作标准
	☆参照标准：《建设工程规划许可证》的申报工作参照当地政府有关部门的要求执行 ☆完成标准：完成申报工作，取得《建设工程规划许可证》
	执行规范
	"设计招标方案""项目设计合同"

第3章——房地产项目报批报建管理

3.4 施工阶段报批报建流程设计与工作执行

3.4.1 施工阶段报批报建流程设计

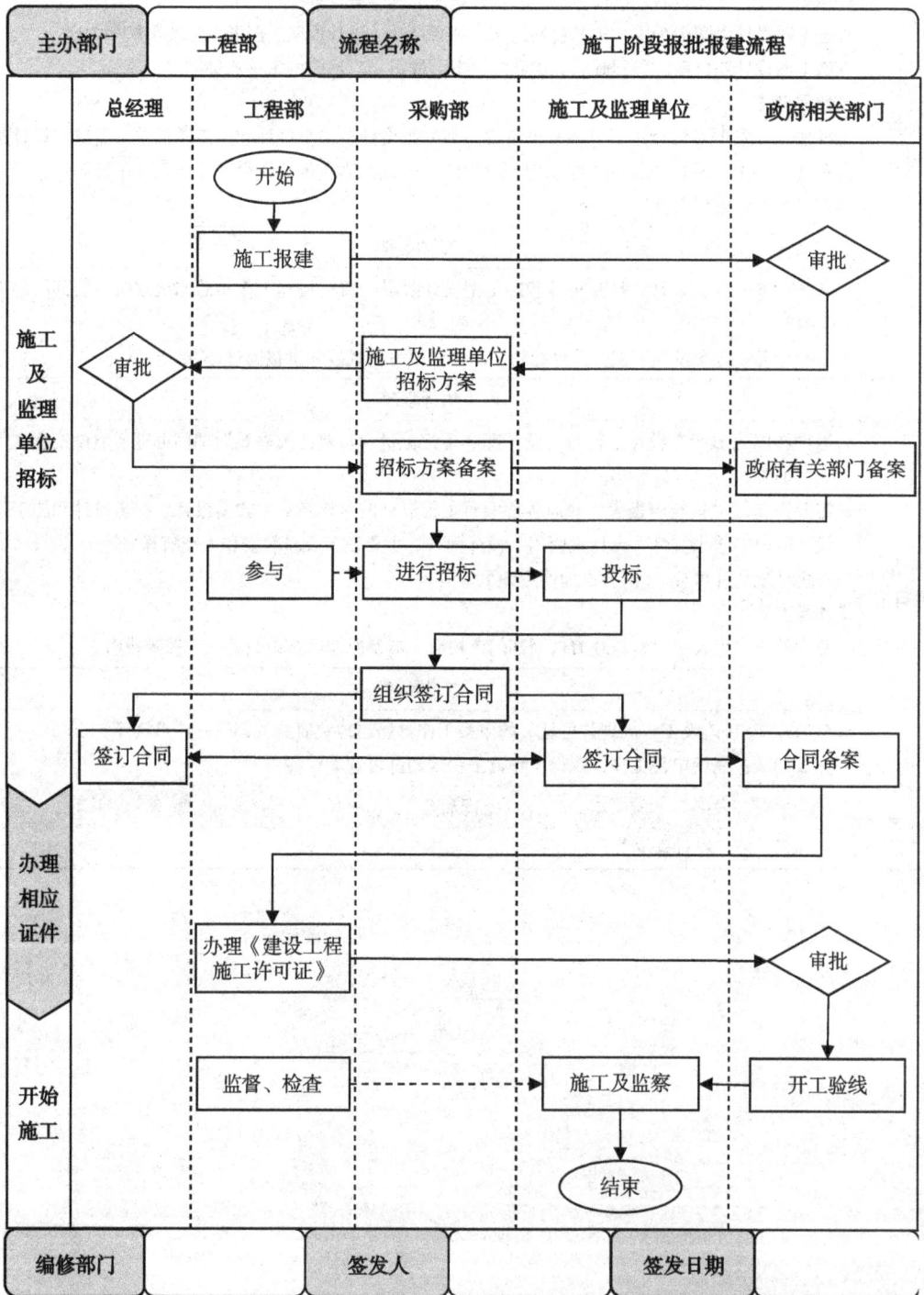

主办部门	工程部	流程名称		施工阶段报批报建流程
	总经理	工程部	采购部	施工及监理单位	政府相关部门

施工及监理单位招标

开始 → 施工报建 → 审批（政府相关部门）

施工及监理单位招标方案 → 审批（总经理）

招标方案备案 → 政府有关部门备案

参与 ← 进行招标 → 投标

组织签订合同

签订合同（总经理） ← 签订合同（施工及监理单位） → 合同备案

办理相应证件

办理《建设工程施工许可证》 → 审批（政府相关部门）

开始施工

监督、检查 ┄┄→ 施工及监察 ← 开工验线

施工及监察 → 结束

编修部门		签发人		签发日期	

3.4.2　施工阶段报批报建执行程序、工作标准、考核指标、执行规范

任务名称	执行程序、工作标准与考核指标
施工及监理单位招标	**执行程序** **1. 施工报建** ☆正式施工前，工程部先要到政府规划建设部门进行施工报建。需要报建的内容有工程名称、建设地点、投资规模、资金来源、工程规模、拟开工与竣工日期等 ☆需要提交的资料有立项批文及《建设用地规划许可证》《国有土地使用证》《建设工程规划许可证》，以及公司资信证明、资金来源证明、施工图设计审查意见书等 **2. 施工及监理单位招标方案** ☆施工报建完成后，采购部招投标人员负责制作施工及监理单位招标方案 ☆施工及监理单位招标方案经总经理审批通过后，采购部有关人员将其报送政府规划部门申请备案 **3. 进行招标** 采购部负责施工及监理单位的招标工作，工程部有关人员参与配合 **4. 组织签订合同** ☆招投标完成后，采购部组织中标的施工单位和监理单位与公司签订合同 ☆由公司总经理或其他具备公司代表资格的人员与施工单位及监理单位签订合同 **5. 合同备案** 合同签订完成后，工程部工作人员到政府有关部门办理合同备案手续 **工作重点** ☆办理监理合同备案，需要提交建设工程监理合同备案表、建设工程监理合同复印件、招标文件、投标文件、中标通知书、项目监理委托书、监理单位资质证书等材料 ☆办理施工合同备案，需要提交建设工程施工合同备案表、建设工程施工合同复印件、招标文件、投标文件、中标通知书等材料 **工作标准** ☆参照标准：此阶段所有工作参照当地政府有关要求进行 ☆完成标准：完成施工报建及监理单位的招标与合同备案等工作 **考核指标** ☆施工及监理单位招标方案的制作时限：应在＿＿＿个工作日内制作完成 ☆招投标成交价格的控制情况：应不超出预计价格的＿＿＿%
办理相应证件	**执行程序** ☆合同备案完成后，工程部应着手办理《建设工程施工许可证》 ☆工程部应至政府住建局办理《建设工程施工许可证》，需要提交的材料有建设工程报建表及《国有土地使用证》《建设用地规划许可证》《建设工程规划许可证》，建设单位的资信证明、项目批文、工程施工图及审查意见，建设工程招投标全套文件，施工申请表及房地产项目的设计合同、施工合同、监理合同等 **工作重点** 领取《建设工程施工许可证》后，建设单位应在三个月内开工，因故不能按期开工的，应当在期满前向发证机关申请延期并说明理由；未申请延期或多次延期超过规定次数的，《建设工程施工许可证》将自行废止

任务名称	执行程序、工作标准与考核指标
办理相应证件	**工作标准**
	参照标准：《建设工程施工许可证》按照当地政府有关部门的规定办理
开始施工	**执行程序**
	1. 开工验线 为保证建设工程按照预期规划的有关规定进行，必须由政府规划管理部门在施工现场进行放线、验线作业 **2. 施工及监察** 施工单位按期开工，监理单位按要求监察，工程部控制进度与质量 **工作重点** 在施工过程中，因故中止施工的，建设单位应当自中止施工之日起一个月内向开发商与政府有关部门报告，并做好建设工程的维护管理工作
	工作标准
	质量标准：工程施工的材料、设备、进度等均按施工设计有关要求高质量完成
	执行规范
	"建设工程报建表""施工单位招标方案""监理单位招标方案""项目施工合同""项目监理合同"

3.5.1 预售阶段报批报建流程设计

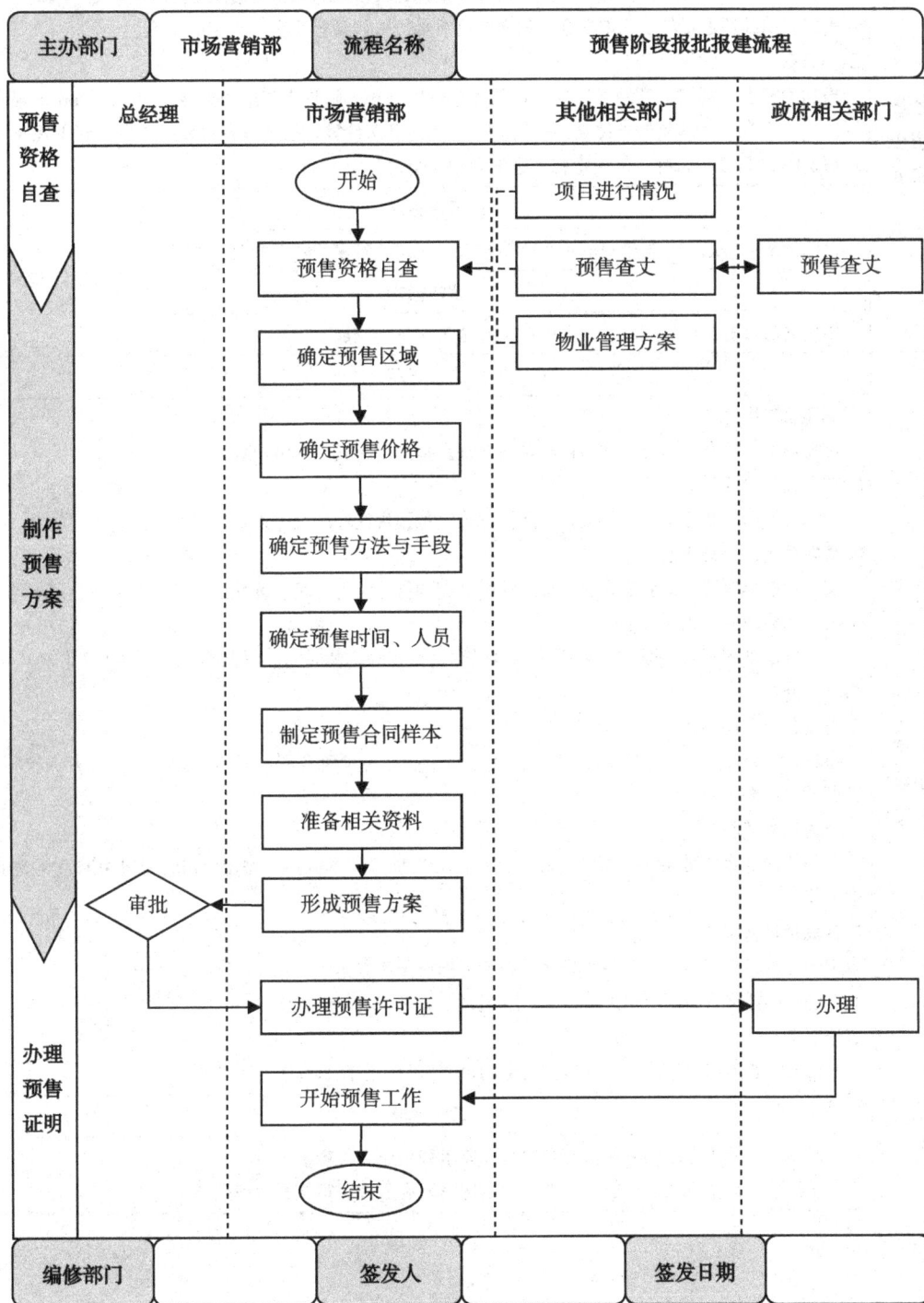

主办部门	市场营销部	流程名称	预售阶段报批报建流程

预售资格自查	总经理	市场营销部	其他相关部门	政府相关部门

```
                              开始
                                ↓                    ┌──────────────┐
                                                     │ 项目进行情况  │
              预售资格自查  ←─┄┄┄→  预售查丈  ←──→  预售查丈
                                ↓                    ┌──────────────┐
              确定预售区域    ←─┄┄┄  物业管理方案
                                ↓
              确定预售价格
                                ↓
              确定预售方法与手段
                                ↓
              确定预售时间、人员
                                ↓
              制定预售合同样本
                                ↓
              准备相关资料
                                ↓
       审批 ←──  形成预售方案
        ↓
        └──→  办理预售许可证  ────────────→  办理
                                                   ↓
              开始预售工作  ←──────────────────────┘
                                ↓
                              结束
```

左侧分栏标注：
- 预售资格自查
- 制作预售方案
- 办理预售证明

编修部门		签发人		签发日期	

3.5.2 预售阶段报批报建执行程序、工作标准、考核指标、执行规范

任务 名称	执行程序、工作标准与考核指标
预售 资格 自查	**执行程序** ☆预售开始前，市场营销部需要调查项目开展情况，检查是否具备申请预售许可的资格 ☆市场营销部还需要与工程部配合，请政府测绘部门进行预售查丈 **工作重点** 　　根据国家有关规定，商品房达到一定条件才可以预售。除具有相应的土地证明、规划施工等许可证外，还有一个重要的条件是：按提供预售的商品房计算，投入开发建设的资金达到工程建设总投资的 25% 以上，并已经确定施工进度和竣工交付日期 **工作标准** 　　参照标准：房地产开发项目的预售资格自查工作按照国家和政府的有关规定进行 **考核指标** 　　预售资格自查工作的完成时间：应在____个工作日内完成
制作 预售 方案	**执行程序** **1. 确定预售区域** 　　市场营销部根据公司要求和项目实际情况确定拟预售的具体区域位置 **2. 确定预售价格** 　　市场营销部根据公司要求和项目实际情况确定拟预售区域的具体价格 **3. 确定预售方法与手段** 　　市场营销部根据公司要求和项目实际情况确定预售方法与手段，设立预售电话、网站、网点等 **4. 确定预售时间、人员** 　　市场营销部根据公司要求和项目实际情况确定预售的具体时间，以及参与预售的人员和各人员的职责分工 **5. 制定预售合同样本** 　　市场营销部根据公司文书写作的有关要求制定商品房预售合同，明确预售时买卖双方的权利、义务及注意事项 **6. 准备相关资料** 　　市场营销部还应准备企业基本资料、房地产开发项目基本资料、物业公司的情况说明及相关承诺书等 **7. 形成预售方案** ☆市场营销部将所有资料准备并确认完毕后，形成预售方案 ☆市场营销部将方案报总经理审批，审批通过后方可开展后续工作 **工作重点** 　　预售方案是后续申请商品房预售许可证的重要资料，因此必须按要求制作 **工作标准** ☆参照标准：预售方案的制作参照政府有关要求和企业有关规定进行 ☆质量标准：预售方案的内容完整准确、结构清晰有条理、审核通过率高

任务 名称	执行程序、工作标准与考核指标
制作 预售 方案	**考核指标** 预售方案制作完成的时间：应在____个工作日内制作完成
办理 预售 证明	**执行程序** ☆市场营销部准备材料，至政府规划部门办理《商品房预售许可证》 ☆需要准备的材料有土地使用权出让金收据及《国有土地使用证》《建设用地规划许可证》《建设 工程规划许可证》《建设工程施工许可证》，按提供预售的商品房计算，投入开发建设的资金达 到工程建设总投资的 25% 以上的证明材料，房地产开发企业的营业执照，商品房预售方案，前 期物业合同，工程施工合同，工程进度款支付情况证明，商品房预售许可申请表等 **工作重点** 办理预售许可证前，需将所有材料准备齐全，预售许可证核发后，方可进行商品房预售工作 **工作标准** 参照标准：《商品房预售许可证》的办理参照当地政府有关要求进行
	执行规范
"预售资格自查报告""商品房预售合同""物业合同""商品房预售方案"	

第 3 章 ——房地产项目报批报建管理

3.6.1 竣工阶段报批报建流程设计

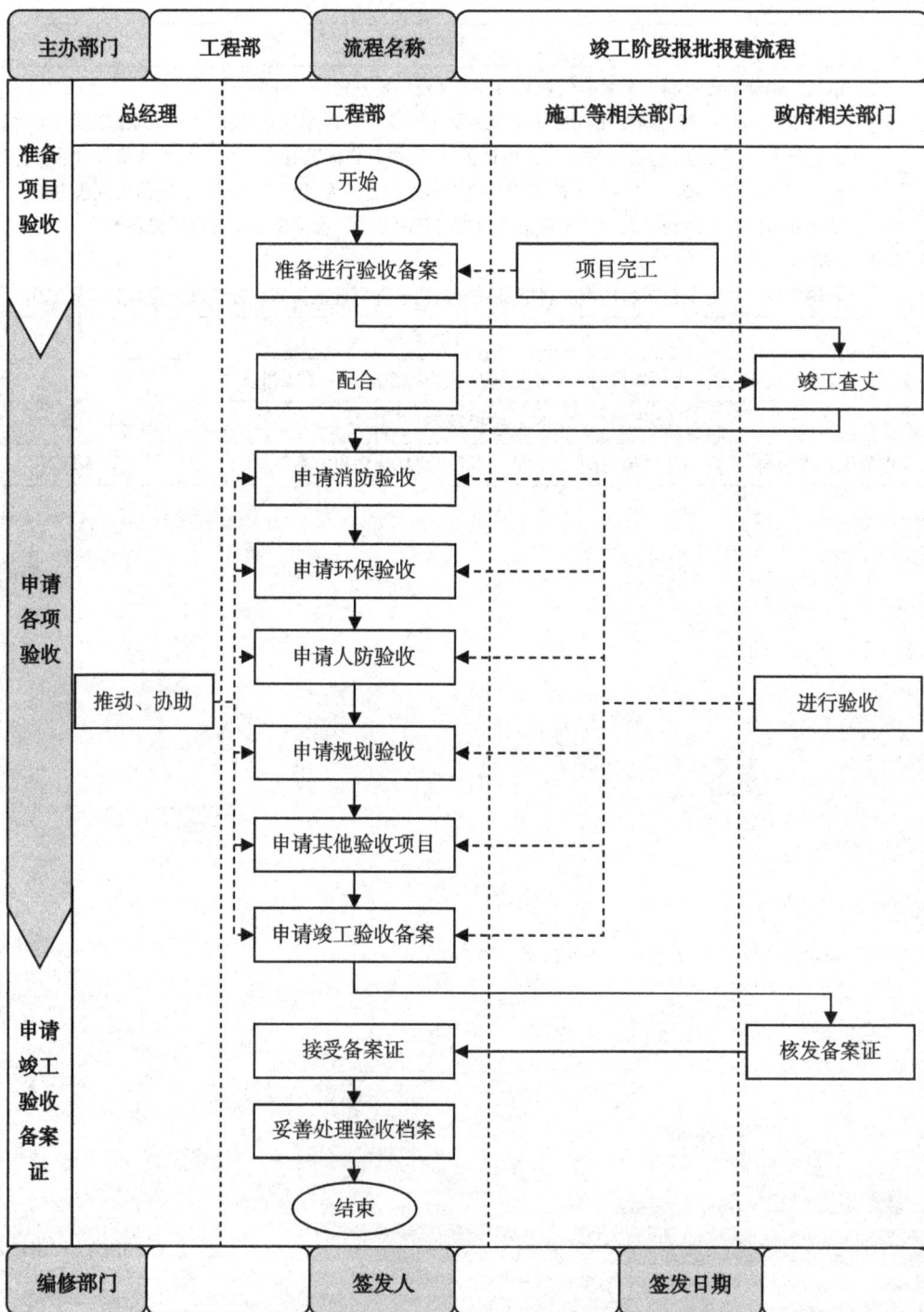

主办部门	工程部	流程名称	竣工阶段报批报建流程

	总经理	工程部	施工等相关部门	政府相关部门

准备项目验收

开始

准备进行验收备案 ←--- 项目完工

配合 ---→ 竣工查丈

申请各项验收

申请消防验收

申请环保验收

申请人防验收

推动、协助

申请规划验收

进行验收

申请其他验收项目

申请竣工验收备案

申请竣工验收备案证

接受备案证 ← 核发备案证

妥善处理验收档案

结束

编修部门		签发人		签发日期	

房地产项目管理全案

3.6.2 竣工阶段报批报建执行程序、工作标准、考核指标、执行规范

任务名称	执行程序、工作标准与考核指标
准备项目验收	**执行程序** ☆工程部密切关注施工单位的施工进度，注意项目施工完工时间 ☆施工完成后，工程部向设计部、投资开发部等部门获取项目有关资料，为验收申请做准备 **工作重点** 　工程部要控制施工进度，把控施工质量 **工作标准** 　完成标准：工程部确定项目完工，做好了项目竣工验收申请准备
申请各项验收	**执行程序** **1. 竣工查丈** 　竣工验收开始前，政府测绘人员要进行竣工查丈，核查用地、规划、预售查丈纪录、施工图等内容 **2. 申请消防验收** 　工程部准备相应资料，请政府消防部门进行消防验收 **3. 申请环保验收** 　工程部准备相应资料，请政府环保部门进行环保验收 **4. 申请人防验收** 　工程部准备相应资料，请政府人防部门进行人防验收 **5. 申请规划验收** 　工程部准备相应资料，请政府规划部门进行规划验收，并办理《建设工程规划验收合格证》 **6. 申请其他验收项目** 　工程部准备相应资料，请政府相关部门进行其他项目的验收，如节能、配套设施、绿化、电气、水土保持、防雷等 **工作重点** 　工程部在进行各项验收时，所需资料可向投资开发部、设计部及市场营销部获取 **工作标准** ☆参照标准：项目验收工作参照政府有关要求进行 ☆完成标准：按有关要求完成各项验收工作，取得《建设工程规划验收合格证》
申请竣工验收备案证	**执行程序** **1. 申请竣工验收备案** 　所有项目验收完成并通过后，工程部准备相应材料，在当地政府住房和城乡建设部门进行项目竣工验收备案，申请《建设工程竣工验收备案证书》 **2. 妥善处理验收档案** 　竣工验收备案完成后，工程部与其他部门妥善处理项目竣工验收期间产生的档案 **工作重点** 　办理建设项目竣工验收备案需要准备诸多材料，工程部要仔细确认当地政府关于竣工备案的有关规定，妥善准备所有材料

（续）

任务名称	执行程序、工作标准与考核指标
申请竣工验收备案证	**工作标准**
	☆参照标准：项目竣工验收备案工作参照当地政府有关要求进行 ☆完成标准：完成项目竣工验收备案工作，取得《建设工程竣工验收备案证书》
	执行规范
"消防验收申请表""环保验收申请表""人防验收申请表""规划验收申请表"	

房地产项目管理全案

4.1　房地产项目设计、造价与预算管理流程设计

4.1.1　流程目的说明

房地产项目设计、造价与预算是房地产项目公司经营房地产业务的重要活动，对该阶段进行流程管理的主要目的如下：

（1）确保房地产项目设计、造价与预算各项工作安排妥当，职责分工明确，井然有序；

（2）提高房地产项目设计水平，促进房地产项目开发设计能力的提升，借此保证后期销售业绩目标的达成；

（3）不断改进并完善房地产项目设计和开发体系，进一步提高项目造价科学性，为项目建设提供重要指导。

4.1.2　流程结构设计

房地产项目设计、造价与预算流程设计可采取并列式结构，即将房地产项目设计、造价与预算细分为 3 个事项，就每个事项设计流程，具体结构如图 4-1 所示。

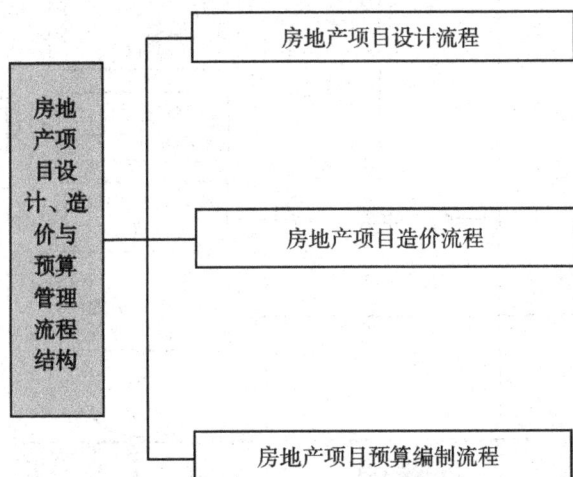

图 4-1　房地产项目设计、造价与预算管理流程结构设计

4.2.1 房地产项目设计流程

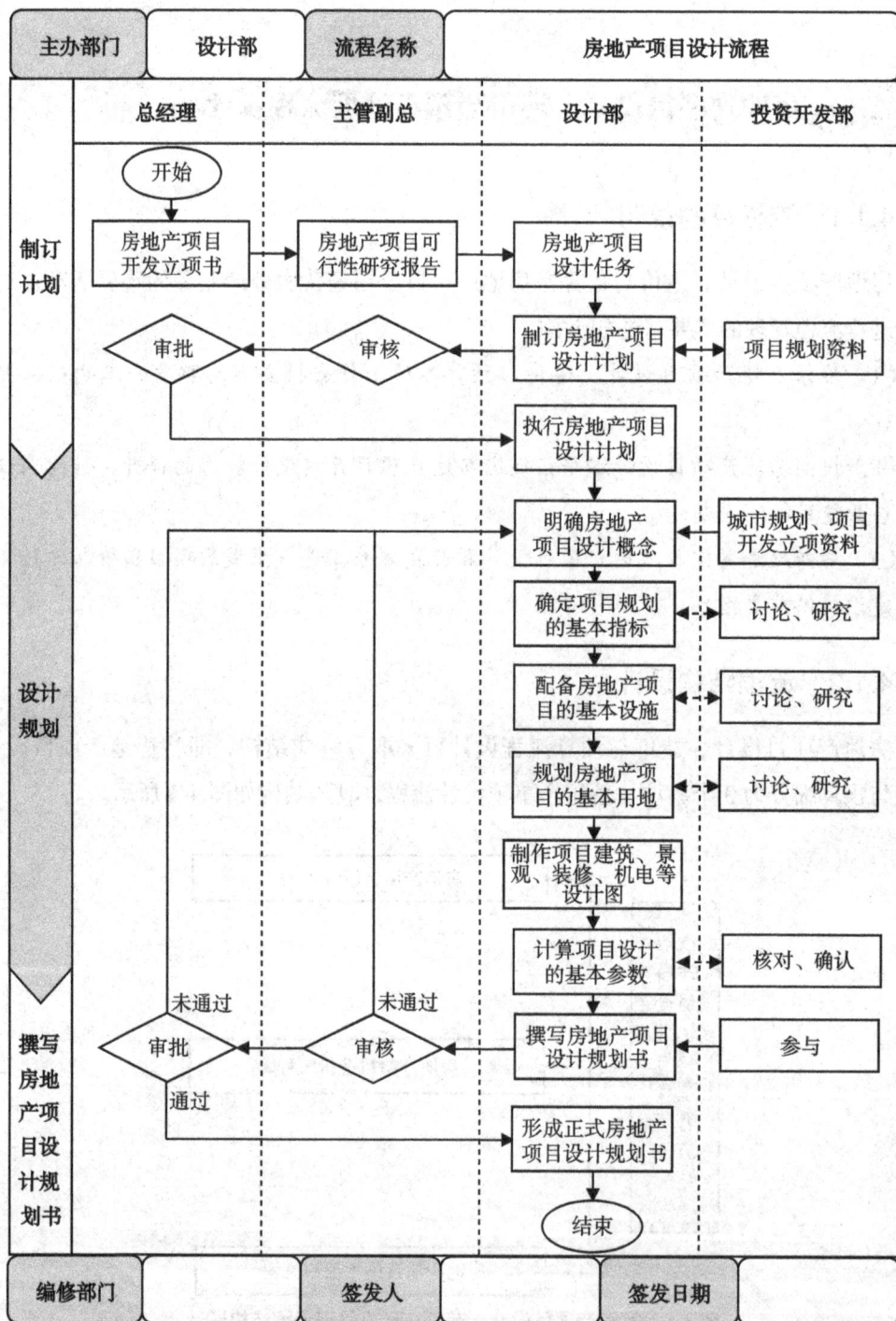

主办部门	设计部	流程名称	房地产项目设计流程	
	总经理	主管副总	设计部	投资开发部

```
制订
计划

                开始
                 ↓
        房地产项目        房地产项目可        房地产项目
        开发立项书   →   行性研究报告   →   设计任务
                                                ↓
        审批  ←  审核  ←              制订房地产项目   ↔   项目规划资料
                                     设计计划

                                     执行房地产项目
                                     设计计划
                                                ↓
设计                                 明确房地产          城市规划、项目
规划                                 项目设计概念   ↔   开发立项资料
                                                ↓
                                     确定项目规划   ↔   讨论、研究
                                     的基本指标
                                                ↓
                                     配备房地产项     ↔   讨论、研究
                                     目的基本设施
                                                ↓
                                     规划房地产项     ↔   讨论、研究
                                     目的基本用地
                                                ↓
                                     制作项目建筑、景
                                     观、装修、机电等
                                     设计图
                                                ↓
                                     计算项目设计     ↔   核对、确认
                                     的基本参数
                                                ↓
撰写   未通过           未通过
房地    审批  ←  审核  ←              撰写房地产项目   ←   参与
产项                                 设计规划书
目设    通过
计规                                 形成正式房地产
划书                                 项目设计规划书
                                                ↓
                                              结束
```

编修部门		签发人		签发日期	

房地产项目管理全案

4.2.2　房地产项目设计执行程序、工作标准、考核指标、执行规范

任务名称	执行程序、工作标准与考核指标
制订计划	**执行程序** **1.房地产项目设计任务** ☆总经理和主管副总向设计部下达房地产项目设计任务，并下发房地产项目开发立项书和可行性研究报告等相关资料 ☆设计部领取房地产项目设计任务，了解项目开发定位，阅读可行性研究报告的相关结果 **2.制订房地产项目设计计划** ☆设计部根据房地产项目的开发规划资料和项目设计要求制订房地产项目设计计划，提交主管副总审核后，报总经理审批 ☆投资开发部向设计部提供房地产项目设计计划编制所必需的项目规划资料 **工作重点** 　房地产项目设计计划的制订工作要由具备成功案例经验的资深设计人员负责，设计部要根据有关设计深度和设计质量标准的要求确定项目的设计周期 **工作标准** ☆质量标准：设计部对房地产项目设计任务的要求和目标理解到位 ☆考核标准：设计部在接收房地产项目设计任务后____天内完成项目设计计划的制订工作 **考核指标** 　房地产项目设计计划制订合格率：该指标是对项目设计计划内容质量的直接体现 $$房地产项目设计计划制订合格率 = \frac{符合要求的计划数}{制订的计划总数} \times 100\%$$
设计规划	**执行程序** **1.明确房地产项目设计概念** ☆设计部了解房地产项目所在城市或地区的城市规划管理文件，结合项目开发的建设目标明确该房地产项目的设计概念 ☆投资开发部向设计部提供相关城市规划方面的文件资料 **2.确定项目规划的基本指标** ☆设计部确定房地产项目的基本指标，包含但不限于用地性质、用地面积、用地红线、道路红线、建筑线、规划形态、建筑用地面积、总建筑面积、绿地面积、绿化率、容积率、建筑密度等 ☆投资开发部参与共同讨论、研究 **3.配备房地产项目的基本设施** 　设计部根据房地产项目开发立项的定位配备项目的基础设施，包含但不限于基础设施、住宅配套设施、市政公用设施、公共活动中心、停车场等 **4.规划房地产项目的基本用地** 　设计部规划房地产项目各组成部分的基本用地，包含但不限于居住区用地、住宅用地、市政公用设施用地、公共服务设施用地、道路用地、公共绿地、其他用地等 **5.制作项目建筑、景观、装修、机电等设计图** 　设计部在确定基本指标、基本设施、基本用地规划的基础上，根据房地产项目的市场定位和售价计划，联合房地产设计院制作项目的建筑、景观、装修、机电等方面的图纸

任务名称	执行程序、工作标准与考核指标
设计规划	**6. 计算项目设计的基本参数** 　　设计部根据完成的房地产项目设计内容，计算项目设计的基本参数，一般有住宅建筑套密度、住宅建筑套毛密度、住宅建筑套净密度、住宅面积毛密度、住宅面积净密度、日照间距、日照间距系数、建筑间距等 **工作重点** 　　房地产项目采取招标外部设计院制图这种形式时，设计部要实时与房地产设计院沟通项目需求和标准，避免因信息沟通问题耽误进度 **工作标准** ☆内容要求：设计文件包含封面、扉页、设计目录、设计说明书、图纸、主要设备和物料表、工程概算书等 ☆质量标准：各部分的设计文件齐全完整、内容合规、文字准确、图纸清晰、校审严格 **考核指标** 　　项目规划设计完成率：该指标是对设计部工作效率的直接考量，检验在规定的设计周期内项目设计工作的完成情况 $$项目规划设计完成率 = \frac{规划设计涵盖的项目要素数量}{项目规划设计需完成的项目要素总数} \times 100\%$$
撰写房地产项目设计规划书	**执行程序** **1. 撰写房地产项目设计规划书** ☆设计部根据房地产项目设计成果撰写项目设计规划书，提交主管副总审核通过后，报总经理审批 ☆若房地产项目设计规划书审批不通过，设计部根据领导批示意见进行修改或重新设计 **2. 形成正式房地产项目设计规划书** 　　设计部根据领导批示意见和设计文本形成正式房地产项目设计规划书 **工作重点** 　　设计部在撰写房地产项目设计规划书时要注意听取投资开发部的意见和建议，保证房地产项目设计开发方向符合公司要求 **工作标准** 　　相关部门能根据房地产项目设计规划书编制项目施工预算、能据此安排材料和设备等的采购或制作、能据此进行施工和安装等 **考核指标** 　　设计规划书审批合格率：该指标用于考量设计部编制设计规划书的能力和水平 $$设计规划书审批合格率 = \frac{符合审批标准的设计规划书数量}{编制的设计规划书总数} \times 100\%$$

执行规范

"房地产项目设计任务""房地产项目设计计划""房地产项目设计规划书"

房地产项目管理全案

4.3 房地产项目造价流程设计与工作执行

4.3.1 房地产项目造价流程设计

主办部门	投资开发部	流程名称	房地产项目造价流程		

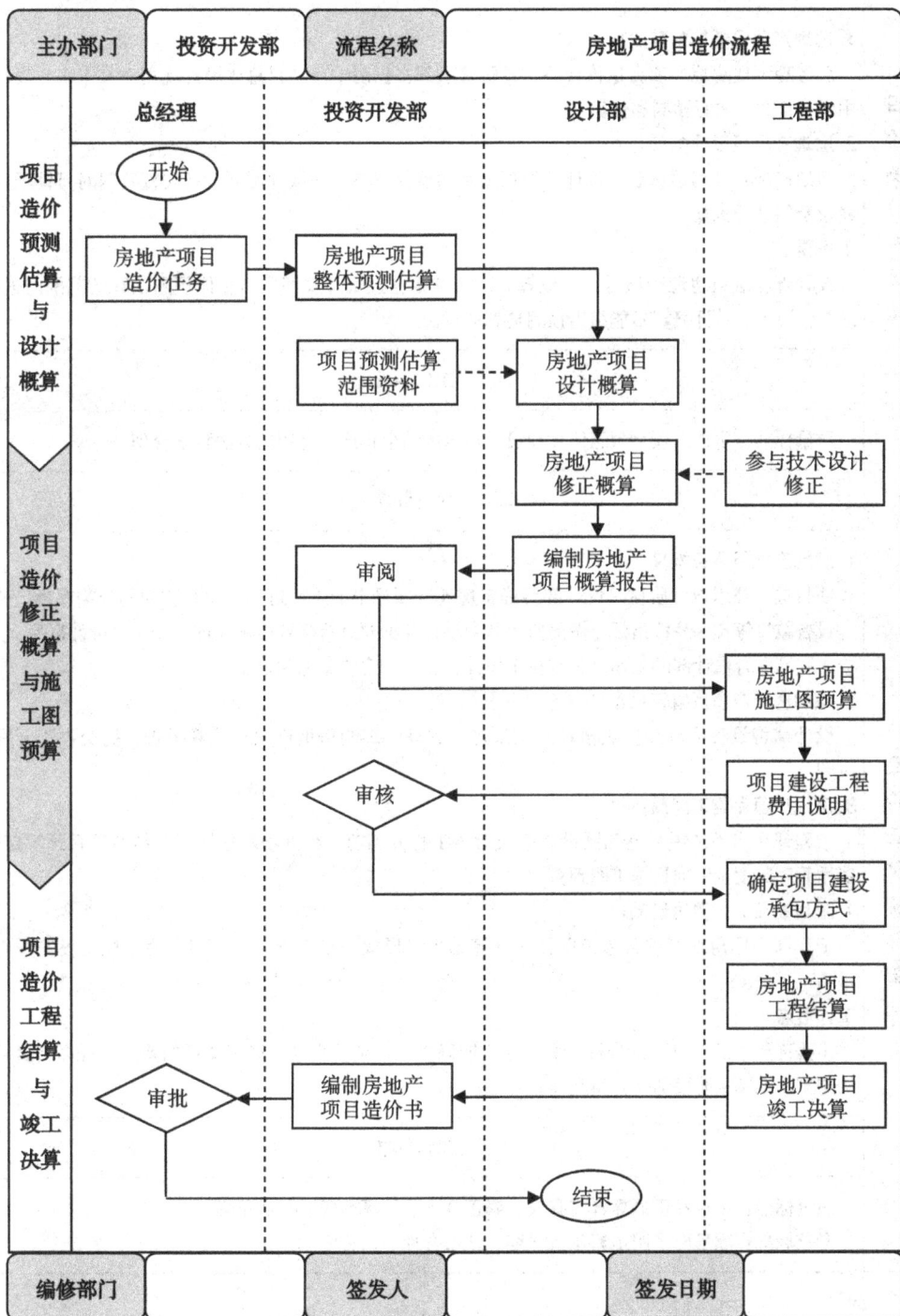

编修部门		签发人		签发日期	

4.3.2 房地产项目造价执行程序、工作标准、考核指标、执行规范

任务 名称	执行程序、工作标准与考核指标
项目造价预测估算与设计概算	**执行程序** **1. 房地产项目整体预测估算** 　总经理下达房地产项目造价任务，投资开发部根据房地产项目总体设计规划对其未来建设过程中的全部费用进行预测和估算 **2. 房地产项目设计概算** 　房地产项目预测估算后，设计部根据项目的设计方案、图纸等规划设计文件资料对具体项目的建设费用进行概算 **工作重点** 　设计部在进行房地产项目设计概算时，注意要在投资开发部项目整体预测估算的范围内进行。通常情况下，设计概算不能超出预测估算的数额 **工作标准** 质量标准：房地产项目预测估算和设计概算的结果正确，运用的方法科学合理
项目造价修正概算与施工图预算	**执行程序** **1. 房地产项目修正概算** ☆项目进入技术设计阶段，设计部要确定房地产项目中的工艺过程、建筑物和构筑物规模、校正设备数量等技术经济指标，做出修改和变动，并据此进行概算修正，进一步完善设计概算 ☆工程部配合设计部的工作，参与技术设计，提供一定的意见和建议 **2. 编制房地产项目概算报告** 　设计部将设计概算和修正概算的结果进行整理，编制房地产项目概算报告，提交投资开发部审阅 **3. 房地产项目施工图预算** 　工程部在房地产项目施工图设计完成后、工程开工前，根据项目施工图，结合项目预算定额、费用管理制度确定项目施工图预算 **4. 项目建设工程费用说明** 　工程部根据房地产项目施工图预算计算结果，形成项目建设工程费用说明，提交投资开发部审核 **工作重点** 　工程部要注意与设计部进行全面沟通，明确房地产项目设计和施工图纸的要点，提高项目造价的施工图纸预算阶段的计算精度 **工作标准** 质量标准：项目修正概算真实有效、修正合理、计算准确、数值正确 考核标准：项目施工图预算条目详细、款项合理、切合实际

任务 名称	执行程序、工作标准与考核指标
项目 造价 工程 结算 与 竣工 决算	**执行程序** **1. 房地产项目工程结算** 　　工程部根据房地产项目设计规划书确定项目的建设承包方式，承包方按要求建设房地产项目，对已完工的建设项目进行工程结算 **2. 房地产项目竣工决算** 　　房地产项目竣工验收后，工程部汇总整理实际的建设费用情况，形成体现项目实际造价情况和项目投资建设效果的项目竣工决算文书，提交投资开发部 **3. 编制房地产项目造价书** 　　投资开发部根据房地产项目各阶段的预期开支和实际开支情况，编制房地产项目造价书，提交总经理审批 **工作重点** 　　投资开发部要注意统计房地产项目实际开支和预期开支的全部资产投资费用
	工作标准 质量标准：房地产项目造价书能够全面真实地反映项目造价的情况，遗漏项目数为0
	考核指标 房地产项目造价书合格率：该指标用于考核投资开发部编制项目造价书的质量水平 $$房地产项目造价书合格率 = \frac{符合审批标准的造价书数量}{编制的项目造价书总数} \times 100\%$$
	执行规范
	"房地产项目设计规划书""房地产项目概算报告""项目建设工程费用说明""房地产项目造价书"

4.4.1 房地产项目预算编制流程设计

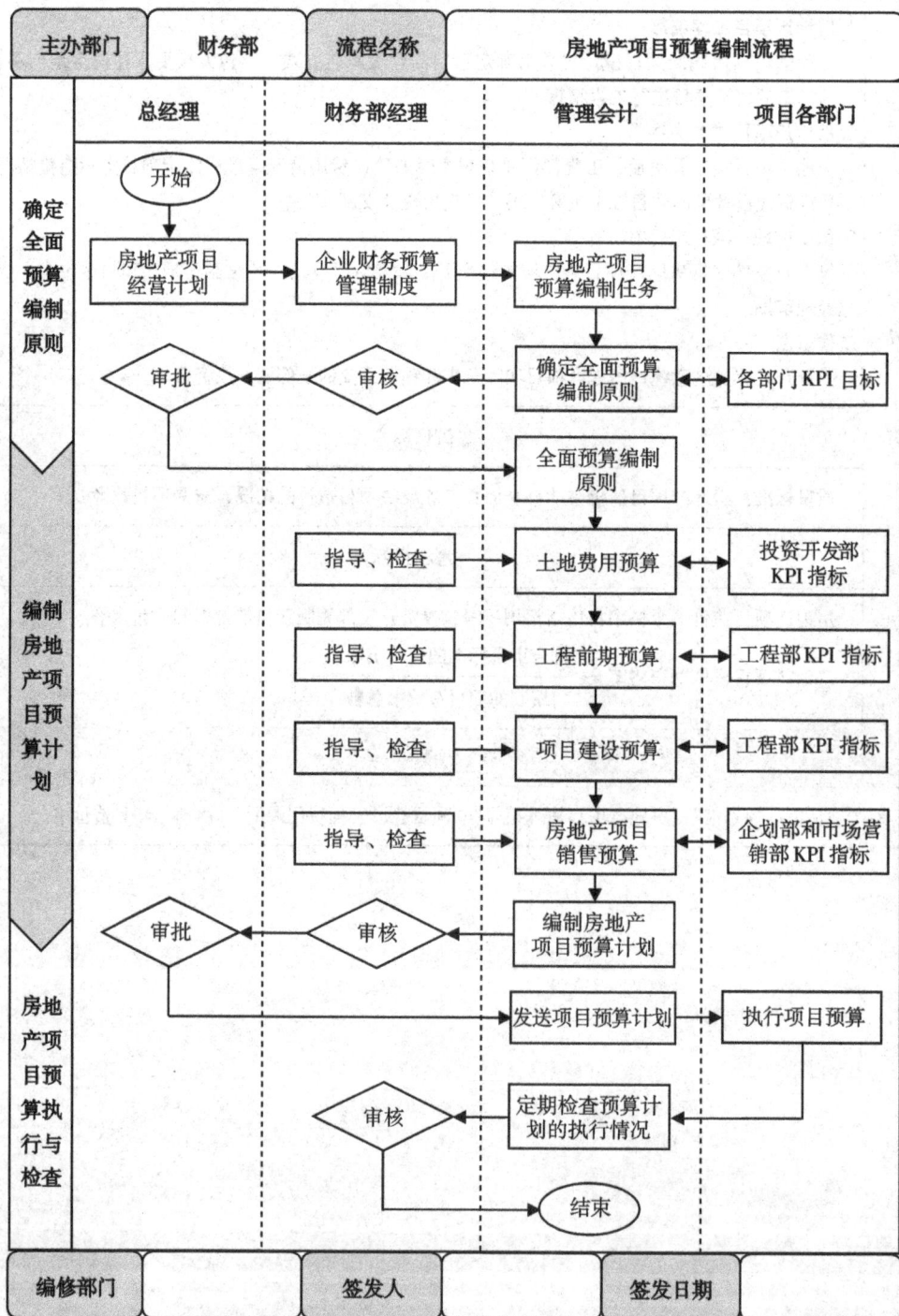

主办部门	财务部	流程名称	房地产项目预算编制流程	

	总经理	财务部经理	管理会计	项目各部门

确定全面预算编制原则

开始 → 房地产项目经营计划 → 企业财务预算管理制度 → 房地产项目预算编制任务

确定全面预算编制原则 ↔ 各部门 KPI 目标

审批 ← 审核 ←

全面预算编制原则

编制房地产项目预算计划

指导、检查 → 土地费用预算 ↔ 投资开发部 KPI 指标

指导、检查 → 工程前期预算 ↔ 工程部 KPI 指标

指导、检查 → 项目建设预算 ↔ 工程部 KPI 指标

指导、检查 → 房地产项目销售预算 ↔ 企划部和市场营销部 KPI 指标

审批 ← 审核 ← 编制房地产项目预算计划

房地产项目预算执行与检查

发送项目预算计划 → 执行项目预算

审核 ← 定期检查预算计划的执行情况 ←

结束

编修部门		签发人		签发日期	

4.4.2 房地产项目预算编制执行程序、工作标准、考核指标、执行规范

任务名称	执行程序、工作标准与考核指标
确定全面预算编制原则	**执行程序** **1. 房地产项目预算编制任务** ☆总经理根据房地产项目经营计划向财务部提出对应的项目预算管理要求，财务部经理结合项目公司财务预算管理制度向管理会计传达房地产项目预算编制任务 ☆管理会计接收房地产项目预算编制任务，明确房地产项目预算管理目标 **2. 确定全面预算编制原则** ☆管理会计了解房地产项目的具体设计规划方案，结合项目各部门在设计规划书中的KPI完成目标，确定全面预算的编制原则，提交财务部经理审核通过后，报总经理审批 ☆项目各部门配合管理会计的工作，提供编制预算所需的相关资料 ☆全面预算编制原则审批通过，管理会计将其作为下一步编写预算计划的指导文件 **工作重点** 管理会计确定预算编制原则时，要以充分实现各部门KPI为核心，即预算编制始终要为房地产项目的绩效服务 **工作标准** ☆质量标准：管理会计要将预算指标分解到项目设计规划方案的各部分内容中，分解到项目涉及的每个部门 ☆考核标准：管理会计要正确、快速、准确地理解房地产项目的预算管理要求和编制任务
编制房地产项目预算计划	**执行程序** **1. 土地费用预算** ☆管理会计根据房地产项目设计规划的规模和地区情况计算核定项目的土地费用预算 ☆投资开发部配合管理会计，提供有关出让或拍卖等土地方面的价格资料 **2. 工程前期预算** ☆管理会计根据房地产项目工程招标的实际情况，计算工程前期的费用预算 ☆工程部配合管理会计，提供有关工程招标等方面的价格资料 **3. 项目建设预算** ☆管理会计根据房地产项目工程建设的合作方式和工程合同条款计算项目建设费用预算 ☆工程部配合管理会计，提供有关土建、管线、环境绿化等方面的价格资料 **4. 房地产项目销售预算** ☆管理会计根据房地产项目的市场策略和销售方案，计算项目的销售费用预算 ☆企划部和市场营销部配合管理会计，提供广告推广、营销等方面的价格资料 **5. 编制房地产项目预算计划** 管理会计将房地产项目各阶段的费用预算结果进行汇总整理，编制房地产项目预算计划，提交财务部经理审核通过后，报总经理审批

任务名称	执行程序、工作标准与考核指标
编制房地产项目预算计划	**工作重点** 　管理会计在进行房地产项目各阶段的费用预算时，要全面比对项目设计规划的内容，充分考虑地区差异对项目预算的影响
	工作标准
	☆质量标准：项目各阶段费用预算的计算依据科学合理、符合实际、数据准确、结果真实 ☆效率标准：房地产项目预算计划应在_____天内编制完成并提交审批
	考核指标
	☆预算计划编制合格率：该指标是对项目各阶段预算结果的考量 $$预算计划编制合格率 = \frac{符合审批标准的预算计划数}{提交审批的预算计划总数} \times 100\%$$ ☆预算计划编制及时率：该指标用于考核管理会计编制房地产项目预算计划的及时性 $$预算计划编制及时率 = \frac{按时编制完成的预算计划数}{需编制的预算计划总数} \times 100\%$$
房地产项目预算执行与检查	**执行程序**
	1. 执行项目预算 ☆房地产项目预算计划审批通过，管理会计将预算计划发送给项目各部门 ☆房地产项目各部门参照预算计划执行 **2. 定期检查预算计划的执行情况** 　管理会计定期检查房地产项目预算计划的执行情况，汇总并整理执行结果，形成报告提交财务部经理审核 **工作重点** 　房地产项目各部门严格按照项目预算计划执行预算管理工作，管理会计切实履行定期检查的责任，及时发现项目预算执行过程中的问题
	工作标准
	☆考核标准：房地产项目各部门的预算执行结果在规定的变动幅度内 ☆效率标准：管理会计完成定期检查后，在_____天内提交检查报告
	考核指标
	项目预算执行检查及时率：该指标用于考核管理会计对项目预算执行情况的了解和掌控程度，是考察管理会计工作的重要标准之一 $$项目预算执行检查及时率 = \frac{按时完成的预算执行检查项目数}{需检查的预算执行项目总数} \times 100\%$$
	执行规范
	"房地产项目经营计划""项目公司财务预算管理制度""房地产项目预算编制任务""房地产项目设计规划方案""全面预算编制原则""房地产项目预算计划""项目预算执行检查报告"

5.1 房地产项目招标与采购管理流程设计

5.1.1 流程目的说明

房地产项目招标与采购流程管理的主要内容涵盖了房地产项目采购计划编制、房地产项目招标、房地产项目采购供应商选择等，房地产项目公司对项目招标与采购进行流程管理的目的如下：

（1）规范房地产项目采购计划编制过程，确保采购计划按照规范编制并按时提交；

（2）规范房地产项目招标流程，使项目招标工作有章可循；

（3）规范房地产项目采购供应商的选择流程，确保采购供应商符合企业选择标准。

5.1.2 流程结构设计

房地产项目招标与采购管理流程设计可采取并列式结构，即将房地产项目招标与采购管理细分为 3 个事项，分别就每个事项设计流程，具体的结构设计如图 5-1 所示。

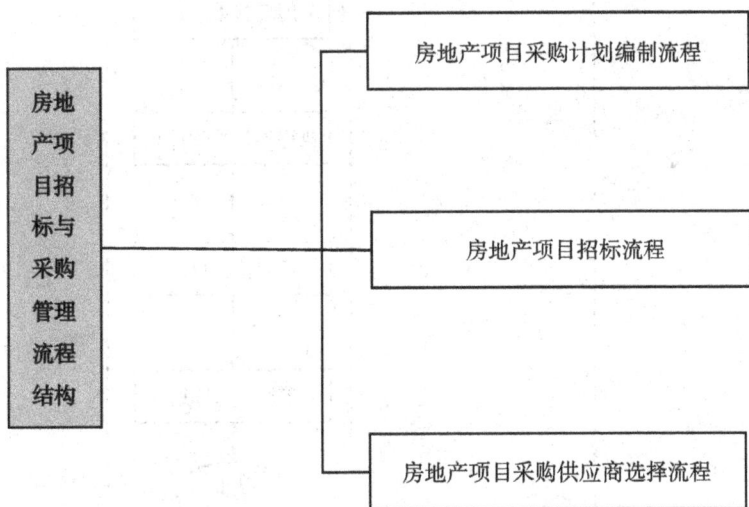

图 5-1　房地产项目招标与采购管理流程结构设计

5.2.1 房地产项目采购计划编制流程设计

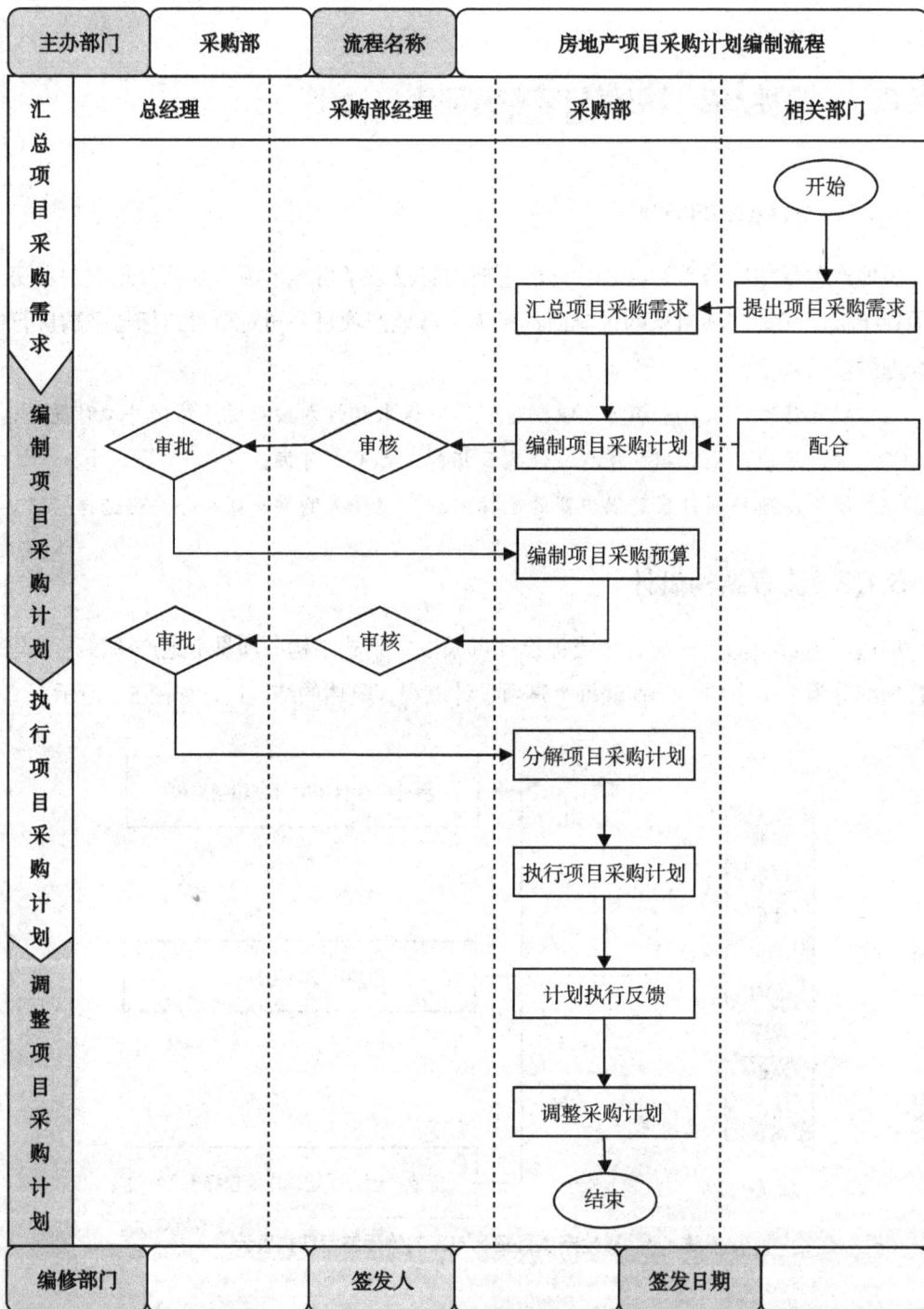

主办部门	采购部	流程名称	房地产项目采购计划编制流程

	总经理	采购部经理	采购部	相关部门

汇总项目采购需求 编制项目采购计划 执行项目采购计划 调整项目采购计划

```
                                              开始
                                               │
                                               ▼
                       汇总项目采购需求  ◄──  提出项目采购需求
                                               │
                                               ▼
  审批  ◄──  审核  ◄──  编制项目采购计划  ◄──  配合
   │
   ▼
        编制项目采购预算

  审批  ◄──  审核  ◄──
   │
   ▼
        分解项目采购计划
               │
               ▼
        执行项目采购计划
               │
               ▼
        计划执行反馈
               │
               ▼
        调整采购计划
               │
               ▼
             结束
```

编修部门		签发人		签发日期	

房地产项目管理全案

5.2.2 房地产项目采购计划编制执行程序、工作标准、考核指标、执行规范

任务名称	执行程序、工作标准与考核指标
汇总项目采购需求	**执行程序** ☆设计部、工程部等项目相关部门提出采购需求，填写项目采购需求申请单并提交采购部 ☆采购部根据收到的项目采购需求申请单进行汇总分析 **工作重点** 　项目采购需求申请单的填写要规范，采购部要制定并下发填写说明书，避免因各部门填写不一致而造成需求汇总数据不准确
	工作标准 　时间标准：采购部在收到项目采购需求申请单后的____个工作日内完成汇总工作
	考核指标 　项目采购需求汇总的及时性：采购部要在规定的时间内完成对项目采购需求的汇总工作
编制项目采购计划	**执行程序** **1. 编制项目采购计划** 　采购部结合房地产项目需求情况，编制项目采购计划，并将其报采购部经理审核、总经理审批 **2. 编制项目采购预算** 　采购部根据审批通过的项目采购计划编制采购预算，并将其报采购部经理审核、总经理审批 **工作重点** 　项目采购计划的编制须依据项目的实际需求，避免因与项目需求相悖而影响项目的质量
	工作标准 ☆依据标准：项目采购计划的编制须以项目的实际需求为依据 ☆预算标准：项目采购预算控制在项目预算范围内
	考核指标 　项目采购计划编制的及时性：采购部要在规定的时间内完成项目采购计划的编制工作
执行项目采购计划	**执行程序** **1. 分解项目采购计划** 　采购部将项目采购计划进行分解，分配到人，并落实责任 **2. 执行项目采购计划** 　采购人员负责执行项目采购计划，并做好记录 **工作重点** 　相关部门要严格按照项目采购计划执行采购工作，不得随意更改计划内容
	工作标准 　质量标准：全面落实项目采购计划

任务名称	执行程序、工作标准与考核指标
调整项目采购计划	**执行程序** 1. 计划执行反馈 　采购专员负责将项目采购计划的执行结果反映给采购主管 2. 调整采购计划 　采购主管根据采购专员反映的情况对项目采购计划进行调整 **工作重点** 　采购专员务必及时向上级反映项目采购过程中出现的问题，以便及时解决问题，防止影响项目最终的质量
	工作标准 时间标准：项目采购计划须在＿＿＿个工作日内调整完成
执行规范	
"房地产项目采购计划管理制度""房地产项目采购计划书""项目采购需求申请单""房地产项目采购需求汇总表""房地产项目采购任务分解表""房地产项目采购计划执行记录表""房地产项目采购计划变更记录表"	

5.3.1 房地产项目招标流程设计

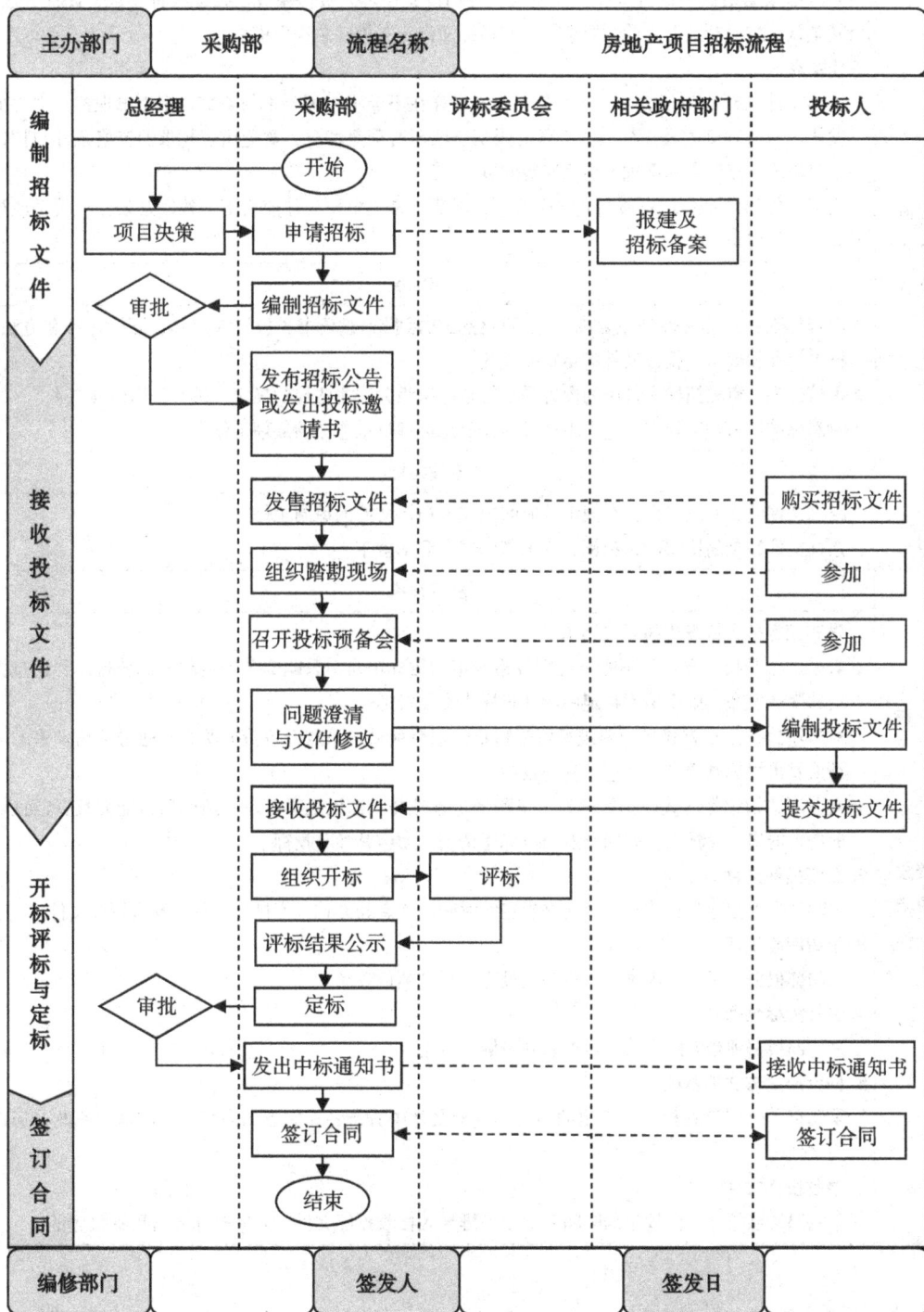

主办部门	采购部	流程名称	房地产项目招标流程		

	总经理	采购部	评标委员会	相关政府部门	投标人
编制招标文件		开始			
	项目决策 →	申请招标 ┈┈┈┈		报建及招标备案	
	审批 ◆←	编制招标文件			
		发布招标公告或发出投标邀请书			
接收投标文件		发售招标文件 ┈┈┈			购买招标文件
		组织踏勘现场 ┈┈┈			参加
		召开投标预备会 ┈┈┈			参加
		问题澄清与文件修改			编制投标文件
		接收投标文件 ┈┈┈			提交投标文件
开标、评标与定标		组织开标 →	评标		
		评标结果公示 ←			
	审批 ◆←	定标			
		发出中标通知书 ┈┈┈┈			接收中标通知书
签订合同		签订合同 ┈┈┈┈			签订合同
		结束			

编修部门		签发人		签发日	

第5章 房地产项目招标与采购管理

5.3.2 房地产项目招标执行程序、工作标准、考核指标、执行规范

任务名称	执行程序、工作标准与考核指标
编制招标文件	**执行程序** 　　采购部根据招标项目特点和实际需求，合理设置投标人资格条件、投标报价要求、评标方法、合同条款、技术标准等实质性要求，编制招标文件，并提交总经理审批 **工作重点** ☆招标文件应符合现行法律法规的要求，不得存在不公平、不公正的条款，避免出现招标文件的发售、澄清和修改及投标文件准备时限少于法定时限等情况，避免出现要求的资格条件与招标项目具体特点和实际需求不相适应等问题 ☆招标文件的内容必须完整，文字应严谨、规范，避免出现文件前后不一致、条款存在歧义或重大漏洞等现象 **工作标准** ☆内容标准：招标文件的主要内容包括招标公告或投标邀请书、投标人须知、评标标准和方法、技术标准和要求、投标文件的格式要求等 ☆审核标准：审核招标文件中的内容是否符合国家相关法律法规的规定、是否使用标准文本 ☆时间标准：采购部须在____个工作日内完成总经理审批意见的处理工作 **考核指标** ☆招标文件编制的及时性：在规定的时间内完成招标文件的编制工作 ☆招标文件编制的错误数：招标文件编制的错误数不多于____个
接收投标文件	**执行程序** **1. 发布招标公告或发出投标邀请书** ☆对采用公开招标方式且不需要进行资格预审的招标项目，采购部负责编制招标公告，并通过指定的媒体发布，以邀请不特定的潜在投标人参加投标 ☆对采用公开招标方式且需要进行资格预审的招标项目，采购部负责向所有已通过资格预审的申请人发出投标邀请书，邀请其参与投标 ☆对采用邀请招标方式的招标项目，采购部负责选择3家以上具有承担招标项目能力且资信良好的特定的潜在投标人，并向其发出投标邀请书，邀请其参与投标 **2. 发售招标文件** 　　采购部根据招标公告或投标邀请书规定的时间、地点和方式，安排专人负责发售招标文件 **3. 组织踏勘现场** 　　采购部根据项目实际需求，组织潜在投标人踏勘项目现场 **4. 召开投标预备会** 　　采购部根据项目实际需求，组织召开投标预备会 **5. 问题澄清与文件修改** 　　采购部应针对潜在投标人提出的问题和招标文件中有待补充完善的内容进行澄清与修改，形成书面文件 **6. 接收投标文件** 　　采购部按照招标文件规定的时间和地点安排专人接收投标文件，并向投标人出具签收凭证

任务名称	执行程序、工作标准与考核指标
接收投标文件	**工作重点** ☆应注意不同途径发售的招标文件内容的一致性 ☆应注意避免在现场踏勘过程中泄露潜在投标人名称、数量及可能影响公平竞争的有关招投标的其他信息 ☆投标预备会的召开时间不宜距离招标文件出售截止时间过近，应保证所有潜在投标人有足够的时间阅读和了解招标文件的相关内容 ☆不得接收应当拒收的投标文件，也不得在接收投标文件后拒绝出具签收凭证，更不得在签收凭证上弄虚作假或随意涂改相关内容 **工作标准** ☆内容标准：招标公告或投标邀请书的内容一般包括招标条件、项目概况与招标范围、投标人资格要求、招标文件的获取、招标人的名称和地址等 ☆时间标准：依法必须进行招标的项目，自招标文件开始发出之日起至提交投标文件截止之日止，最短不得少于 20 日
开标、评标与定标	**执行程序** **1. 组织开标** ☆采购部根据规定的提交投标文件的截止时间和预先确定的开标地点公开组织开标，邀请所有投标人的法定代表人或其授权代表参加 ☆在开标时，先由招标负责人宣布开标纪律，并公布在投标截止时间前递交投标文件的投标人名称，再由招标文件确定人员检查投标文件的密封情况，然后按照招标文件确定的开标顺序唱标，最后招投标双方代表在开标记录上签字确认 ☆采购部安排专人妥善做好书面记录，完整且如实地记录开标过程 **2. 评标** 采购部先组建评标委员会，然后由评标委员会从价格、技术、服务等方面对投标文件进行鉴定、分析、比价与议价，最后推举合适的投标人 **3. 评标结果公示** 评标结果确定后，采购部负责办理评标结果公示的相关事宜 **4. 发出中标通知书** 中标人确定后，采购部应当在投标有效期内向中标人发出中标通知书，同时发布中标公告 **工作重点** ☆开标时，应注意做好投标人的进出场组织和场地疏导工作 ☆在评标过程中，要重视评标委员会成员的选取，如果评标委员会成员选取不当，则可能造成评审结果不具权威性 ☆在确定中标结果前，应对参与评标的人员名单，包括评标委员会成员名单和现场工作人员名单等予以保密 ☆招标文件中规定使用密封投标方式的，在宣读投标文件时，不得透露投标人的价格信息；确定中标者后，严禁透露竞标失败的投标人与竞标成功投标人的价格差距

任务名称	执行程序、工作标准与考核指标
开标、评标与定标	**工作标准** ☆依据标准：开标、评标与定标的执行须严格以《中华人民共和国招标投标法》（以下简称《招标投标法》）及实施条例等相关法律法规为依据 ☆时间标准：评标结果公示期不得少于3日，中标公告的公告期也不得少于3日
签订合同	**执行程序** 采购部负责与中标人签订合同 **工作重点** ☆合同的内容须符合国家相关法律法规的规定 ☆应严格规定合同的签署权限，以免因权限不明晰发生越权等行为 **工作标准** ☆依据标准：合同的拟定须以国家相关法律法规为依据 ☆时间标准：合同应在中标通知书发出之日起30日内签订
执行规范	
《招标投标法》及企业的"招标文件""招标公告""投标邀请书""招标文件评审制度""中标通知书""评标方案"	

5.4.1 房地产项目采购供应商选择流程设计

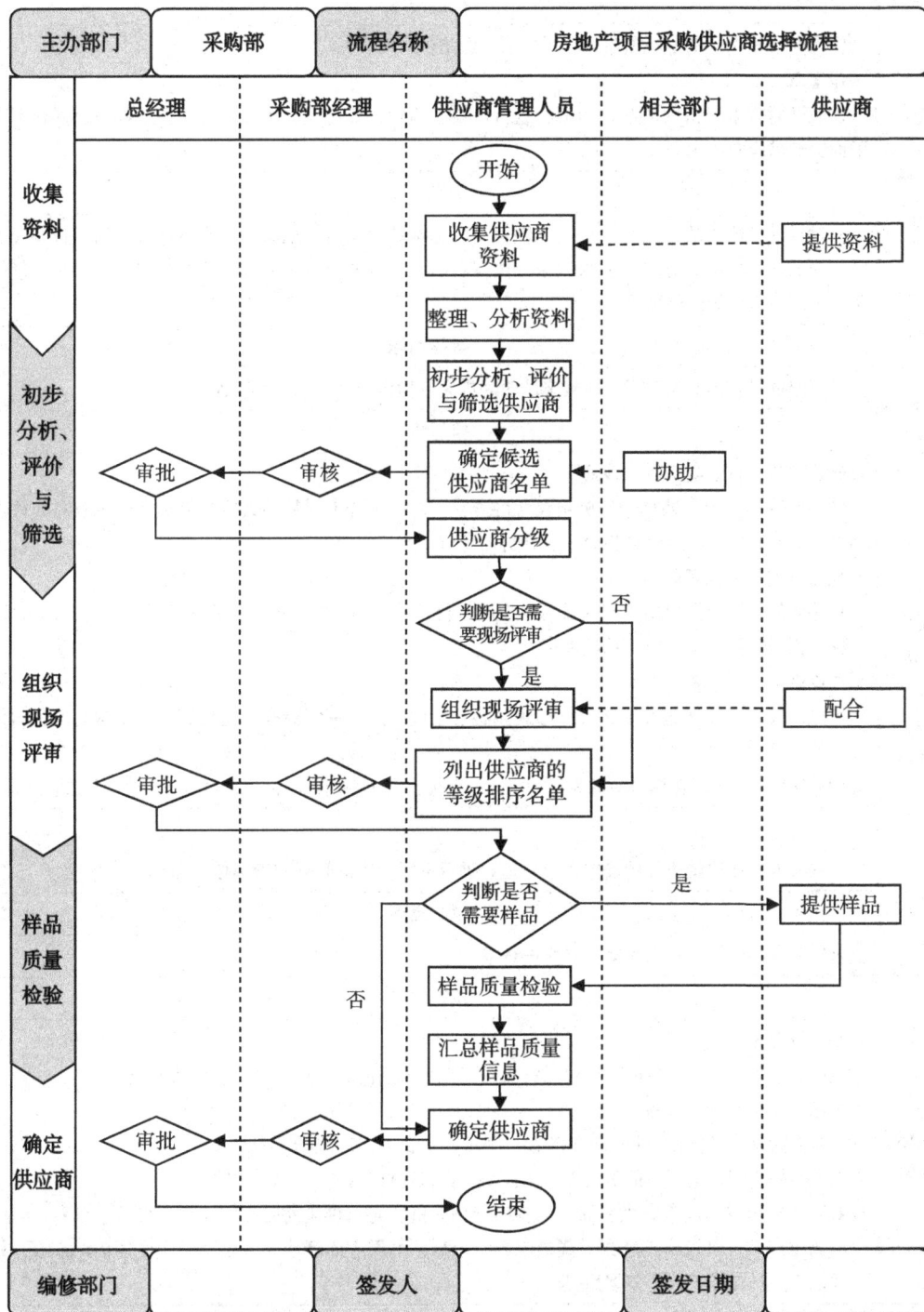

主办部门	采购部	流程名称	房地产项目采购供应商选择流程

	总经理	采购部经理	供应商管理人员	相关部门	供应商

收集资料

开始 → 收集供应商资料 ← 提供资料

整理、分析资料

初步分析、评价与筛选

初步分析、评价与筛选供应商

审批 ← 审核 ← 确定候选供应商名单 ← 协助

供应商分级

组织现场评审

判断是否需要现场评审 —否→

是 ↓ 组织现场评审 ← 配合

审批 ← 审核 ← 列出供应商的等级排序名单

样品质量检验

判断是否需要样品 —是→ 提供样品

否 ↓

样品质量检验 ←

汇总样品质量信息

确定供应商

审批 ← 审核 ← 确定供应商

结束

编修部门		签发人		签发日期	

5.4.2 房地产项目采购供应商选择执行程序、工作标准、考核指标、执行规范

任务名称	执行程序、工作标准与考核指标
收集资料	**执行程序** 供应商管理人员根据当前项目的采购需要收集供应商资料 **工作重点** 供应商管理人员必须对收集的资料进行审核和鉴别，确定其真实性和合理性，避免因资料不准确而影响供应商的选择 **工作标准** 质量标准：收集的供应商资料包括供应商的基本情况（发展战略、全国销售代理的扩张情况），供应商的信用状况、理赔及涉讼记录，供应商的客户服务与客户评审政策，供应商的产品质量体系及生产组织、管理体系等 **考核指标** 供应商资料收集的及时性：在规定的时间内完成供应商资料的收集工作

初步分析、评价与筛选	**执行程序**
	
	1. 初步分析、评价与筛选供应商
	    供应商管理人员先整理、分析调查所得资料，然后结合本项目的具体需求及合格供应商的评定标准，对所有供应商进行初步分析、评价与筛选
	2. 确定候选供应商名单
	    相关部门须协助供应商管理人员对供应商进行筛选，确定符合项目采购标准的供应商候选名单，并将其报采购部经理审核、总经理审批
	工作重点
	☆供应商管理人员在进行筛选前，必须熟悉合格供应商的评定标准，避免因标准不明确而影响供应商的筛选结果
	☆相关领导应加强对候选供应商名单的审核和审批，避免因选择不合适的供应商而使项目质量受损
	
	工作标准
	
	依据标准：候选供应商的确定须以房地产项目采购供应商管理制度为依据
	
	考核指标
	
	供应商资料分析过程中无徇私舞弊的现象发生

组织现场评审	**执行程序** 1. 供应商分级 供应商管理人员根据供应商提供的材料对本项目质量的影响程度进行供应商分级 2. 判断是否需要现场评审 ☆供应商管理人员根据项目的实际需要，判断是否需要组织现场评审 ☆对不需要组织现场评审的供应商，直接将其在供应商的排序名单中剔除 ☆对需要组织现场评审的供应商，供应商管理人员应先与供应商协商、沟通，然后指派专人到供应商生产工厂进行实地考察。实地考察结束后，由供应商管理人员填写供应商现场评审表，相关部门人员在评审表上签署意见

任务名称	执行程序、工作标准与考核指标
组织现场评审	**执行程序** **3. 列出供应商的等级排序名单** 　供应商管理人员应先汇总评审结果，然后在候选供应商名单后面附上供应商的等级排序名单，最后将其报采购部经理审核、总经理审批 **工作重点** ☆在现场评审过程中，要避免因受主观因素的影响而选择了不合格的供应商 ☆在现场评审过程中，评审人员应全面考察供应商各方面的指标是否达标，忌过度考虑价格因素，而忽略质量、交期和服务等其他因素 **工作标准** 依据标准：现场评审的执行须以房地产项目采购供应商现场评审制度为依据
样品质量检验	**执行程序** **1. 判断是否需要样品** ☆供应商管理人员根据房地产项目的实际需要，判断是否需要供应商提供样品 ☆若需要供应商提供样品，供应商管理人员负责向供应商提出样品检验需求，通知供应商送交样品 **2. 样品质量检验** 　供应商管理人员负责组织相关部门和人员对样品的技术质量进行检验和评估，然后由相关部门和人员对样品进行综合质量检验 **3. 汇总样品质量信息** 　供应商管理人员根据样品质量检验结果，汇总样品的质量信息 **工作重点** ☆对于经检验确认合格的样品，检验人员在样品上贴样品标签，并标识检验状态，避免与不合格样品混淆 ☆切记合格的样品至少为两件：一件返还供应商，作为供应商进行生产的依据；另一件留在质量管理部，作为今后检验的依据 **工作标准** 依据标准：样品检验的执行须以房地产项目采购供应商管理制度为依据
确定供应商	**执行程序** 　供应商管理人员根据样品质量检验的结果，确定供应商名单，并将其报采购部经理审核、总经理审批 **工作重点** ☆对唯一供应商或独占市场的供应商，可直接列入合格供应商名单 ☆在供应商名单确定过程中，项目公司要做好内控工作，防止出现徇私舞弊等违法、违规行为 **工作标准** ☆依据标准：供应商名单的确定以房地产项目采购供应商管理制度为依据 ☆数量标准：原则上应有两家或两家以上的合格供应商，以供采购时选择

任务 名称	执行程序、工作标准与考核指标
确定 供应商	考核指标
	供应商名单确定过程中无徇私舞弊的现象发生
	执行规范
	"房地产项目采购供应商管理制度""房地产项目采购管理制度""供应商信息调查表""供应商候选名单""房地产项目样品检验规定""房地产项目采购供应商现场评审制度"

第6章 房地产项目进度管理

6.1 房地产项目进度管理流程设计

6.1.1 流程目的说明

房地产项目公司对房地产项目进度进行流程管理的目的如下：

（1）保证房地产项目建设的各项工作安排妥当，职责分工明确，井然有序地推进建设进度；

（2）不断提高房地产项目建设管理水平，保障项目进度，保证业绩目标的达成；

（3）改进并完善工程部的工作，增强房地产项目进度管理能力，为项目公司的业务发展提供保障。

6.1.2 流程结构设计

房地产项目进度管理流程设计可采取并列式结构，即将房地产项目进度管理细分为3个事项，分别就每个事项设计流程，具体的结构设计如图6-1所示。

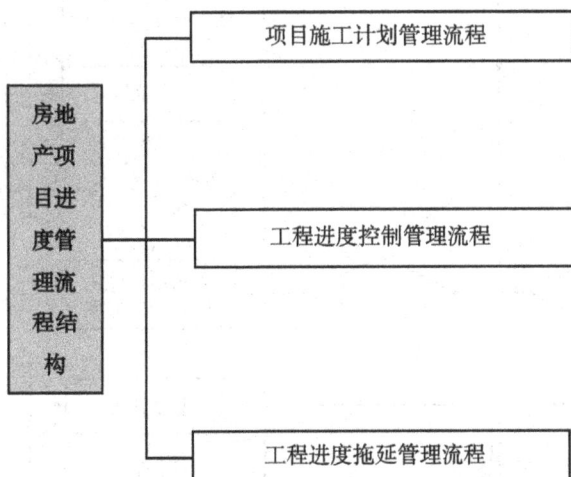

图 6-1 房地产项目进度管理流程结构设计

6.2.1 项目施工计划管理流程设计

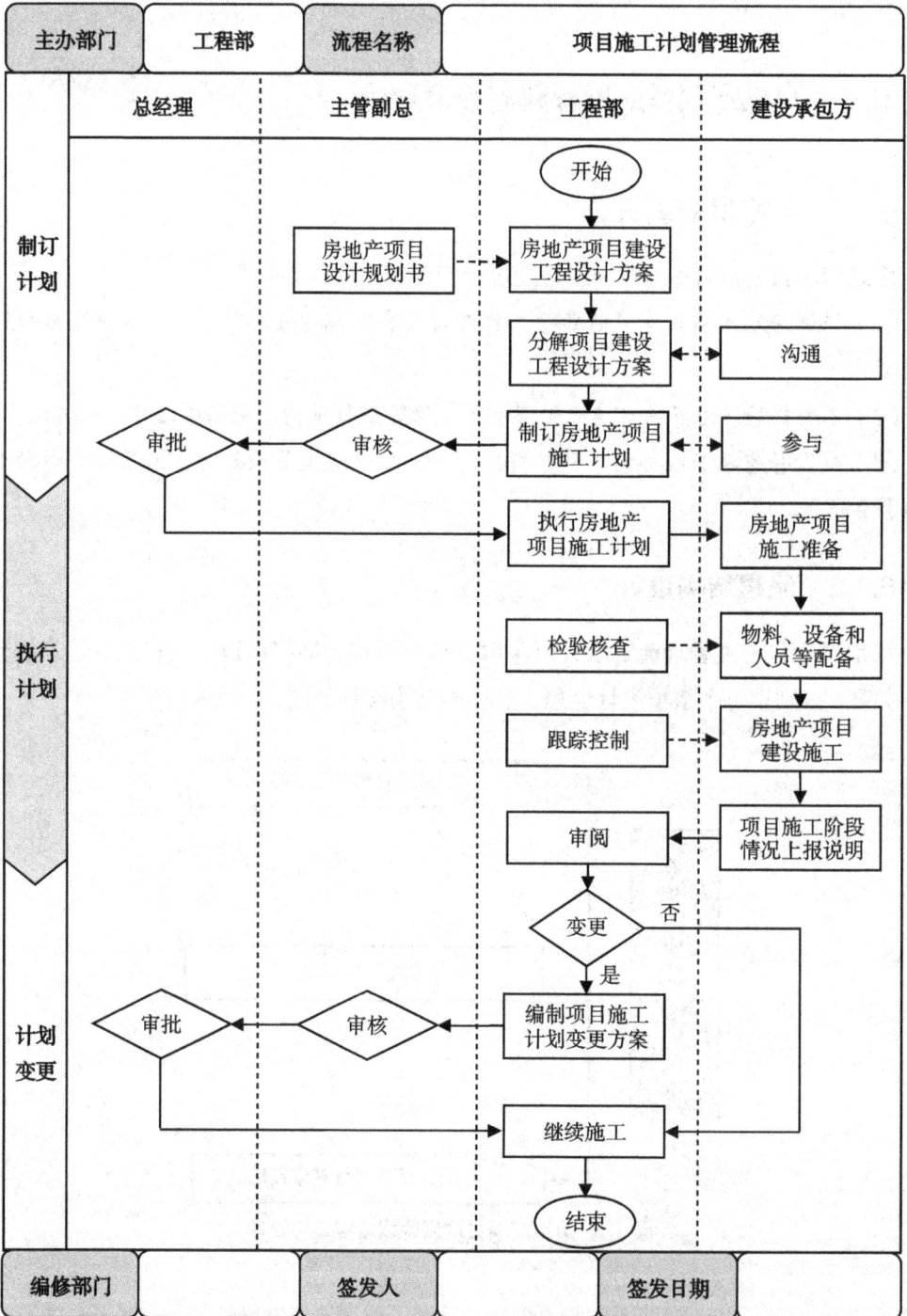

主办部门	工程部	流程名称	项目施工计划管理流程
	总经理	主管副总	工程部	建设承包方

制订计划

开始

房地产项目设计规划书 ┄┄> 房地产项目建设工程设计方案

分解项目建设工程设计方案 <┄┄> 沟通

审批 <── 审核 <── 制订房地产项目施工计划 <┄┄> 参与

执行房地产项目施工计划 ──> 房地产项目施工准备

执行计划

检验核查 ┄┄> 物料、设备和人员等配备

跟踪控制 ┄┄> 房地产项目建设施工

审阅 <── 项目施工阶段情况上报说明

变更 ── 否

是

计划变更

审批 <── 审核 <── 编制项目施工计划变更方案

继续施工

结束

| 编修部门 | | 签发人 | | 签发日期 | |

房地产项目管理全案

6.2.2 项目施工计划管理执行程序、工作标准、考核指标、执行规范

任务 名称	执行程序、工作标准与考核指标
制订 计划	**执行程序** **1. 分解项目建设工程设计方案** ☆工程部将房地产项目建设工程设计方案进行分解，明确各部分工程的建设要求和目标 ☆建设承包方积极与工程部沟通，了解项目建设工程设计方案的内容 **2. 制订房地产项目施工计划** ☆工程部根据对建设工程设计方案的研究分解结果编制房地产项目施工计划，提交主管副总审核 　通过后，报总经理审批 ☆建设承包方参与制订房地产项目施工计划并提供相关专业意见 **3. 执行房地产项目施工计划** 　工程部根据领导批示意见修改并确定正式项目施工计划，下发给建设承包方，组织执行项目施工计划 **工作重点** 　房地产项目施工计划是对项目建设工程设计方案的实践，是项目建设工程设计方案真正落地的关键基础，必须以实现项目建设工程设计方案为施工计划目标 **工作标准** 　质量标准：房地产项目施工计划完全覆盖项目建设工程的每一个步骤，工期安排科学，施工目标清晰，考虑全面，预备计划完整
执行 计划	**执行程序** **1. 物料、设备和人员等配备** ☆建设承包方根据接收的房地产项目施工计划进行建设工程施工准备，配备相应的人员、设备和 　工程物料等 ☆工程部根据项目建设招标合同的规定对建设承包方的用料和设备等进行核查检验 **2. 房地产项目建设施工** ☆建设承包方按照房地产项目施工计划进行建设施工 ☆工程部跟踪房地产项目建设过程，控制项目施工计划的进度情况 **3. 项目施工阶段情况上报说明** 　建设承包方完成阶段性的建设任务后，将房地产项目建设施工的阶段情况做整体说明，上报工程部审阅 **工作重点** 　工程部要严格检查核验建设承包方的建设工程用料，这不仅关系到房地产项目的直接建设情况，更关系到工程的安全与质量 **工作标准** 　考核标准：工程部要实时掌握项目建设施工进度，全面了解建设承包方的施工情况

任务名称	执行程序、工作标准与考核指标
计划变更	**执行程序** **1. 判定是否变更** ☆工程部根据建设承包方上报的项目建设施工阶段的情况，结合掌握的项目建设施工资料，分析项目施工计划是否需要变更 ☆工程部判定不需要变更项目施工计划的，建设承包方按项目施工计划继续推进 **2. 编制项目施工计划变更方案** ☆工程部判定需要变更项目施工计划的，相关人员应根据建设施工进度的实际情况编制项目施工计划变更方案，提交主管副总审核通过后，报总经理审批 ☆项目施工计划变更方案审批通过后，建设承包方按施工计划变更方案继续施工 **工作重点** 房地产项目建设施工计划不可轻易变更，工程部要严格规范项目施工计划变更管理工作
	工作标准 依据标准：项目建设施工计划变更的判定标准要符合房地产项目建设工程设计方案的要求
	考核指标 项目施工计划变更方案通过率：该指标用于考核工程部对项目施工计划变更工作的管理水平，目标值为100% $$项目施工计划变更方案通过率 = \frac{通过审批的变更方案数}{提交审批的变更方案总数} \times 100\%$$
执行规范	
"房地产项目建设工程设计方案""房地产项目施工计划""房地产项目施工计划变更方案"	

房地产项目管理全案

6.3.1 工程进度控制管理流程设计

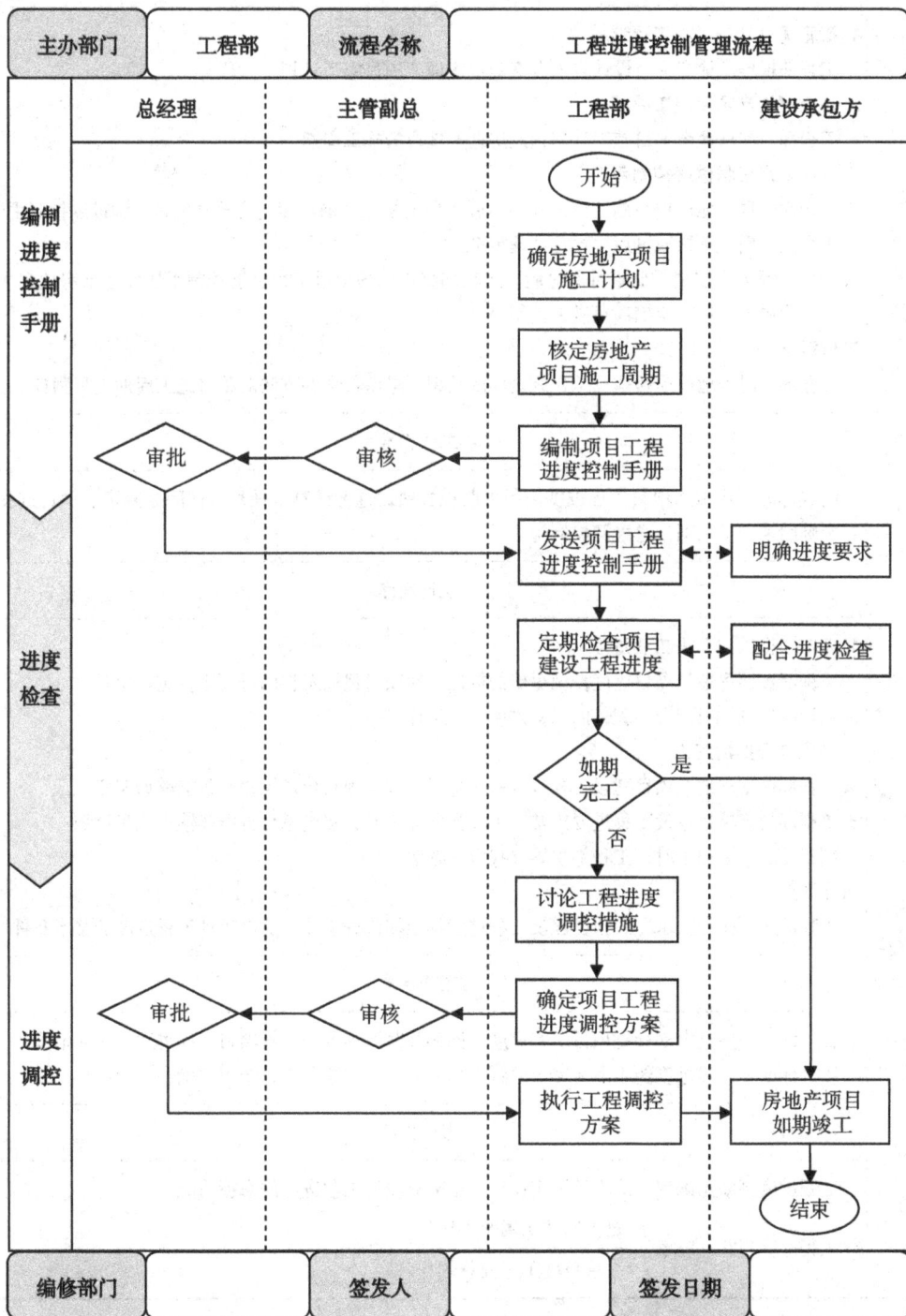

主办部门	工程部	流程名称	工程进度控制管理流程

	总经理	主管副总	工程部	建设承包方

编制进度控制手册

开始

确定房地产项目施工计划

核定房地产项目施工周期

编制项目工程进度控制手册

审批 ← 审核 ←

发送项目工程进度控制手册 ←→ 明确进度要求

进度检查

定期检查项目建设工程进度 ←→ 配合进度检查

如期完工 —是—

否

讨论工程进度调控措施

进度调控

确定项目工程进度调控方案

审批 ← 审核 ←

执行工程调控方案 → 房地产项目如期竣工

结束

编修部门		签发人		签发日期	

第 6 章 房地产项目进度管理

6.3.2　工程进度控制管理执行程序、工作标准、考核指标、执行规范

任务 名称	执行程序、工作标准与考核指标
编制 进度 控制 手册	**执行程序** **1. 确定房地产项目施工计划** 　　工程部根据房地产项目设计规划方案确定房地产项目施工计划 **2. 核定房地产项目施工周期** 　　工程部根据房地产项目施工计划核定房地产项目的施工周期 **3. 编制项目工程进度控制手册** ☆工程部根据房地产项目施工计划和项目施工周期核定结果，编制房地产项目工程进度控制手册，提交主管副总审核通过后，报总经理审批 ☆项目工程进度控制手册审批通过后，工程部将正式的项目工程进度控制手册发送给房地产项目建设承包方，供其明确项目进度控制要求 **工作重点** 　　工程部要对房地产项目建设工程有全面的认识，采用科学的方法对项目施工周期进行测算
	工作标准 内容标准：房地产项目工程进度控制手册包含项目进度计算、项目进度问题判定、项目进度问题影响因素分析和项目进度调控措施等
进度 检查	**执行程序** **1. 定期检查项目建设工程进度** ☆工程部按照房地产项目进度控制手册的规定，对项目建设工程的进度进行定期检查 ☆建设承包方积极配合工程部的工程进度检查工作 **2. 判定是否如期完工** ☆工程部根据房地产项目建设工程进度检查情况，判定项目建设工程是否能够如期完工 ☆工程部判定项目建设工程进度正常，可以如期完工时，建设承包方继续推进施工计划 ☆判定无法如期完工时，工程部主导寻找解决办法 **工作重点** 　　工程部必须按照要求完成项目建设工程进度的定期检查工作，这是保证工程进度的基本条件
	工作标准 目的标准：通过定期检查项目工程进度，能够及时、准确地了解项目工程进度的实际情况 质量标准：工程进度能否如期完工的判定过程严谨、方法科学、结果正确
	考核指标 工程进度判断正确率：该指标用于反映工程部对项目工程进度的掌握情况 $$工程进度判断正确率 = \frac{进度判断正确的工程数}{项目施工工程总数} \times 100\%$$

任务名称	执行程序、工作标准与考核指标
进度调控	**执行程序** **1. 讨论工程进度调控措施** 　　工程部根据项目工程进度检查的结果对无法如期完工的项目建设工程进行讨论，研究工程进度调控措施 **2. 确定项目工程进度调控方案** 　　工程部对工程进度调控措施的讨论和研究结果进行整理，据此编制项目工程进度调控方案，提交主管副总审核通过后，报总经理审批 **3. 房地产项目如期竣工** 　　建设承包方在工程部的监督指导下如期完成房地产项目的建设工程，工程部进行竣工验收 **工作重点** 　　房地产项目工程进度调控措施在保证提升项目建设工程速度的同时，一定要注意对建设质量的影响 **工作标准** ☆目的标准：工程进度调控措施较为合理地解决了项目工程进度问题，实现了高质量提速 ☆考核标准：工程部在工程进度检查后____天内完成项目工程进度调控方案的制定工作 **考核指标** 项目工程进度调控方案合格率：该指标是对工程部项目工程进度调控能力的直接体现 $$项目工程进度调控方案合格率 = \frac{符合审批要求的调控方案数}{编制的进度调控方案总数} \times 100\%$$
执行规范	

"房地产项目施工计划" "房地产项目工程进度控制手册" "房地产项目工程进度调控方案"

第 6 章 房地产项目进度管理

6.4 工程进度拖延管理流程设计与工作执行

6.4.1 工程进度拖延管理流程设计

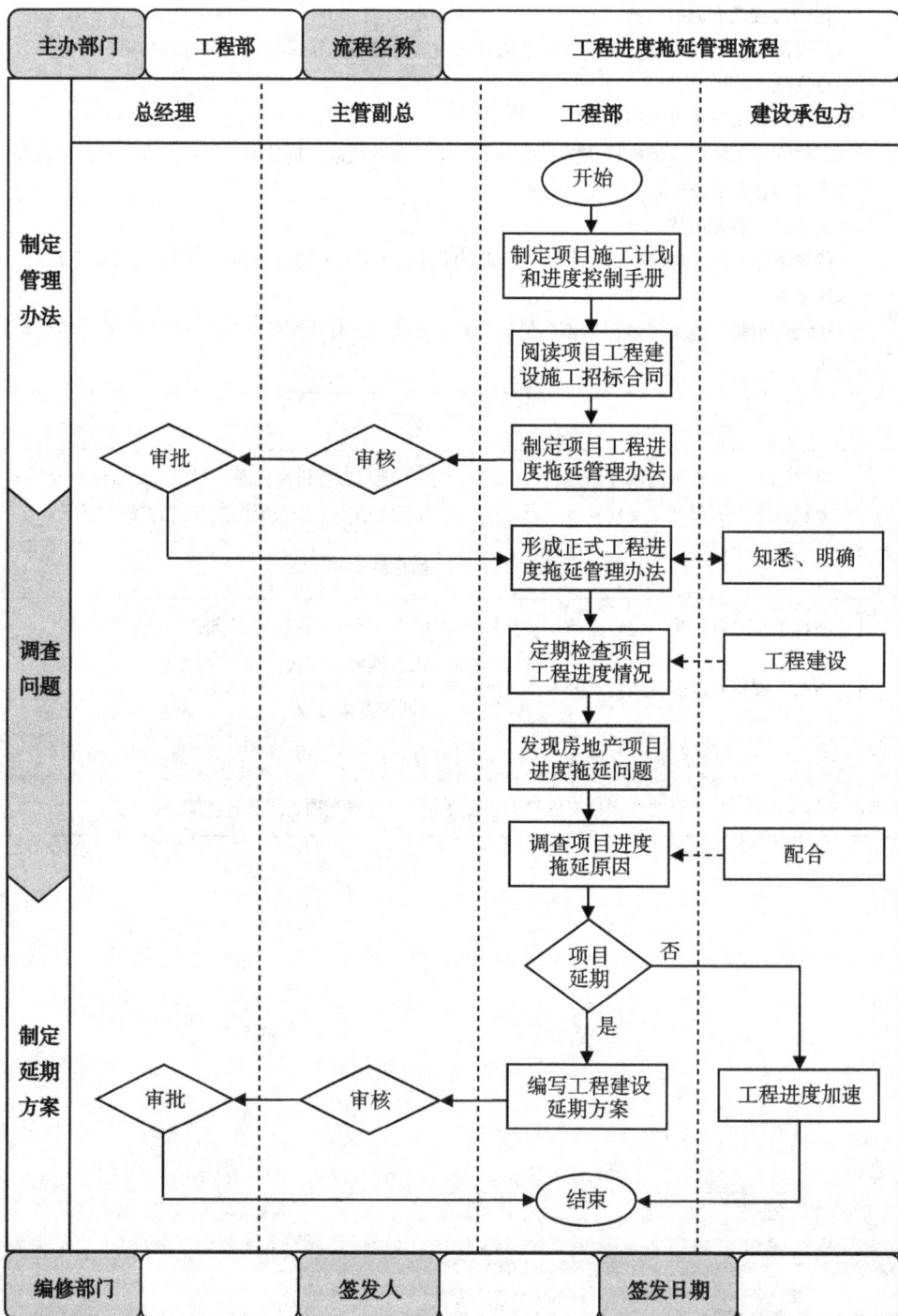

主办部门	工程部	流程名称	工程进度拖延管理流程

	总经理	主管副总	工程部	建设承包方

制定管理办法

开始

制定项目施工计划和进度控制手册

阅读项目工程建设施工招标合同

审批 ← 审核 ← 制定项目工程进度拖延管理办法

形成正式工程进度拖延管理办法 ┄► 知悉、明确

调查问题

定期检查项目工程进度情况 ◄┄ 工程建设

发现房地产项目进度拖延问题

调查项目进度拖延原因 ◄┄ 配合

项目延期 ——否——

是

制定延期方案

审批 ← 审核 ← 编写工程建设延期方案

工程进度加速

结束

编修部门		签发人		签发日期

6.4.2　工程进度拖延管理执行程序、工作标准、考核指标、执行规范

任务名称	执行程序、工作标准与考核指标
制定管理办法	**执行程序** **1. 制定项目施工计划和进度控制手册** 　工程部按照房地产项目开发要求制定项目建设施工计划和项目进度控制手册 **2. 阅读项目工程建设施工招标合同** 　工程部仔细阅读了解房地产项目工程建设施工招标合同，确定项目公司和建设承包方双方的权利义务及其行使条件 **3. 制定项目工程进度拖延管理办法** 　工程部以项目工程建设施工招标合同为基础，结合项目建设施工实际情况，编制项目工程进度拖延管理办法，提交主管副总审核通过后，报总经理审批 **工作重点** 　项目工程进度拖延管理办法符合项目工程建设招标合同的条款要求 **工作标准** 　质量标准：项目工程进度拖延管理办法覆盖项目工程施工常见进度问题，管理办法切实有效，可以解决拖延问题，持续推进工程进度 **考核指标** 　管理办法审批通过率：目标值为100%，是对工程部管理项目工程进度拖延问题能力的考核 $$管理办法审批通过率 = \frac{通过审批的管理办法数}{提交审批的管理办法总数} \times 100\%$$
调查问题	**执行程序** **1. 定期检查项目工程进度情况** ☆项目工程进度拖延管理办法审批通过后，工程部下发给建设承包方，建设承包方需明确知悉进度拖延管理办法 ☆工程部按照计划定期对房地产项目建设进度进行检查，了解建设承包方的施工情况 **2. 发现房地产项目进度拖延问题** 　工程部根据定期的项目工程进度检查情况，比对项目施工计划，及时发现房地产项目工程进度拖延问题 **3. 调查项目进度拖延原因** ☆工程部通过对项目工程进度问题的研究分析，找出项目工程进度拖延的实际原因 ☆建设承包方配合工程部开展工程进度拖延问题的调查工作 **工作重点** 　工程部安排专人执行定期检查任务，组织项目利益无关人员对进度拖延问题进行调查了解 **工作标准** 　成果标准：项目工程进度拖延问题调查过程严谨、方法恰当、结论清晰，能够全面、真实地反映项目工程进度拖延问题

任务名称	执行程序、工作标准与考核指标	
调查问题	**考核指标**	
	工程进度定期检查完成率：目标值为 100% $$工程进度定期检查完成率 = \frac{定期检查完成的工程项目数}{需要定期检查的工程项目总数} \times 100\%$$	
制定延期方案	**执行程序**	
	1. 判定项目是否延期 ☆工程部根据对项目工程进度拖延问题调查的结果，结合房地产项目开发设计规划要求和项目公司运营的实际情况，判定项目是否需要延期 ☆经判定不需要或者不能延期的房地产项目，工程部应促使建设承包方进行工程提速 **2. 编写工程建设延期方案** 经判定需要延期的房地产项目，工程部制订对应的延期计划后，应编写项目工程建设延期方案，提交主管副总审核通过后，报总经理审批 **工作重点** 工程部确定项目延期后，要注意跨部门沟通，避免市场部和企划部开展项目后续工作时遇到难题	
	工作标准	
	考核标准：工程部在确定项目延期后____天内完成项目工程建设延期方案的编写与报批工作	
	考核指标	
	项目工程建设延期方案的合理性：延期方案对项目各方面的影响均有考量，不得影响项目预售	
	执行规范	
"项目建设施工计划""项目进度控制手册""项目工程进度拖延管理办法""项目工程建设延期方案"		

房地产项目管理全案

7.1　项目物料领用与现场管理流程设计

7.1.1　流程目的说明

房地产项目公司对物料领用与现场实施流程管理的目的如下：

（1）确保物料领用与现场管理各项工作的全过程可控，规范物料管理的操作流程；

（2）减少不必要的物料浪费，控制物料消耗，节约成本，使物料效用达到最大化。

7.1.2　流程结构设计

项目物料领用与现场管理流程结构将物料领用与现场管理细分为 5 个事项，分别就每个事项设计流程，具体的结构设计如图 7-1 所示。

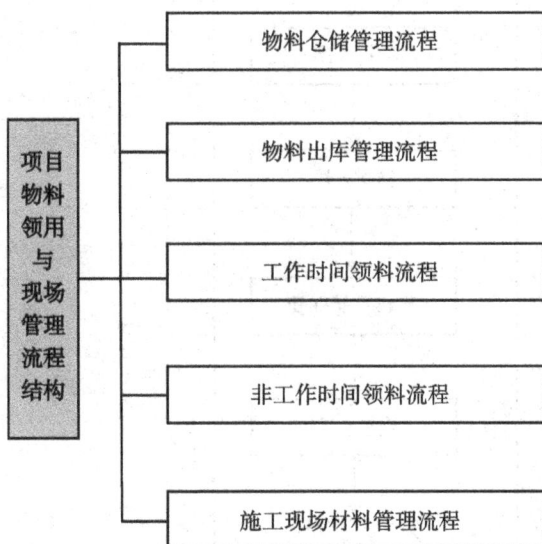

图 7-1　项目物料领用与现场管理流程结构设计

7.2.1　物料仓储管理流程设计

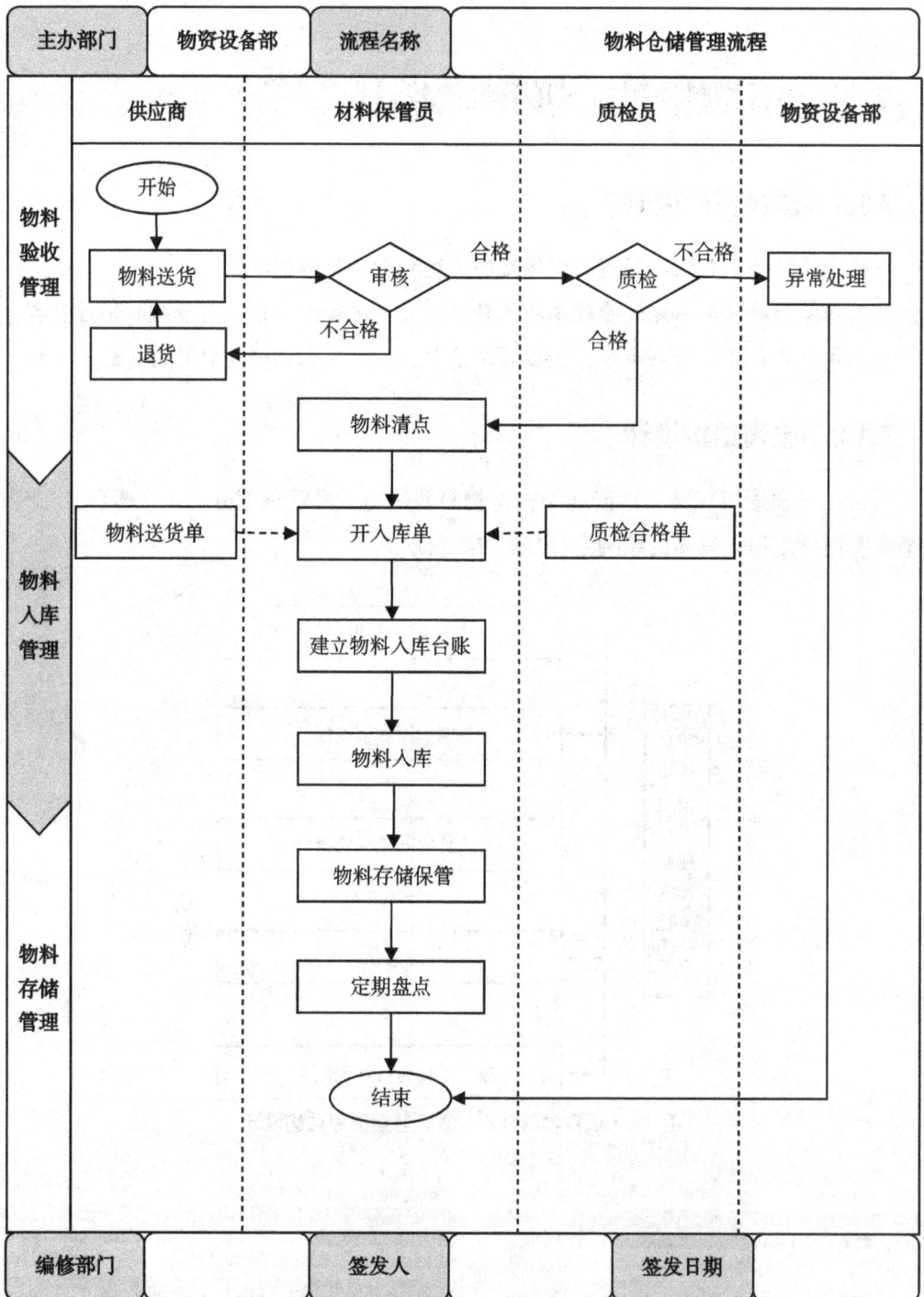

主办部门	物资设备部	流程名称	物料仓储管理流程

	供应商	材料保管员	质检员	物资设备部

物料验收管理

开始 → 物料送货 → 审核 —合格→ 质检 —不合格→ 异常处理

审核 —不合格→ 退货

质检 —合格→ 物料清点

物料入库管理

物料送货单 ⇢ 开入库单 ⇠ 质检合格单

开入库单 → 建立物料入库台账 → 物料入库

物料存储管理

物料入库 → 物料存储保管 → 定期盘点 → 结束

编修部门		签发人		签发日期	

房地产项目管理全案

7.2.2 物料仓储管理执行程序、工作标准、考核指标、执行规范

任务 名称	执行程序、工作标准与考核指标
物料 验收 管理	**执行程序** ☆材料保管员收到供应商运送的物料后，需根据订购合同对物料的名称、规格、数量等进行审核，对与订购合同不符的物料予以退货处理 ☆质检员对通过材料保管员审核的物料进行检查，对存在质量问题的物料，须退回物资设备部进行异常处理；对质检合格的物料，将通知材料保管员进行清点 **工作重点** 　物料验收工作认真、细致 **工作标准** 　参照标准：物料订购合同、质量检验标准
物料 入库 管理	**执行程序** **1. 物料清点** 　材料保管员对质量合格的产品进行清点，办理入库登记 **2. 开入库单** 　材料保管员根据物料送货单和质检合格单开具入库单。入库单上应详细记录入库材料的信息。入库单一式三联：一联交予供应商，以便后期与财务对账；一联交予物资设备部留档；一联交予采购员，作为报销凭证 **3. 建立物料入库台账** 　材料保管员及时建立物料入库台账，记录物料的入库及结存数据，并进行归档 **工作重点** 　物料入库应严格按照规定执行 **工作标准** 　完成标准：物料清点准确、高效，入库及时 **考核指标** ☆物料清点入库时限：须在＿＿＿个工作日内完成 ☆入库数据错误率：用于检验物资设备部入库工作的质量，目标值为 0 $$入库数据错误率 = \frac{入库数据错误个数}{入库数据总数} \times 100\%$$
物料 存储 管理	**执行程序** **1. 物料存储保管** ☆材料保管员做好仓库的安全及卫生工作，确保仓库和物料的安全 ☆不同类型的物料要分类存储，严格按照物料存储要求进行保管 **2. 定期盘点** 　材料保管员根据物料的入库、出库、结存数据，定期对物料进行盘点，有效控制物料库存 **工作重点** 　物料的保管及盘点按照标准执行，材料保管员要正确、细致地完成保管及盘点工作

第 7 章 项目物料领用与现场管理

任务名称	执行程序、工作标准与考核指标
物料存储管理	**工作标准**
	依据标准：物料储存管理规范、物料盘点程序
	考核指标
	☆物料漏盘点次数：目标值为 0
	☆盘点错误的次数：目标值为 0
	☆盘点工作按时完成的情况：盘点工作按月进行，须在＿＿＿个工作日内完成
	执行规范
	"物料储存管理规范""物料验收规范""物料登记台账""物料盘点表"

7.3 物料出库管理流程设计与工作执行

7.3.1 物料出库管理流程设计

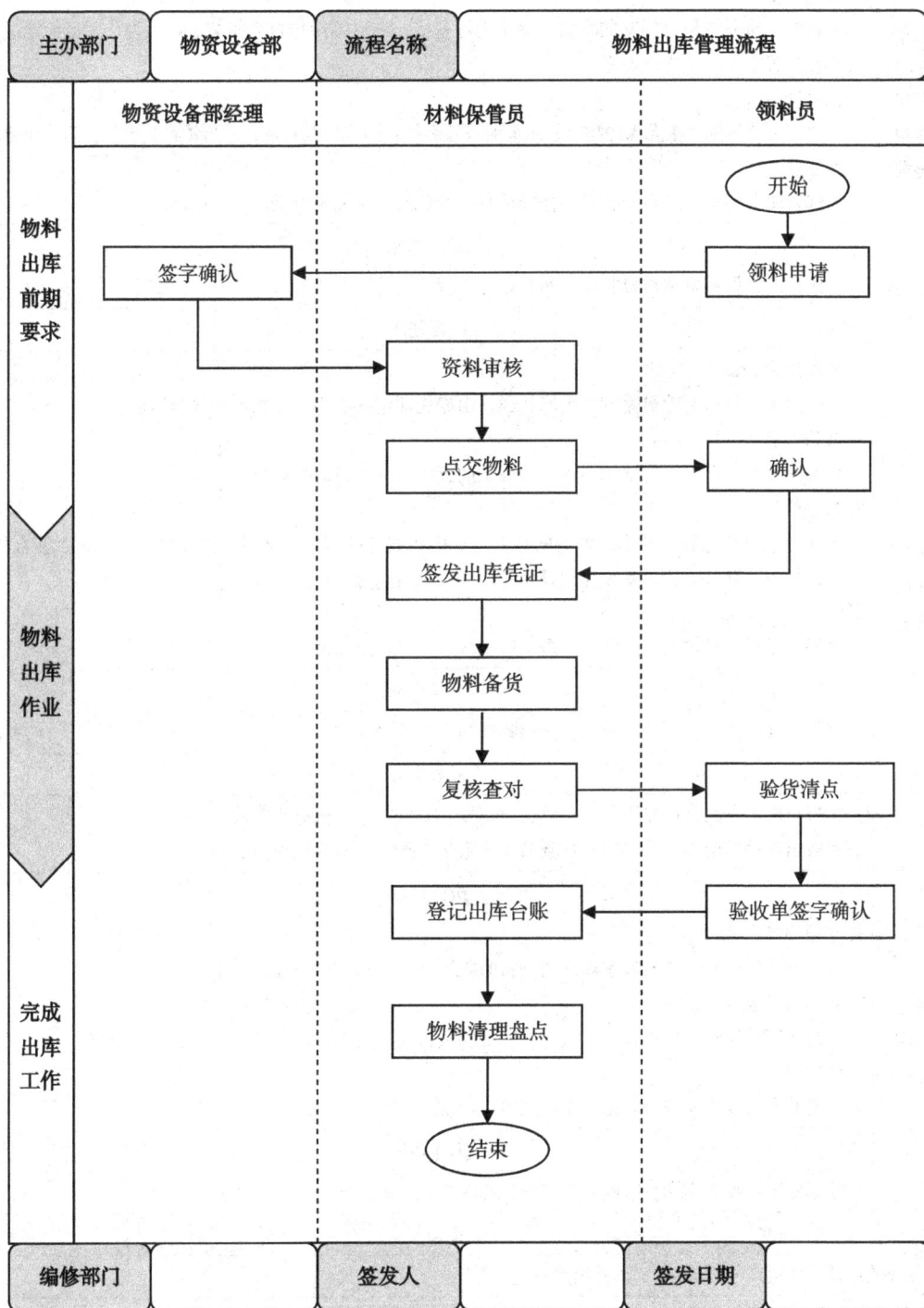

主办部门	物资设备部	流程名称	物料出库管理流程

	物资设备部经理	材料保管员	领料员

物料出库前期要求

开始

领料申请

签字确认

资料审核

点交物料 → 确认

签发出库凭证

物料出库作业

物料备货

复核查对 → 验货清点

登记出库台账 ← 验收单签字确认

完成出库工作

物料清理盘点

结束

编修部门		签发人		签发日期	

7.3.2　物料出库管理执行程序、工作标准、考核指标、执行规范

任务名称	执行程序、工作标准与考核指标
物料出库前期要求	**执行程序** **1. 资料审核** 　　材料保管员对领料员提交的物料领用单进行审核，核对领用物料的相关信息是否正确且无涂改，是否有物资设备部经理的签字 **2. 点交物料** 　　材料保管员根据审核无误的物料领用单清点领用物料的规格及数量，并与领料员确认，防止出错 **工作重点** 　　物料领用单的审核及点交物料应仔细认真，避免出现遗漏和差错 **工作标准** 　　参照标准：领料申请审批制度、物料点交流程
物料出库作业	**执行程序** **1. 签发出库凭证** 　　物料出库，材料保管员需签发出库凭证。出库凭证包括出库单和物料检验合格证明 **2. 物料备货** 　　材料保管员根据出库凭证的内容，按规定的批次备货并及时做好存量核销 **3. 复核查对** 　　出库时，材料保管员对出库物料的品名、规格和数量进行再次核对，检查物料包装是否符合要求，物料实际数量和清单是否与凭证相符，并由领料员进行验货清点 **工作重点** 　　物料出库时，必须凭出库凭证办理出库手续，不得白条出库 **工作标准** 　　质量标准：出库凭证符合要求，物料备货与出库准确无误 **考核指标** ☆物料出库手续的办理时限：应在领料申请发生后的____天内办理完成 ☆物料出库的准确性：物料出库数量与领用数量一致，没有误发或漏发的情况
完成出库工作	**执行程序** **1. 登记出库台账** 　　材料保管员根据领料员签字确认的物料验收单，做好出库台账登记工作 **2. 物料清理盘点** 　　材料保管员发料完毕后，应及时对仓库物料进行清理盘点，做好库存数据的核销工作 **工作重点** 　　物料的台账登记和清理盘点工作应及时、规范 **工作标准** 　　效率标准：物料出库台账的登记工作，应在物料出库后的____分钟内完成
执行规范	
"物料领用单""领料审批规范""物料出库登记表"	

7.4 工作时间领料流程设计与工作执行

7.4.1 工作时间领料流程设计

主办部门	物资设备部	流程名称	工作时间领料流程

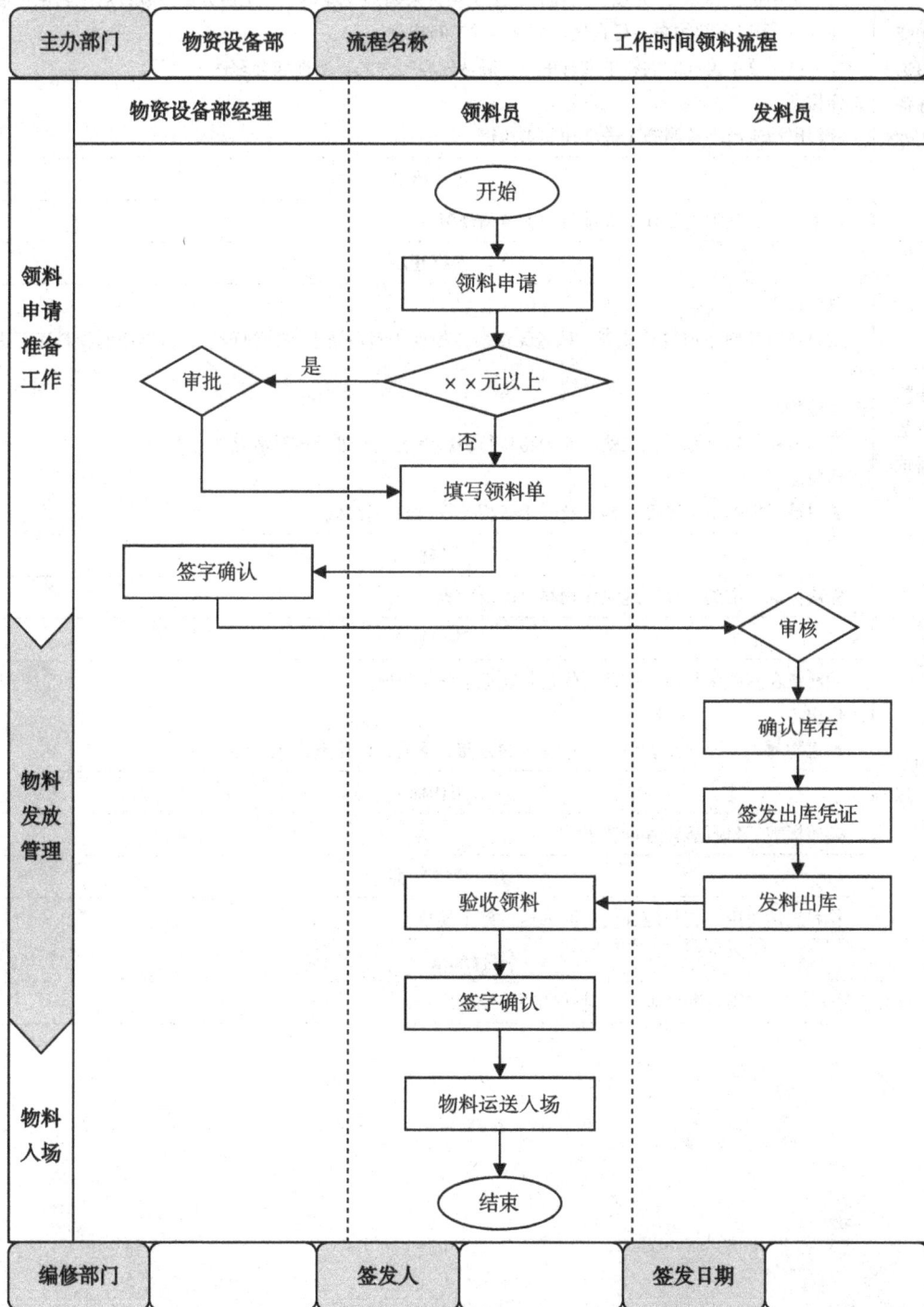

7.4.2　工作时间领料执行程序、工作标准、考核指标、执行规范

任务名称	执行程序、工作标准与考核指标
领料申请准备工作	**执行程序** ☆对于领用价值在 ×× 元以上的物料，须由物资采购部经理签字审批后方可申领；对于领用价值在 ×× 元以下的物料，可直接填写领料单进行申领 ☆发料员对签字盖章的领料单进行审核，确认领料行为的真实性和合理性 **工作重点** 领料申请应严格按照施工进度和要求执行
	工作标准 依据标准：施工进度计划安排与领料申请规范
物料发放管理	**执行程序** **1. 确认库存** 　发料员对领料申请进行核查，核查无误后，根据领料申请上的物料信息，对领用的物料库存进行确认 **2. 验收领料** 　领料员在物料出库时，应就发放的物料与领料申请凭证进行核对清点 **工作重点** 　领料员应根据施工进度安排，及时了解相关物料的库存情况
	工作标准 完成标准：准确且高效地完成物料出库及验收工作
物料入场	**执行程序** 领料员在签收物料后，应及时将物料运送至施工场所 **工作重点** 运送物料时，要注意物料运输过程中的存储和摆放，以免造成无谓的损耗
	工作标准 参照标准：物料运输存储要求
	考核指标 物料送达时限：物料应在____天内送达施工现场
执行规范	
"施工进度安排表""领料审批规范""物料申领记录表"	

7.5.1 非工作时间领料流程设计

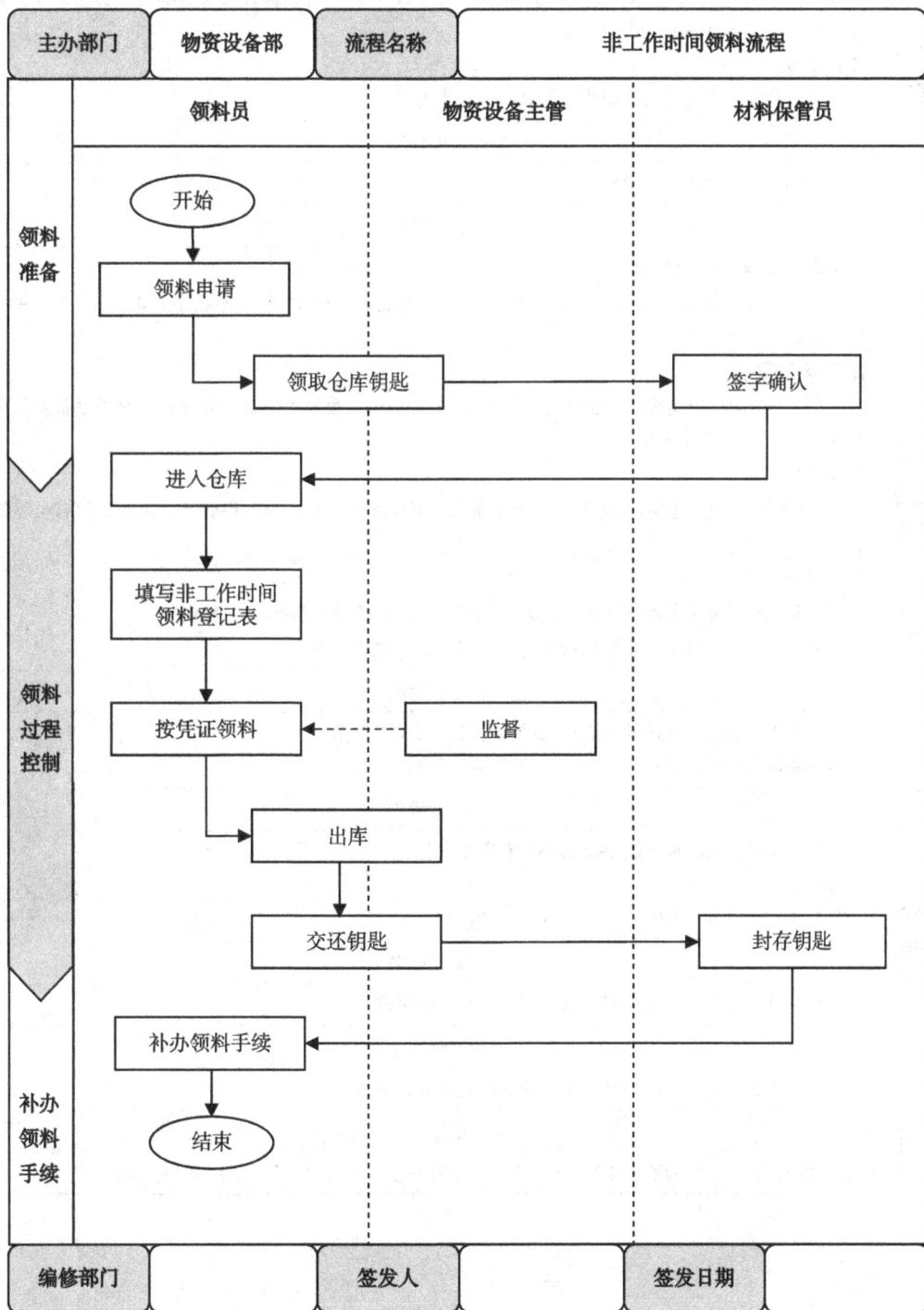

主办部门	物资设备部	流程名称	非工作时间领料流程

	领料员	物资设备主管	材料保管员
领料准备	开始 → 领料申请 → 领取仓库钥匙		签字确认
领料过程控制	进入仓库 → 填写非工作时间领料登记表 → 按凭证领料 → 出库 → 交还钥匙	监督	封存钥匙
补办领料手续	补办领料手续 → 结束		

编修部门		签发人		签发日期	

第 7 章 项目物料领用与现场管理

7.5.2 非工作时间领料执行程序、工作标准、考核指标、执行规范

任务名称	执行程序、工作标准与考核指标
领料准备	**执行程序** 非工作时间急需领料的，领料员与物资设备主管要共同到材料保管员处领取仓库钥匙，并由材料保管员签字确认后方能进入仓库 **工作重点** 在领取物料仓库钥匙后，应注意保管，以防丢失 **工作标准** 参照标准：仓库钥匙使用要求
领料过程控制	**执行程序** **1. 填写非工作时间领料登记表** 进入仓库后，领料员如实填写非工作时间领料登记表，填写内容包括领用时间、领用人、领用物料信息、监督人等 **2. 按凭证领料** 领料员根据领料申请凭证上的物料编号、品名、规格、数量等信息领取物料，物资设备主管负责监督领料员的领料行为 **3. 交还钥匙** 领料结束后，领料员和物资设备主管须在第一时间将钥匙归还材料保管员，由材料保管员做好钥匙的封存工作 **工作重点** ☆领料员在填写非工作时间领料登记表时，应注意信息填写的完整性与准确性 ☆领料过程要严谨诚信，不能出现欺诈或损害企业利益的行为 **工作标准** ☆完成标准：高效、准确地完成信息的填写及物料领用工作 ☆效率标准：领料结束后，应在____分钟内归还仓库钥匙
补办领料手续	**执行程序** 领料员须在事后完成领料手续的补办和审批工作 **工作重点** 领料手续的补办应及时、规范，并按要求进行 **工作标准** 依据标准：非工作时间领料要求、领料手续补办规定 **考核指标** 领料手续补办时限：应在____个工作日内完成补办手续

执行规范
"仓库钥匙领用规范""仓库钥匙领用登记表""非工作时间领料登记表""领料手续补办规范"

7.6.1　施工现场材料管理流程设计

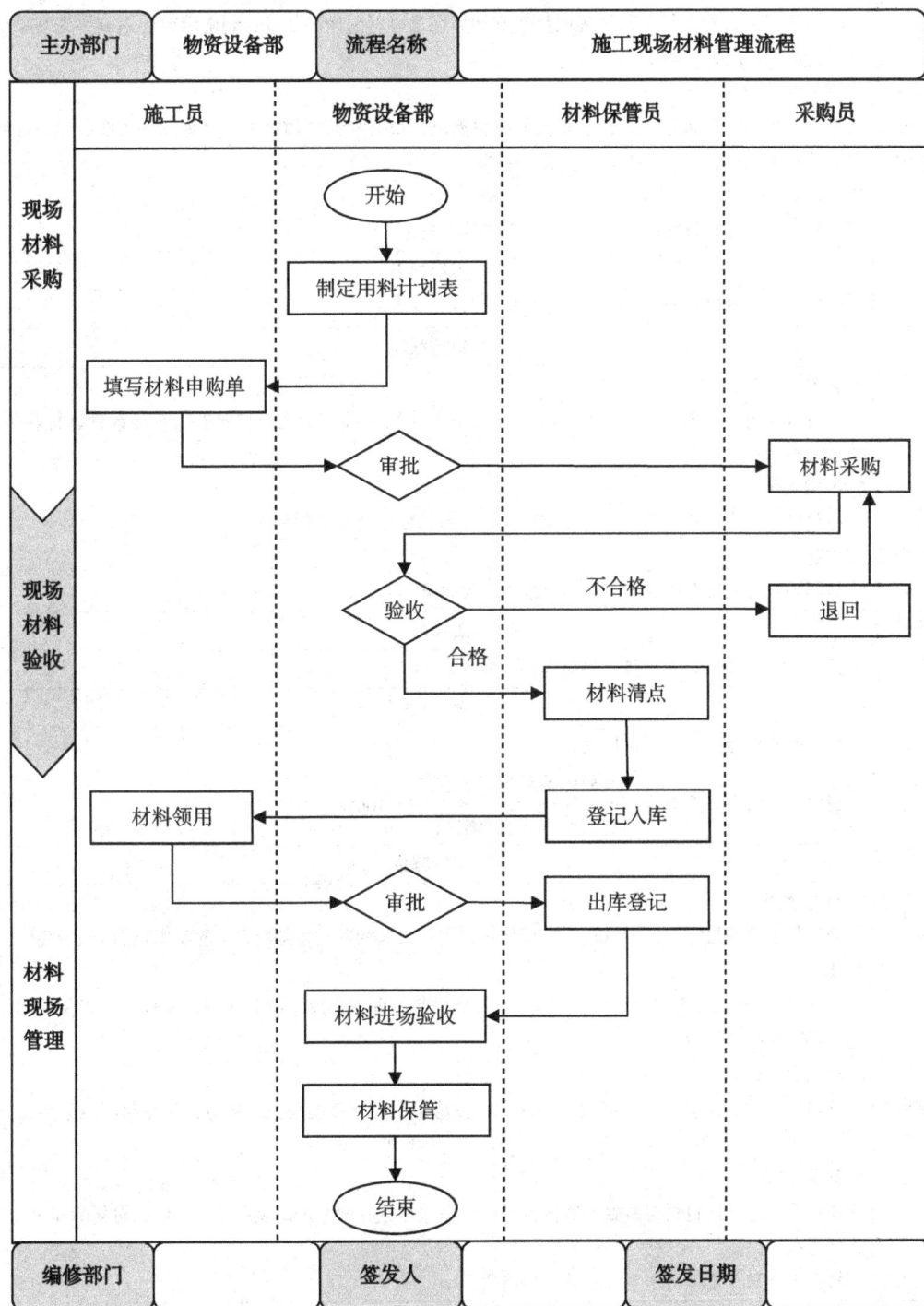

主办部门	物资设备部	流程名称	施工现场材料管理流程

	施工员	物资设备部	材料保管员	采购员

现场材料采购

开始

制定用料计划表

填写材料申购单

审批 → 材料采购

现场材料验收

验收

不合格 → 退回

合格

材料清点

登记入库

材料现场管理

材料领用

审批 → 出库登记

材料进场验收

材料保管

结束

编修部门		签发人		签发日期	

7.6.2 施工现场材料管理执行程序、工作标准、考核指标、执行规范

任务名称	执行程序、工作标准与考核指标
现场材料采购	**执行程序** **1. 制定用料计划表** 　项目开工前，物资设备部根据项目情况计算现场材料的使用数量，制定用料计划表并提交采购部，为后续的材料采购提供依据 **2. 填写材料申购单** 　施工员根据施工进度，掌握各阶段的材料需求，填写材料申购单并提交物资设备部审批。材料申购单经审批通过后，交由采购员进行采购 **工作重点** 　用料计划和施工材料的申购应符合项目的实际需求 **工作标准** 　参照标准：项目工程量计划、施工进度计划表
现场材料验收	**执行程序** **1. 验收** 　物资设备部在材料进场时，根据已核准的材料申购单和送货表对材料的质量和数量进行验收，验收合格后清点入库 **2. 登记入库** 　材料验收入库的数量不能超过经核准的材料申购单中填写的数量 **工作重点** 　材料验收清点应全面仔细，不得出现错误及遗漏 **工作标准** 　参照标准：材料验收规范、材料入库规范 **考核指标** 　材料验收清点失误率：目标值为 0 $$材料验收清点失误率 = \frac{材料验收清点失误的次数}{材料验收清点总次数} \times 100\%$$
材料现场管理	**执行程序** **1. 材料领用** 　施工员根据项目需要领用材料，填写材料领用单，经物资设备部负责人签字审批后方可申领 **2. 出库登记** 　材料保管员根据签字确认的材料领用单发放材料，办理出库手续并做好台账登记，以便后期进行材料耗用统计和成本核算 **3. 材料进场验收** 　材料进场后，由物资设备部进行验收，核查施工所需材料的规格及数量是否与材料申购单上的记录一致 **4. 材料保管** 　物资设备部根据材料存放要求对材料进行分类保管，并做好定期盘点工作，保证材料的安全 **工作重点** 　材料申购需符合项目施工实际进度的需要

任务名称	执行程序、工作标准与考核指标
材料现场管理	**工作标准**
	参照标准：材料申购规范、材料保管工作规范
	考核指标
	☆材料申购审批时限：应在＿＿个工作日内完成 ☆材料非正常损耗率：用以衡量物资设备部材料保管工作的质量 $$材料非正常损耗率 = \frac{非正常损耗量}{材料总量} \times 100\%$$
	执行规范
	"材料申购规范""材料保管工作规范""材料验收规范""材料入库与出库规范""材料申购领用审批制度"

8.1　房地产项目质量管理流程设计

8.1.1　流程目的说明

房地产项目公司对项目质量实施流程管理的目的如下：

（1）确保房地产项目的质量全过程可控，保障房地产项目的工程质量和安全质量；

（2）增强房地产项目质量管理部的质量管控能力，提升质量管理部的工作效率。

8.1.2　流程结构设计

房地产项目质量管理流程结构将项目质量管理细分为 5 个事项，分别就每个事项设计流程，具体的结构设计如图 8-1 所示。

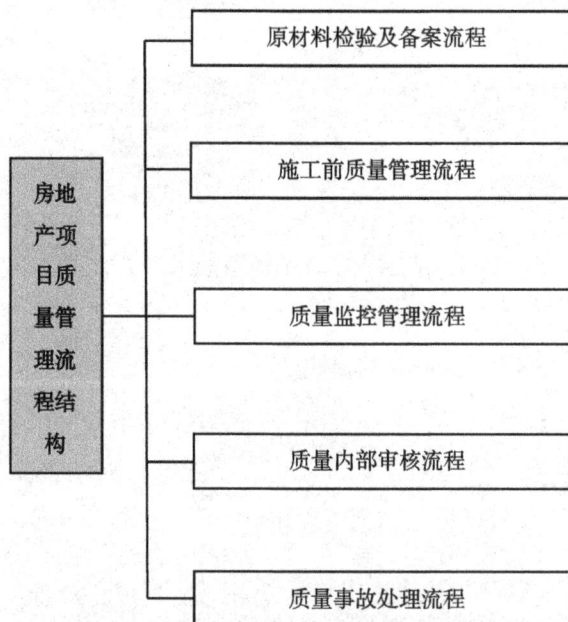

```
                                   ┌─────────────────────────┐
                                   │   原材料检验及备案流程   │
                                   └─────────────────────────┘
                                   ┌─────────────────────────┐
                                   │   施工前质量管理流程     │
     ┌────────┐                    └─────────────────────────┘
     │房地产项 │                    ┌─────────────────────────┐
     │目质量管 │────────────────────│   质量监控管理流程       │
     │理流程结 │                    └─────────────────────────┘
     │  构    │                    ┌─────────────────────────┐
     └────────┘                    │   质量内部审核流程       │
                                   └─────────────────────────┘
                                   ┌─────────────────────────┐
                                   │   质量事故处理流程       │
                                   └─────────────────────────┘
```

图 8-1　房地产项目质量管理流程结构设计

8.2.1 原材料检验及备案流程设计

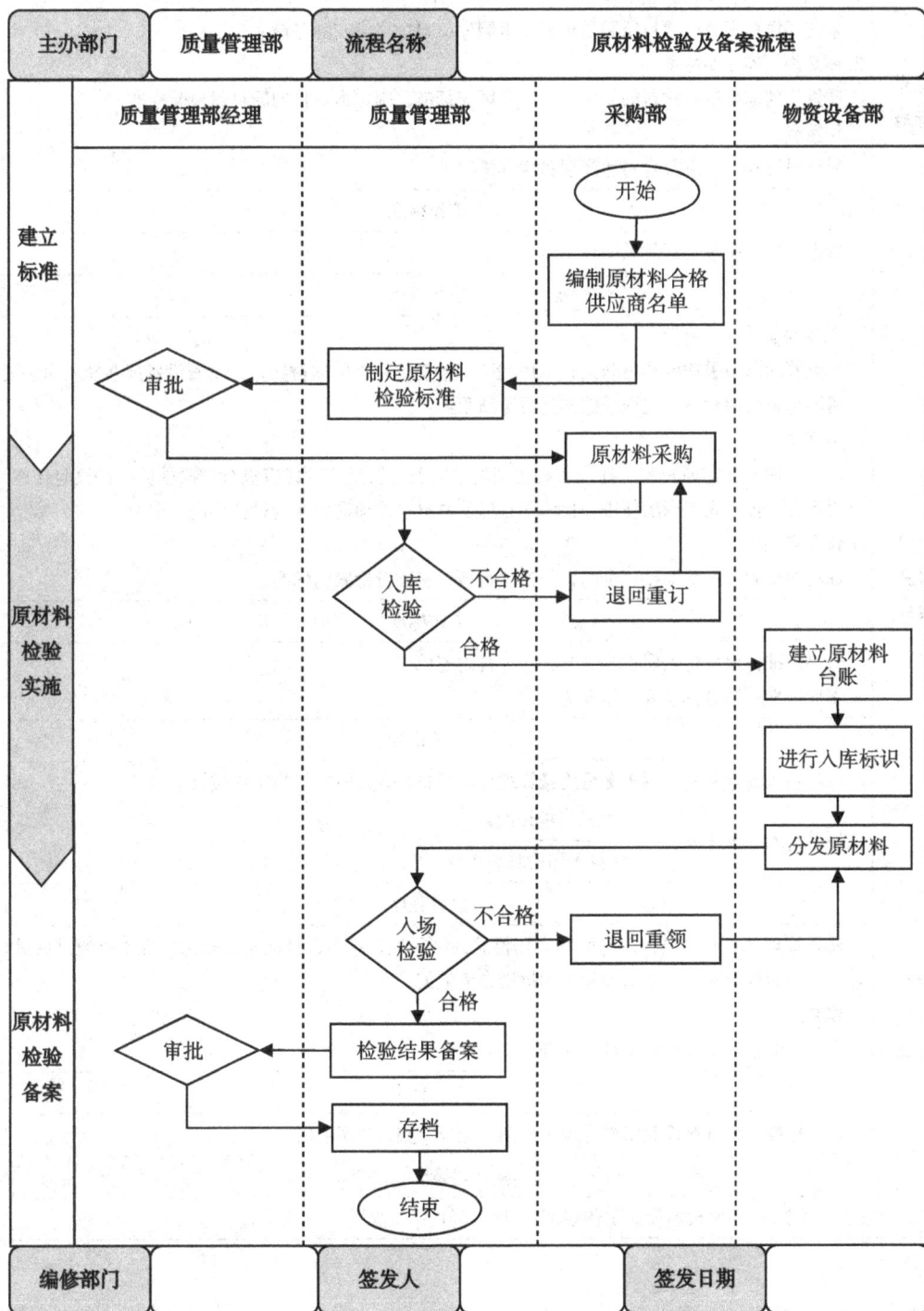

主办部门	质量管理部	流程名称	原材料检验及备案流程

	质量管理部经理	质量管理部	采购部	物资设备部

建立标准

开始

编制原材料合格供应商名单

制定原材料检验标准 → 审批

原材料采购

原材料检验实施

入库检验 — 不合格 → 退回重订

合格 → 建立原材料台账

进行入库标识

分发原材料

入场检验 — 不合格 → 退回重领

合格

原材料检验备案

检验结果备案 → 审批

存档

结束

编修部门		签发人		签发日期	

第8章 房地产项目质量管理

8.2.2　原材料检验及备案执行程序、工作标准、考核指标、执行规范

任务名称	执行程序、工作标准与考核指标
建立标准	**执行程序**
	1. 编制原材料合格供应商名单 采购部根据房地产项目所需原材料，编制原材料合格供应商名单 **2. 制定原材料检验标准** 质量管理部根据原材料的品类、规格及国家标准，制定本项目的原材料检验标准 **工作重点** 原材料检验标准应符合房地产项目实际情况
	工作标准
	依据标准：质量管理体系要求
原材料检验实施	**执行程序**
	1. 入库检验 质量管理部对采购的原材料进行入库检验，经检验合格的原材料，由物资设备部办理入库手续；检验不合格的原材料，退回采购部进行重新采购 **2. 入场检验** 对于入库合格的原材料，在投入施工现场使用前，质量管理部应进行二次检验，经检验合格的原材料方可投入施工现场使用；检验不合格的原材料，须退回物资设备部进行重领 **工作重点** 原材料检验工作要细致、全面，严格执行原材料质量检验的标准
	工作标准
	效率标准：原材料入库检验需要在____日内完成 参照标准：原材料检验工作规范
	考核指标
	原材料入场重领率：用于衡量质量管理部在原材料入库时的检验工作质量 $$原材料入场重领率 = \frac{原材料重领次数}{原材料入场检验总次数} \times 100\%$$
原材料检验备案	**执行程序**
	质量管理部对原材料入库检验和入场检验的结果进行备案，经质量管理部经理审批通过后进行存档，为后续原材料的质量检验工作提供参考依据 **工作重点** 原材料的检验结果必须客观、准确
	工作标准
	质量标准：原材料检验结果客观、准确，记录完整，备案及时
	执行规范
"质量管理体系要求""原材料检验工作规范""原材料检验结果"	

房地产项目管理全案

8.3.1 施工前质量管理流程设计

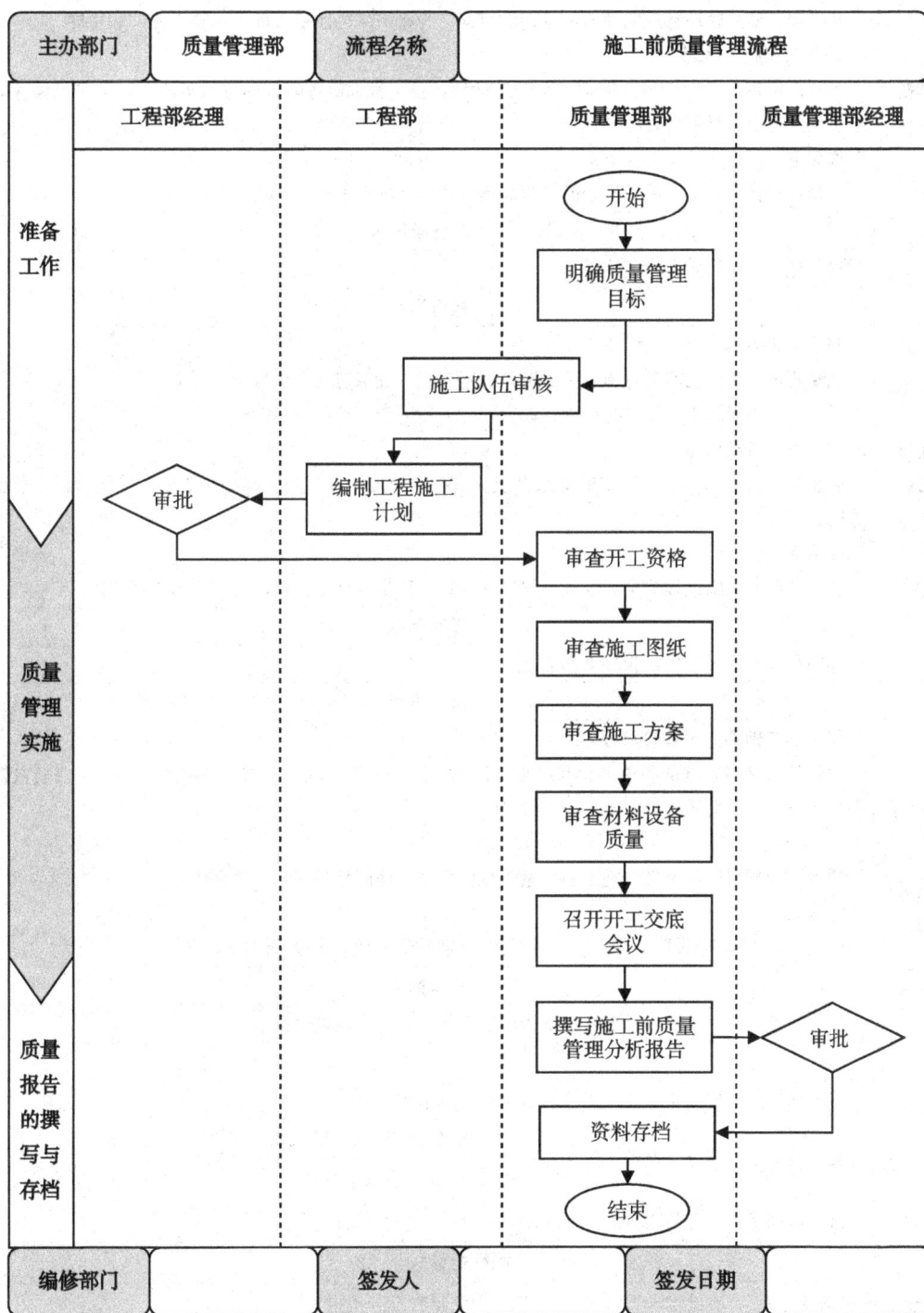

主办部门	质量管理部	流程名称	施工前质量管理流程

	工程部经理	工程部	质量管理部	质量管理部经理

准备工作

开始

明确质量管理目标

施工队伍审核

编制工程施工计划

审批

质量管理实施

审查开工资格

审查施工图纸

审查施工方案

审查材料设备质量

召开开工交底会议

质量报告的撰写与存档

撰写施工前质量管理分析报告

审批

资料存档

结束

编修部门		签发人		签发日期	

8.3.2 施工前质量管理执行程序、工作标准、考核指标、执行规范

任务 名称	执行程序、工作标准与考核指标
准备 工作	**执行程序** **1. 明确质量管理目标** 　施工前，质量管理部应明确质量管理的目标，为接下来的质量管理工作提供方向和指导 **2. 编制工程施工计划** 　工程部根据质量管理目标编制工程施工计划，在工程部经理审批同意后实施，以确保工程各项施工质量符合质量管理目标 **工作重点** 　质量管理目标和工程施工计划的制定需符合房地产项目的质量要求 **工作标准** 　参照标准：公司质量保证体系
质量 管理 实施	**执行程序** **1. 审查施工方案** ☆质量管理部对施工前的各项文件、资料进行审查，确保房地产项目顺利开工 ☆质量管理部对施工方案进行审查，确保施工方案的合理性和规范性 **2. 召开开工交底会议** 　质量管理部派人参加开工前的交底会议，掌握项目的设计、技术标准和要求，以便对施工过程进行有效控制 **工作重点** 　质量管理的实施过程要全面细致，发现问题后，质量管理部要及时与工程部沟通解决 **工作标准** 　参照标准：施工前质量管理工作规范
质量 报告 的撰 写与 存档	**执行程序** **1. 撰写施工前质量管理分析报告** 　质量管理部以审查的各项资料和结果为依据，结合房地产项目的施工情况，撰写施工前质量管理分析报告，提交质量管理部经理审批 **2. 资料存档** 　质量管理部将通过审批的施工前质量管理分析报告连同相关资料一并存档 **工作重点** 　资料归档工作按照规定程序进行，以便为后期质量管理工作提供依据 **工作标准** 　质量标准：施工前质量管理分析报告内容全面、合理，建设性强 **考核指标** ☆施工前质量管理分析报告一次性通过率：目标值为100% 　　施工前质量管理分析报告一次性通过率 $= \dfrac{报告一次性通过的次数}{报告提交总次数} \times 100\%$ ☆施工前质量管理分析报告的完成时限：应在____个工作日内完成
执行规范	
"公司质量保证体系""质量管理工作规范""施工前质量管理分析报告"	

8.4 质量监控管理流程设计与工作执行

8.4.1 质量监控管理流程设计

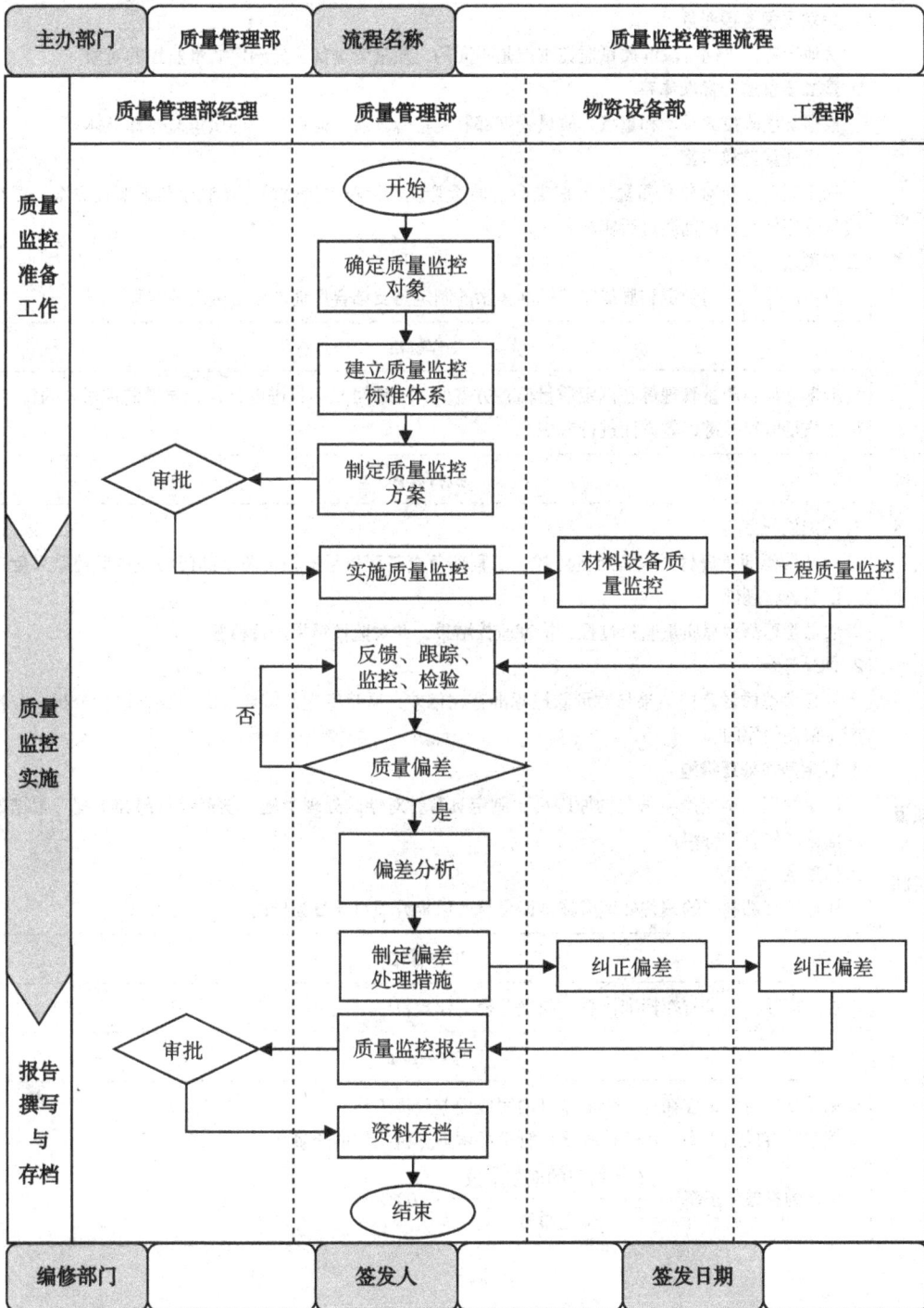

主办部门	质量管理部	流程名称	质量监控管理流程

	质量管理部经理	质量管理部	物资设备部	工程部
质量监控准备工作		开始		
		确定质量监控对象		
		建立质量监控标准体系		
	审批	制定质量监控方案		
		实施质量监控	材料设备质量监控	工程质量监控
质量监控实施	否	反馈、跟踪、监控、检验		
		质量偏差		
		偏差分析 是		
		制定偏差处理措施	纠正偏差	纠正偏差
报告撰写与存档	审批	质量监控报告		
		资料存档		
		结束		

编修部门		签发人		签发日期	

第 8 章 房地产项目质量管理

8.4.2　质量监控管理执行程序、工作标准、考核指标、执行规范

任务 名称	执行程序、工作标准与考核指标
质量 监控 准备 工作	**执行程序** **1. 确定质量监控对象** 　房地产项目不同阶段的质量监控重点是不同的，质量管理部要先确定质量监控的对象 **2. 建立质量监控标准体系** 　根据质量监控的对象和重点，质量管理部制定适合本阶段监控对象的质量监控标准体系 **3. 制定质量监控方案** 　确定质量监控对象和质量监控标准后，质量管理部针对质量监控工作制定质量监控方案，提交质量管理部经理审批通过后实施 **工作重点** 　质量监控对象的确定和质量监控标准体系的制定需要结合房地产项目进度的实际情况
	工作标准 　依据标准：质量管理部在制定质量监控方案时，一般可从项目进度计划、质量监控对象的特点、项目质量监控关键点等方面进行考虑
质量 监控 实施	**执行程序** **1. 实施质量监控** ☆物资设备部负责材料设备质量监控，工程部负责工程质量监控，两个部门将质量监控结果反馈给质量管理部 ☆质量管理部跟踪质量监控过程，检查监控结果，并对监控结果进行检验 **2. 偏差分析** 　一旦发现质量监控结果与质量监控标准存在偏差，质量管理部就要及时对偏差进行分析，查找产生偏差的原因 **3. 制定偏差处理措施** 　质量管理部确定产生偏差的原因后，制定具有针对性的处理措施，物资设备部和工程部根据处理措施对偏差进行纠正 **工作重点** 　质量管理部制定的偏差处理措施全面可行，以提升项目质量为导向
	工作标准 　参照标准：质量监控标准体系、质量监控工作规范
	考核指标 ☆偏差分析时限：应在____个工作日内完成偏差分析工作 ☆偏差的有效纠正率：用于检验质量管理部偏差分析工作的质量 $$偏差的有效纠正率 = \frac{有效纠正的偏差个数}{偏差总数} \times 100\%$$

任务 名称	执行程序、工作标准与考核指标
报告 撰写 与 存档	**执行程序** ☆质量管理部在对物资设备部和工程部进行质量监控和偏差纠正结果分析的基础上，撰写质量监控报告，并提交质量管理部经理审批 ☆质量管理部将经过审批的质量监控报告连同其他资料一起存档，为后续的质量监控工作提供参考依据 **工作重点** 质量监控报告应客观、真实地反映质量监控工作中的问题，对后续质量监控工作具有重要意义
	工作标准 质量标准：质量监控报告的内容全面客观，能够切实反映质量监控工作中的问题，建设性强
执行规范	
"质量监控工作规范""质量监控记录表""质量监控报告"	

第8章 房地产项目质量管理

8.5.1 质量内部审核流程设计

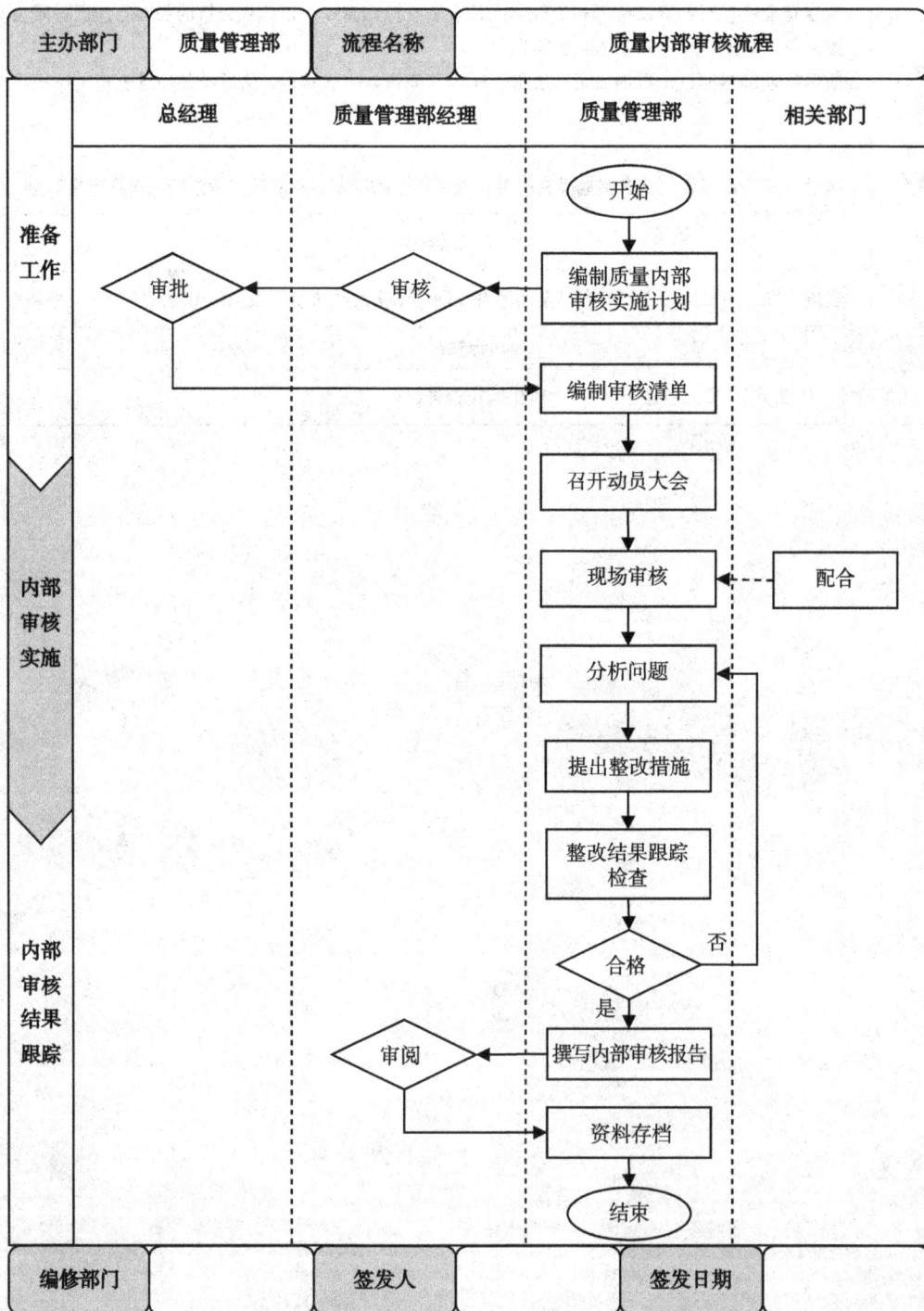

主办部门	质量管理部	流程名称	质量内部审核流程

	总经理	质量管理部经理	质量管理部	相关部门

准备工作

开始

审批 ← 审核 ← 编制质量内部审核实施计划

编制审核清单

召开动员大会

内部审核实施

现场审核 ⇠ 配合

分析问题

提出整改措施

整改结果跟踪检查

内部审核结果跟踪

合格 —否—

是

审阅 ← 撰写内部审核报告

资料存档

结束

编修部门		签发人		签发日期	

8.5.2 质量内部审核执行程序、工作标准、考核指标、执行规范

任务名称	执行程序、工作标准与考核指标
准备工作	**执行程序** **1. 编制质量内部审核实施计划** 　质量管理部根据房地产项目要求，制订质量内部审核实施计划，明确质量内部审核的各项任务及时间安排，经质量管理部经理审核、总经理审批通过后实施 **2. 编制审核清单** 　质量管理部根据质量内部审核实施计划编制审核清单，确认内部审核的要求和方法 **工作重点** 　质量内部审核实施计划需要结合项目质量体系要求和项目的进展情况来制订 **工作标准** 　参照标准：项目进度计划、项目质量管理标准 **考核指标** 　质量内部审核实施计划一次性通过率：目标值为100% $$质量内部审核实施计划一次性通过率 = \frac{计划一次性通过审核的次数}{计划提交的总次数} \times 100\%$$
内部审核实施	**执行程序** **1. 召开动员大会** 　针对质量内部审核工作，质量管理部召开质量内部审核动员大会，明确审核的目的、范围、依据、注意事项、时间安排等 **2. 现场审核** 　质量管理部通过查阅各部门质量管理文件、记录及现场审核等方法，检查质量体系运行情况，并根据现场审核发现的问题，提出整改措施及实施要求 **工作重点** 　内部审核工作要全面细致，发现问题后及时进行分析与整改 **工作标准** 　目标标准：通过质量内部审核，及时发现问题、解决问题，进一步提高项目质量水平
内部审核结果跟踪	**执行程序** **1. 整改结果跟踪检查** 　质量管理部对质量内部审核整改结果进行跟踪检验，对于整改结果不合格项，继续采取整改措施进行纠正 **2. 撰写内部审核报告** 　质量内部审核工作结束后，质量管理部针对此次内部审核工作撰写内部审核报告，并提交质量管理部经理审阅 **3. 资料存档** 　内部审核报告与其他内部审核资料一起按照要求进行存档 **工作重点** 　对于整改结果不合格项，质量管理部要持续跟进，确保不合格项整改完成

任务 名称	执行程序、工作标准与考核指标
内部 审核 结果 跟踪	**工作标准**
	完成标准：质量内部审核问题整改完成
	考核指标
	不合格项整改率：用于检验内部审核整改措施的有效性，目标值为 100% 不合格项整改率 $=\dfrac{\text{不合格项整改完成数}}{\text{不合格项总数}}\times 100\%$
执行规范	
"项目质量管理体系文件""质量内部审核表""质量内部审核实施计划"	

房地产项目管理全案

8.6 质量事故处理流程设计与工作执行

8.6.1 质量事故处理流程设计

主办部门	质量管理部	流程名称	质量事故处理流程

	政府相关部门	工程部	质量管理部	相关部门

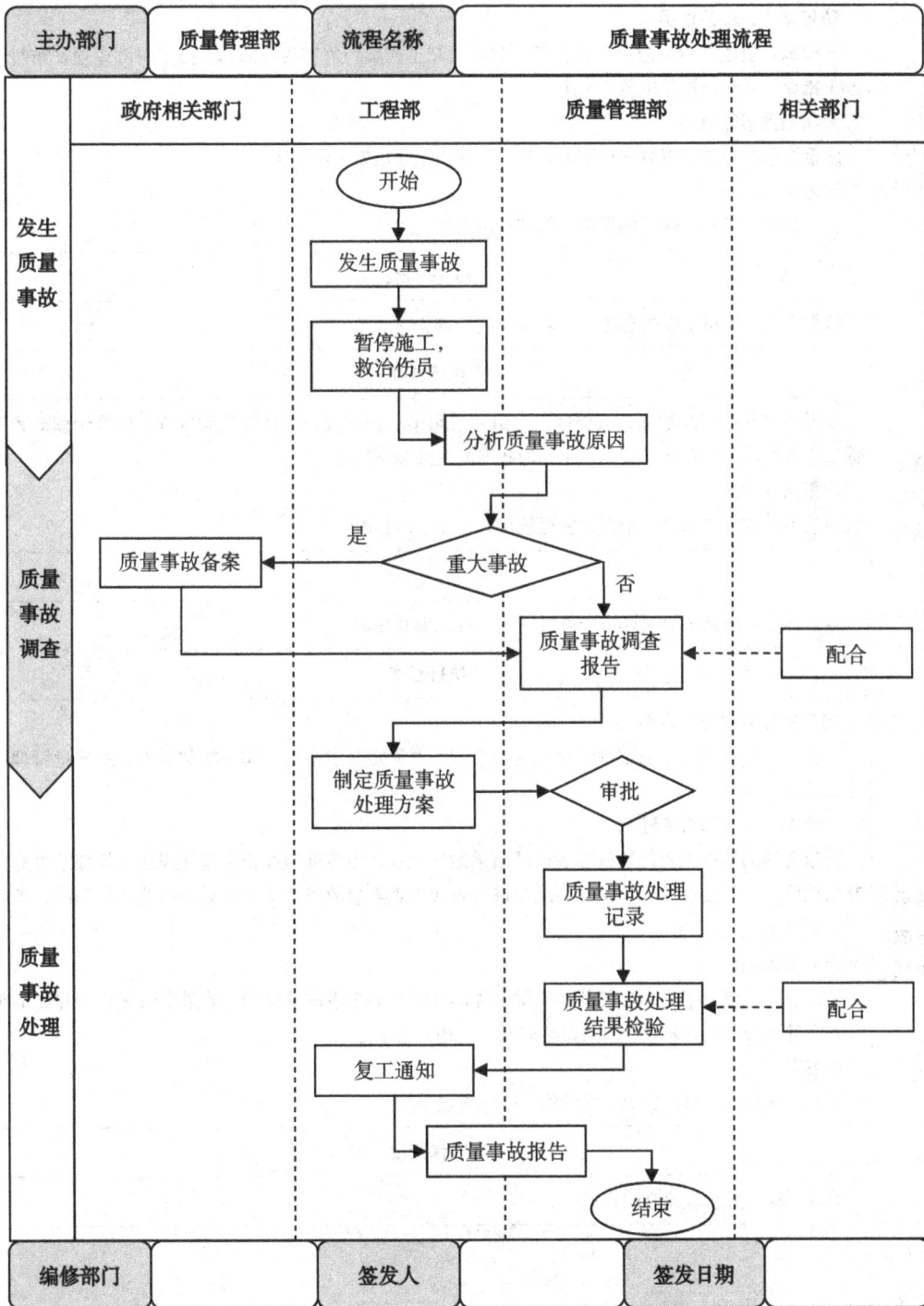

发生质量事故

开始 → 发生质量事故 → 暂停施工，救治伤员 → 分析质量事故原因

质量事故调查

重大事故 —是→ 质量事故备案
重大事故 —否→ 质量事故调查报告 ←--- 配合

质量事故处理

制定质量事故处理方案 → 审批 → 质量事故处理记录 → 质量事故处理结果检验 ←--- 配合 → 复工通知 → 质量事故报告 → 结束

编修部门		签发人		签发日期

8.6.2　质量事故处理执行程序、工作标准、考核指标、执行规范

任务 名称	执行程序、工作标准与考核指标
发生 质量 事故	**执行程序** **1. 暂停施工，救治伤员** 　　工程部在发生质量事故后，应在第一时间通知工程部经理和相关部门，由工程部经理发布暂停施工指令，并对伤员采取救治措施 **2. 分析质量事故原因** 　　质量管理部对质量事故进行调查分析，了解质量事故发生的原因 **工作重点** 　　工程部应做好事故现场的保护工作和伤员的救治工作 **工作标准** 依据标准：质量事故处理规范、质量事故处理程序
质量 事故 调查	**执行程序** 　　质量管理部在了解质量事故原因后，编写质量事故调查报告，针对重大事故，质量管理部和工程部应根据项目所在地的相关规定，向政府相关部门进行报备 **工作重点** 　　质量事故调查要细致、全面，客观地反映质量事故情况 **工作标准** 效率标准：质量事故调查报告需要在＿＿＿日内编写完成
质量 事故 处理	**执行程序** **1. 制定质量事故处理方案** 　　工程部应根据质量事故情况，全面自检自查，并制定质量事故处理方案和措施，经质量管理部审批通过后实施 **2. 质量事故处理结果检验** 　　质量管理部根据工程部质量事故处理结果做好记录，由各部门配合质量管理部对处理结果进行质量检验，若处理结果不合格，则继续进行整改，直至事故隐患消除和质量整改工作完成，工程部方可复工 **3. 质量事故报告** 　　质量事故处理完毕后，工程部和质量管理部应针对质量事故情况编写质量事故报告，并提出对责任者的处理意见和防止今后类似事故发生的相关措施 **工作重点** 　　质量事故处理结果检验应全面细致，确保质量事故隐患消除 **工作标准** 完成标准：质量事故整改完成

房地产项目管理全案

任务 名称	执行程序、工作标准与考核指标
质量 事故 处理	**考核指标** ☆质量事故整改工作的完成时限：应在＿＿天内完成 ☆质量事故处理结果检验的通过率：目标值为 100% $$质量事故处理结果检验的通过率 = \frac{处理结果检验通过的次数}{处理结果检验总数} \times 100\%$$
	执行规范
	"质量事故处理规范""质量事故调查报告""质量事故处理结果检验表"

第 8 章 | 房地产项目质量管理

9.1　房地产项目竣工验收管理流程设计

9.1.1　流程目的说明

房地产项目竣工验收管理的主要内容涵盖了单项工程竣工验收、单位工程竣工验收、项目竣工验收备案管理等，房地产项目公司对项目竣工验收进行流程管理的目的如下：

（1）规范房地产项目竣工验收管理工作，确保项目竣工验收工作有章可循、进展顺利；

（2）指导房地产项目竣工验收工作，提高工程质量，确保工程质量达到规范及设计要求。

9.1.2　流程结构设计

房地产项目竣工验收管理流程设计可采取并列式结构，即将房地产项目竣工验收管理细分为 3 个事项，分别就每个事项设计流程，具体的结构设计如图 9-1 所示。

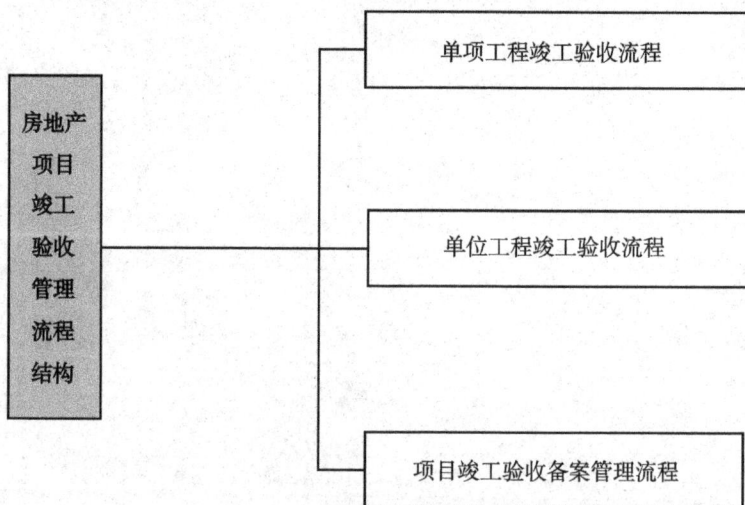

图 9-1　房地产项目竣工验收管理流程结构设计

9.2 单项工程竣工验收流程设计与工作执行

9.2.1 单项工程竣工验收流程设计

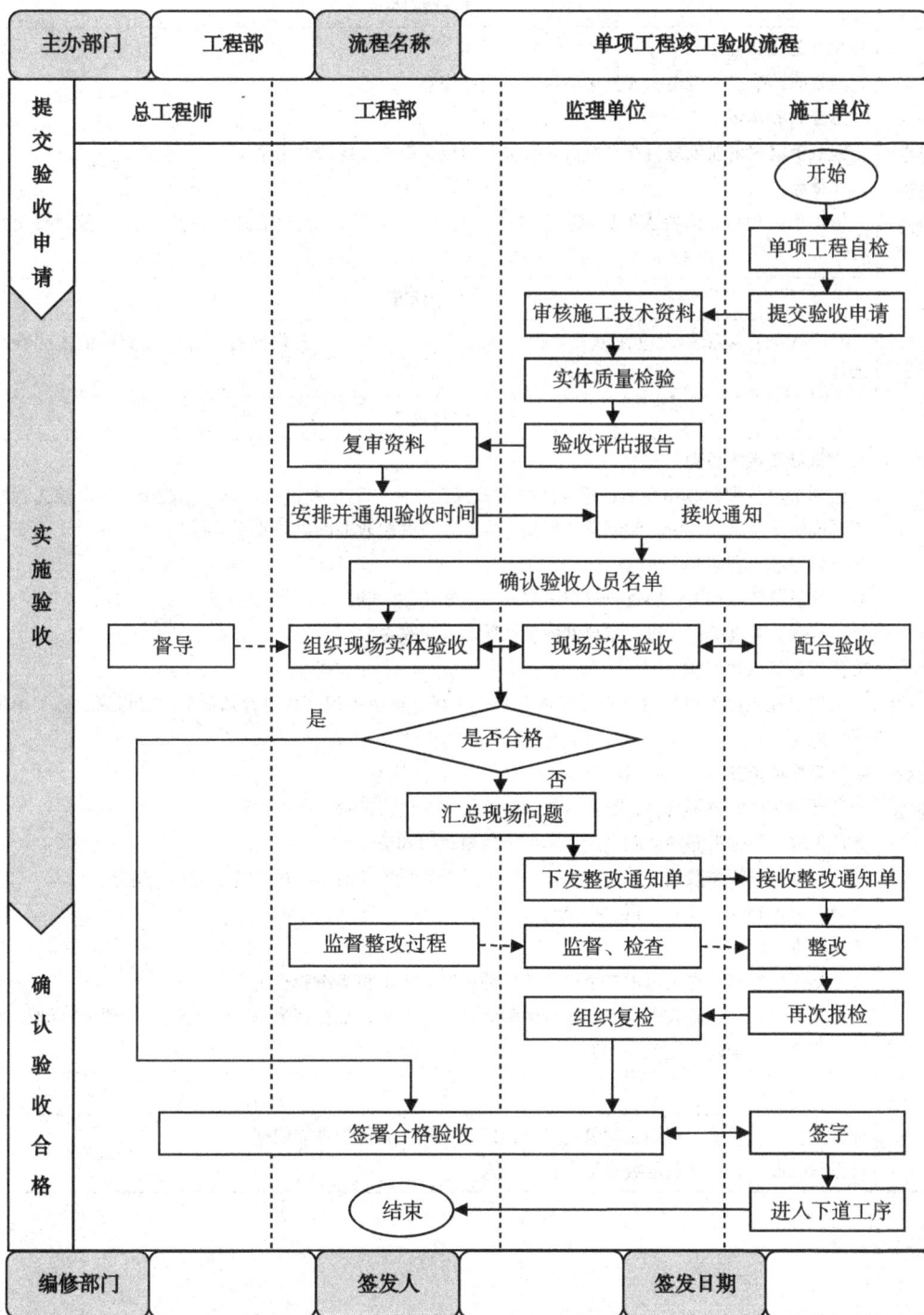

主办部门	工程部	流程名称	单项工程竣工验收流程

	总工程师	工程部	监理单位	施工单位
提交验收申请				开始
				↓
				单项工程自检
			审核施工技术资料 ←	提交验收申请
			实体质量检验	
		复审资料 ←	验收评估报告	
实施验收		↓		
		安排并通知验收时间 →	接收通知	
		↓		
		确认验收人员名单		
	督导 ⇢	组织现场实体验收	现场实体验收 ⇄	配合验收
	是	↓		
		〈是否合格〉		
		否 ↓		
		汇总现场问题		
		↓		
		下发整改通知单 →	接收整改通知单	
确认验收合格	监督整改过程 →	监督、检查 ⇢	整改	
		组织复检 ←	再次报检	
		签署合格验收 ⇄	签字	
		结束 ←	进入下道工序	

编修部门		签发人		签发日期	

9.2.2 单项工程竣工验收执行程序、工作标准、考核指标、执行规范

任务名称	执行程序、工作标准与考核指标
提交验收申请	**执行程序** **1. 单项工程自检** 　验收前，施工单位组织人员对项目进行全面检查 **2. 提交验收申请** 　施工单位在单项工程自检合格后向有关部门提交单项工程验收申请 **工作重点** 　施工单位应对合同要求的满足程度、项目内容的完成情况等方面逐一进行检查，并及时提交验收申请 **工作标准** 　时间标准：施工单位应在单项工程自检合格后____个工作日内向有关部门提交单项工程验收申请
实施验收	**执行程序** **1. 审核施工技术资料** 　监理单位收到验收申请后，组织人员审核施工技术资料，并进行实体质量检测，对单项工程竣工形成初步意见和评价，编制验收评估报告，在正式验收期间供验收人员参考 **2. 确认验收人员名单** ☆工程部负责对相关资料进行复审，安排并通知验收时间 ☆工程部、监理单位、施工单位共同确认验收人员名单 **3. 组织现场实体验收** 　工程部连同监理单位进行现场实体验收，工程部负责组织、总工程师负责监督指导、施工单位予以配合 **4. 下发整改通知单** ☆若现场实体验收不合格，验收人员要对现场问题进行汇总 ☆监理单位根据汇总的问题向施工单位下发整改通知单 ☆施工单位根据整改通知单进行整改，工程部及监理单位对整改过程进行监督、检查 ☆施工单位整改完成后，再次报检 **工作重点** ☆严格审核资料，在资料不齐全或未达标的情况下，不得组织验收工作 ☆在验收过程中，验收人员应严格按照制度规定的合格标准检查施工质量，不能自行降低标准，也不能凭个人经验自定验收标准 **工作标准** ☆依据标准：单项工程竣工验收的实施应以竣工验收管理制度为依据 ☆数量标准：验收人员的数量至少为____人

任务名称	执行程序、工作标准与考核指标
确认验收合格	**执行程序**
	☆现场实体验收合格后，由总工程师及工程部、监理单位相关负责人共同签字确认
	☆施工单位确认无误后，在合格验收单上签字，然后进入下道工序
	工作重点
	合格验收禁止代签
	工作标准
	依据标准：合格验收的签署应以竣工验收管理制度为依据

执行规范
"竣工验收管理制度""单项工程验收申请表""施工技术资料""验收通知单""单项工程验收表""整改通知单"

9.3.1 单位工程竣工验收流程设计

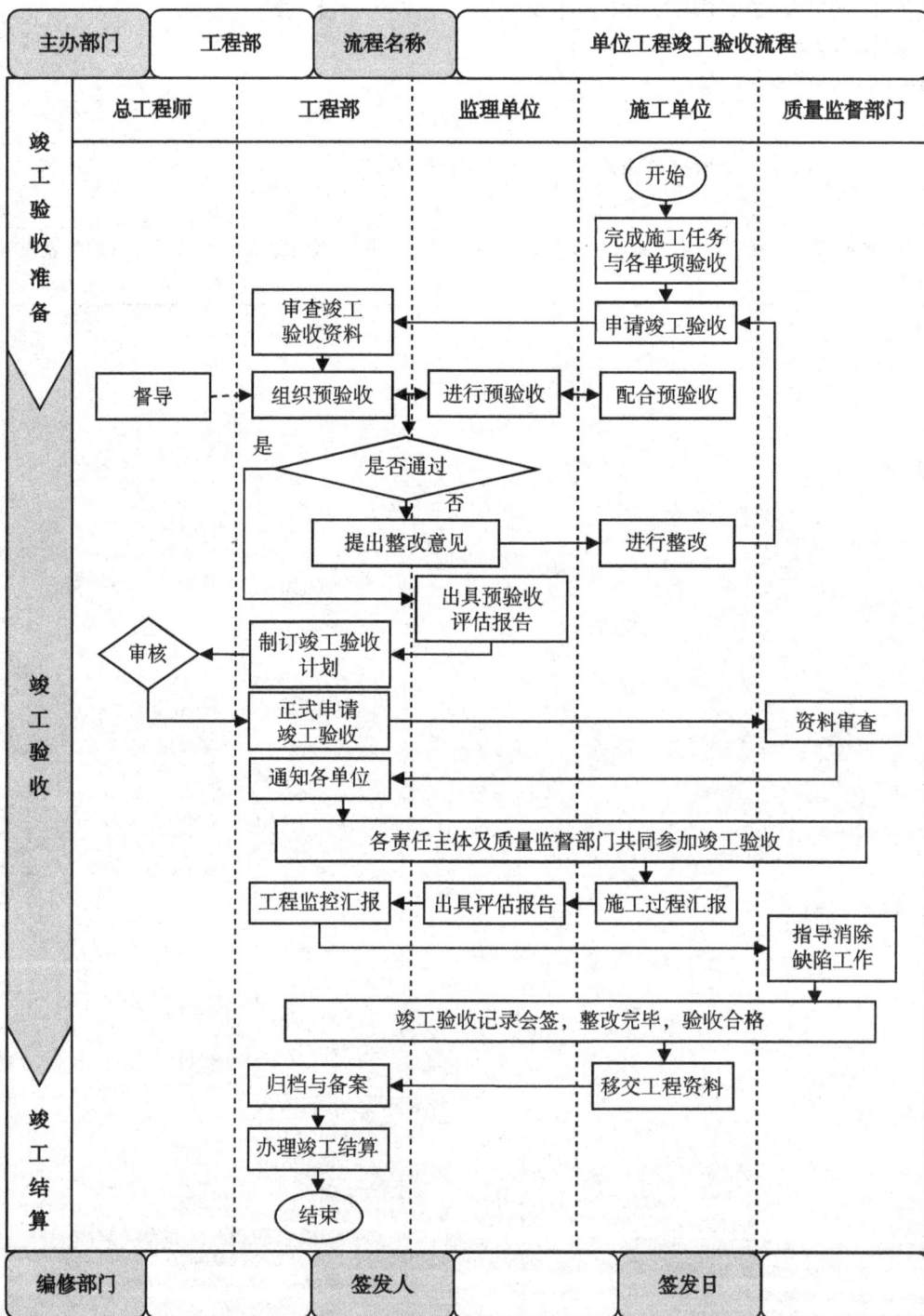

主办部门	工程部	流程名称	单位工程竣工验收流程	

	总工程师	工程部	监理单位	施工单位	质量监督部门

竣工验收准备

开始

完成施工任务与各单项验收

审查竣工验收资料 ← 申请竣工验收

督导 ---→ 组织预验收 ← 进行预验收 ← 配合预验收

是 ← 是否通过 → 否

提出整改意见 → 进行整改

出具预验收评估报告

审核 ← 制订竣工验收计划

竣工验收

正式申请竣工验收 → 资料审查

通知各单位

各责任主体及质量监督部门共同参加竣工验收

工程监控汇报 ← 出具评估报告 ← 施工过程汇报

指导消除缺陷工作

竣工验收记录会签，整改完毕，验收合格

归档与备案 ← 移交工程资料

竣工结算

办理竣工结算

结束

编修部门		签发人		签发日	

房地产项目管理全案

9.3.2　单位工程竣工验收执行程序、工作标准、考核指标、执行规范

任务名称	执行程序、工作标准与考核指标
竣工验收准备	**执行程序** **1. 申请竣工验收** 　单位工程按合同内容完成施工任务，各类单项工程验收完成后，施工单位向工程部申请单位工程竣工验收，并提交竣工验收资料与报告 **2. 审查竣工验收资料** 　工程部负责对施工单位提交的竣工验收资料进行审查 **工作重点** 　明确竣工验收资料审查的流程，确保审查流程标准化，降低审查错误 **工作标准** ☆提交标准：竣工验收的资料、文件应符合《城市住宅小区竣工综合验收管理办法》和项目所在地建设行政主管部门的规定 ☆审查标准：竣工验收资料审查的内容包括提报的资料是否完整、齐全，所用记录表格的填写方式及采用的计量单位是否规范，是否符合验收依据的规定和要求，是否与实际相符 ☆流程标准：先审阅，记录审查中发现的不当、遗漏、错误之处，要求提交方进行说明、补充、更改；然后验证，必要时可进行测量、现场观察、重新计算；最后校对，将设计图纸、设计文件及其他相关资料进行相互校对，以判断其正确性
竣工验收	**执行程序** **1. 进行预验收** ☆工程部会同施工单位和监理单位对竣工的工程进行现场验收，并逐一检查工程资料所列内容是否齐备 ☆施工单位负责介绍工程概况和施工情况、自检情况及竣工情况，并出示竣工资料 ☆监理单位负责通报工程监理中发现的主要问题，发表竣工验收意见 ☆工程部根据在检查中发现的问题，对施工单位提出限期整改处理意见 ☆工程部及监理单位讨论工程正式验收是否合格，并当场宣布验收结果，提出整改意见 ☆施工单位根据整改意见对工程进行整改，整改完成后由工程部和监理单位再次验收，并出具预验收评估报告 **2. 制订竣工验收计划** 　预验收合格后，工程部负责制订竣工验收计划，并报总工程师审核 **3. 正式申请竣工验收** 　竣工验收计划审核通过后，工程部向质量监督部门申请正式验收，并通知勘察、设计等相关部门 **4. 各责任主体及质量监督部门共同参加竣工验收** 　首先，施工单位负责汇报工程施工过程，监理单位出具评估报告，设计单位对工程进行评估，项目部向各方汇报工程全过程监控情况；然后，各方提出整改计划，并在竣工验收记录上签章；最后，将竣工验收记录报集团总工程师备案，整改完毕，验收合格 **工作重点** 　在验收过程中，验收人员应严格按照制度规定的合格标准检查施工质量，不能自行降低标准，也不能凭个人经验自定验收标准

任务名称	执行程序、工作标准与考核指标
竣工验收	**工作标准** ☆依据标准：预验收的执行须以国家规定的验收标准和工程质量目标为依据 ☆内容标准：验收计划的内容包括预计进行验收的日期、工作内容、验收依据的标准或要求、执行单位等 ☆时间标准：工程部须在竣工验收 7 个工作日前通知负责监督该工程的质量监督部门
竣工结算	**执行程序** **1. 归档与备案** ☆施工单位将工程技术资料移交工程部进行归档保存 ☆工程部负责向当地的建设行政主管部门申请备案 **2. 办理竣工结算** 验收结束后，工程部协调预算部办理竣工结算，并督促施工单位拆除临时建筑、设施，搬走施工机械、设备、材料及配件 **工作重点** 及时进行备案、结算 **工作标准** 时间标准：工程部应当自工程竣工验收合格之日起 15 个工作日内向工程所在地的备案机关申请备案
执行规范	
《城市住宅小区竣工综合验收管理办法》及企业制定的"竣工验收管理制度""工程竣工验收报告"	

9.4 项目竣工验收备案管理流程设计与工作执行

9.4.1 项目竣工验收备案管理流程设计

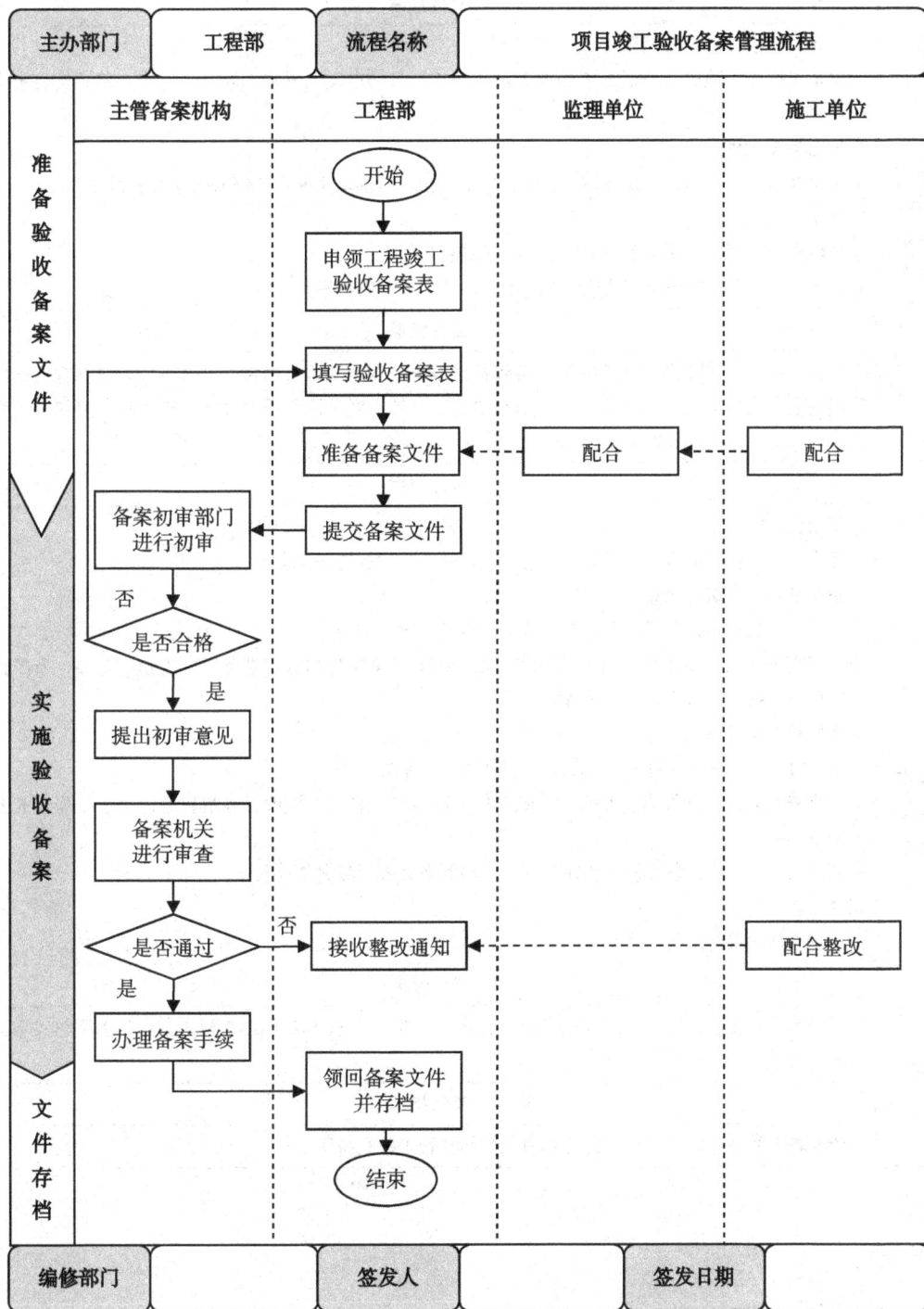

主办部门	工程部	流程名称	项目竣工验收备案管理流程

	主管备案机构	工程部	监理单位	施工单位

```
                        ┌──────────┐
                        │   开始   │
                        └────┬─────┘
                             ↓
                      ┌─────────────┐
                      │ 申领工程竣工 │
                      │ 验收备案表   │
                      └──────┬──────┘
                             ↓
                      ┌─────────────┐
    ┌───────────────→ │ 填写验收备案表│
    │                 └──────┬──────┘
    │                        ↓
    │                 ┌──────────┐    ┌──────┐    ┌──────┐
    │                 │准备备案文件│←--│ 配合 │←--│ 配合 │
    │                 └──────┬───┘    └──────┘    └──────┘
┌───────────┐               ↓
│备案初审部门 │←──────  ┌──────────┐
│进行初审    │         │提交备案文件│
└──────┬────┘         └──────────┘
   否  ↓
  ┌─────────┐
  │ 是否合格 │
  └────┬────┘
    是 ↓
┌──────────┐
│提出初审意见│
└─────┬────┘
      ↓
┌──────────┐
│ 备案机关  │
│ 进行审查  │
└─────┬────┘
      ↓
 ┌─────────┐   否   ┌──────────┐         ┌──────────┐
 │ 是否通过 │──────→│接收整改通知│←------│ 配合整改 │
 └────┬────┘       └──────────┘         └──────────┘
   是 ↓
┌──────────┐
│办理备案手续│
└─────┬────┘
      ↓           ┌──────────┐
      └─────────→ │领回备案文件│
                  │  并存档   │
                  └─────┬────┘
                        ↓
                   ┌─────────┐
                   │  结束   │
                   └─────────┘
```

左侧纵向栏目：准备验收备案文件 → 实施验收备案 → 文件存档

编修部门		签发人		签发日期	

第 9 章 房地产项目竣工验收管理

/ 147 /

9.4.2 项目竣工验收备案管理执行程序、工作标准、考核指标、执行规范

任务名称	执行程序、工作标准与考核指标
准备验收备案文件	**执行程序** **1. 申领工程竣工验收备案表** 　单位工程竣工验收合格后，工程部先向主管备案机构申领工程竣工验收备案表，然后按要求进行填写 **2. 准备备案文件** 　工程部填写完工程竣工验收备案表后，施工单位、监理单位配合工程部准备备案相关文件 **工作重点** ☆严格按照工程竣工验收备案表的填写要求进行填写 ☆备案文件须严格按国家相关规定进行准备，避免后续备案审查失败
	工作标准 　内容标准：备案文件包括工程竣工验收备案表，工程竣工验收报告，法律、行政法规规定的应当由规划、公安、消防、环保等部门出具的认可文件或者准许使用的文件，施工单位签署的工程质量保修书，住宅质量保证书，住宅使用说明书等
实施验收备案	**执行程序** **1. 提交备案文件** 　备案文件准备齐全后，工程部应及时向主管备案机构提交备案文件 **2. 备案初审部门进行初审** ☆主管备案机构接到备案文件后，由备案初审部门进行初审 ☆若初审不合格，则工程部重新填写备案表，准备备案文件再次申请备案；若初审合格，备案初审部门会提出初审意见并交至备案机关 **3. 备案机关进行审查** ☆备案机关接到备案文件初审意见后，对文件进行审查 ☆若审查不通过，会发出整改通知，施工单位配合工程部进行整改；若审核通过，会安排专人办理备案手续 ☆验证文件齐全后，备案机关会在工程竣工验收备案表上签署文件收讫 **工作重点** 　备案文件须及时提交，严禁拖延
	工作标准 　时间标准：工程部应当自工程竣工验收合格之日起15个工作日内向工程所在地的备案机关申请备案
	考核指标 　验收备案的及时性：在规定的时间内完成项目竣工验收备案工作

任务名称	执行程序、工作标准与考核指标
文件存档	**执行程序**
	备案手续办理完毕后，工程部须领回备案文件，并归档保存
	工作重点
	☆工程竣工验收备案表一式两份，一份由建设单位保存，另一份留备案机关存档
	☆工程部领回备案文件后，须及时进行归档，避免丢失
	工作标准
	依据标准：工程资料的归档须以工程资料档案归档管理制度为依据
	执行规范
	"整改工作方案""工程资料档案归档管理制度""工程竣工验收备案表"

10.1　房地产项目营销推广与策划管理流程设计

10.1.1　流程目的说明

房地产项目公司对房地产项目营销推广与策划实施流程管理的目的如下：

（1）指导房地产项目营销推广与策划工作，确保该工作正常运行；

（2）明确房地产项目营销推广与策划工作的重要工作节点，避免工作逻辑混乱；

（3）规范房地产项目营销推广与策划工作的工作程序，逐步实现企业管理的规范化、标准化、程序化。

10.1.2　流程结构设计

房地产项目营销推广与策划管理流程结构将房地产项目营销推广与策划工作细分为5个事项，分别就每个事项设计流程，具体的结构设计如图 10-1 所示。

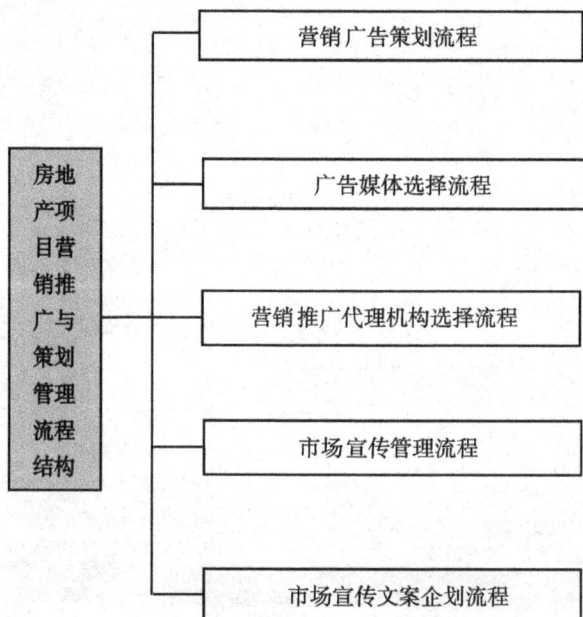

图 10-1　房地产项目营销推广与策划管理流程结构设计

10.2 营销广告策划流程设计与工作执行

10.2.1 营销广告策划流程设计

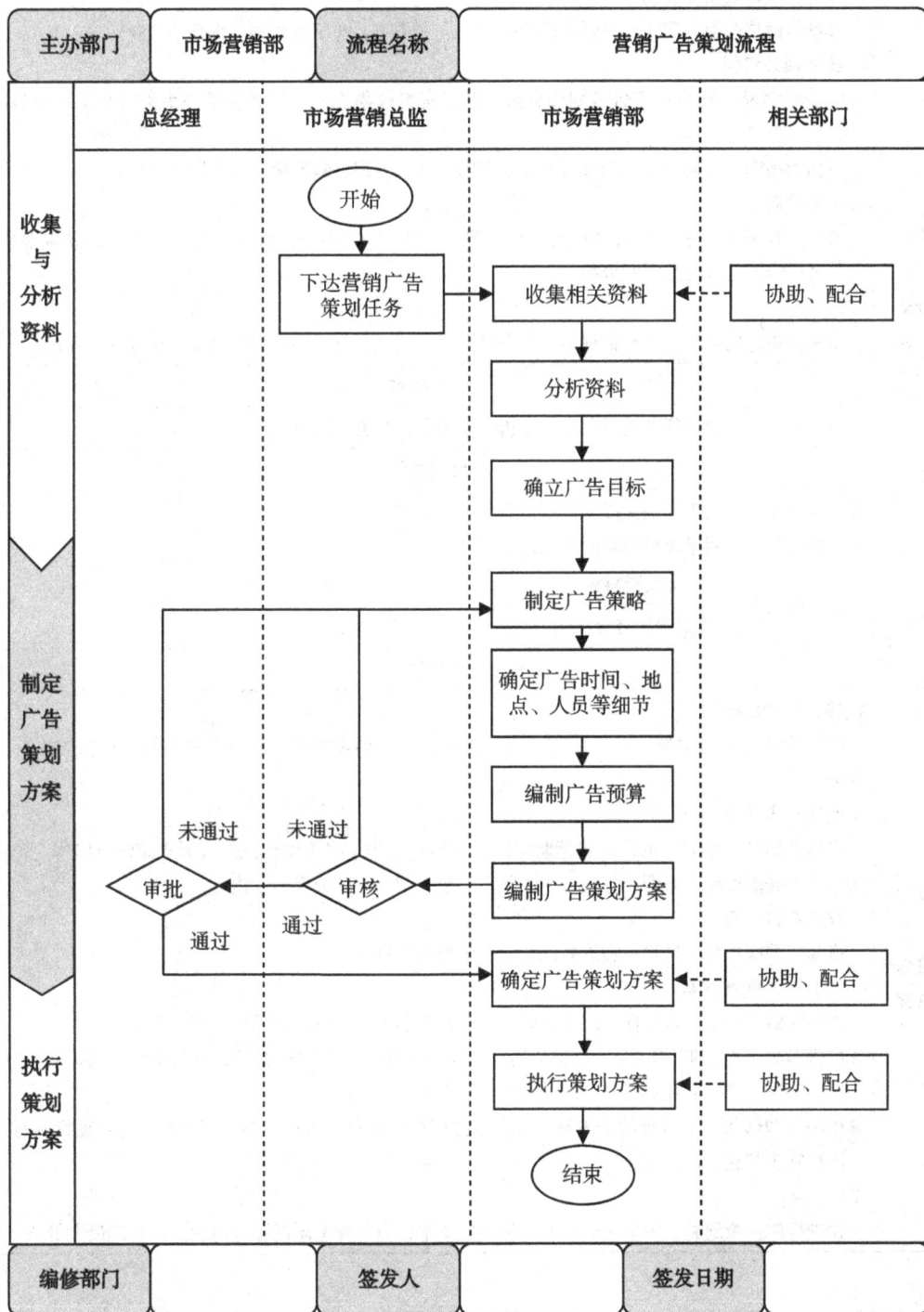

主办部门	市场营销部	流程名称	营销广告策划流程

	总经理	市场营销总监	市场营销部	相关部门
收集与分析资料			开始 → 下达营销广告策划任务 → 收集相关资料 → 分析资料 → 确立广告目标	协助、配合
制定广告策划方案	审批（未通过/通过）	审核（未通过/通过）	制定广告策略 → 确定广告时间、地点、人员等细节 → 编制广告预算 → 编制广告策划方案 → 确定广告策划方案	协助、配合
执行策划方案			执行策划方案 → 结束	协助、配合

编修部门		签发人		签发日期	

第 10 章 房地产项目营销推广与策划管理

10.2.2 营销广告策划执行程序、工作标准、考核指标、执行规范

任务名称	执行程序、工作标准与考核指标
收集与分析资料	**执行程序** **1. 下达营销广告策划任务** 　市场营销总监根据房地产项目实际情况确定广告需求，并下达营销广告策划任务 **2. 收集相关资料** ☆市场营销部接到营销广告策划任务后，开展资料收集工作，主要包括一手资料和二手资料的收集 ☆市场营销部主要通过市场调查获取一手资料，通过查询资料库等方式获取二手资料 **3. 分析资料** 　市场营销部对收集的资料进行汇总与整理，并针对营销环境、消费者行为与偏好、品牌形象、竞争者广告策略等方面进行分析 **工作重点** 　市场营销部的策划工作要根据房地产项目的实际情况进行，选对目标群体，精准定位客户 **工作标准** 目标标准：通过对资料进行收集与分析，获得了大量有用信息 **考核指标** ☆资料收集与分析工作的完成时间：应在____个工作日内完成 ☆资料有效率：用来衡量资料收集工作的质量 $$资料有效率 = \frac{有效资料数}{收集的所有资料数} \times 100\%$$
制定广告策划方案	**执行程序** **1. 确立广告目标** 　市场营销部根据房地产项目面临的市场机会、目标消费群体、广告效果指标等因素确立广告目标 **2. 制定广告策略** 　市场营销部根据确立的广告目标制定广告策略。广告策略主要涉及广告诉求策略、广告定位策略、广告表现策略等方面，包括广告主题、对象、创意、媒介等基本内容 **3. 编制广告预算** 　市场营销部根据广告目标和策略，编制广告费用预算 **4. 编制广告策划方案** ☆市场营销部根据广告目标、广告策略及广告费用预算，编制具体的广告策划方案 ☆广告策划方案编制完成后，市场营销部应先组织相关部门召开会议，评估策划方案的可行性，预测策划方案的实际效果 ☆市场营销部将评估可行的广告策划方案上报市场营销总监审核、总经理审批，并根据批示意见进行修改与完善，直至通过 **工作重点** 　在进行广告策划时，市场营销部要衡量广告成本，力争在有限的预算内发挥广告的最大价值

任务 名称	执行程序、工作标准与考核指标
制定 广告 策划 方案	**工作标准**
	☆参照标准：广告策划方案参照企业文书写作的有关要求编制 ☆完成标准：确定广告目标、广告策略、广告预算等内容后，完成广告策划方案的编制工作
	考核指标
	广告策划方案编制完成的时间：应在____个工作日内编制完成
执行 策划 方案	**执行程序**
	☆广告策划方案经审批通过后，市场营销部组织相关人员按规定执行方案 ☆市场营销部在方案执行过程中要及时发现问题并调查原因，尽快解决 **工作重点** 市场营销部应请行政、物业等部门协助执行策划方案
	工作标准
	目标标准：通过执行策划方案，营销广告达到了预期效果
执行规范	
"市场调查报告" "营销广告策划方案"	

第 10 章 | 房地产项目营销推广与策划管理

10.3.1　广告媒体选择流程设计

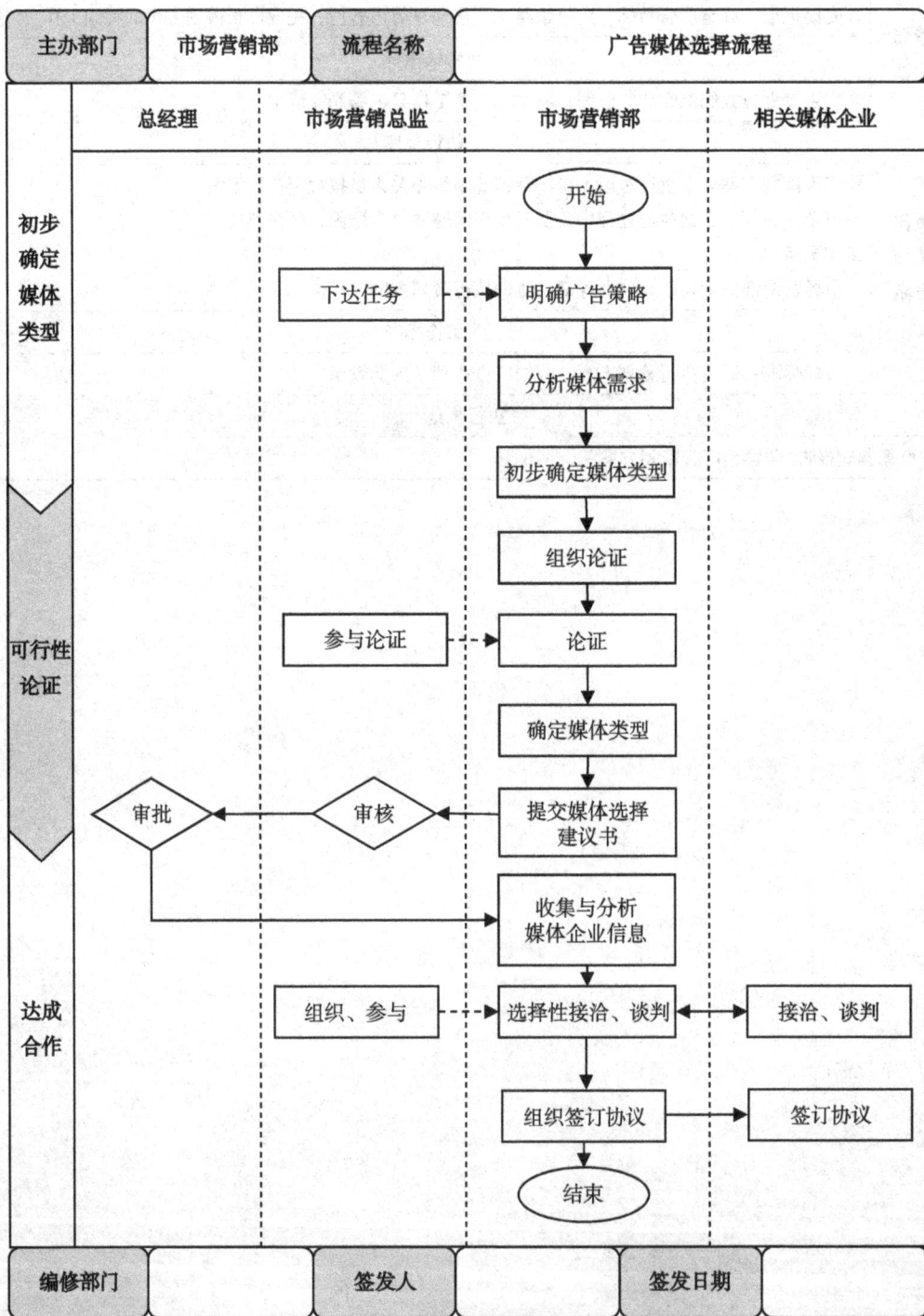

主办部门	市场营销部	流程名称	广告媒体选择流程	

	总经理	市场营销总监	市场营销部	相关媒体企业
初步确定媒体类型		下达任务	开始 → 明确广告策略 → 分析媒体需求 → 初步确定媒体类型 → 组织论证	
可行性论证		参与论证	论证 → 确定媒体类型 → 提交媒体选择建议书	
	审批	审核	收集与分析媒体企业信息	
达成合作		组织、参与	选择性接洽、谈判 → 组织签订协议 → 结束	接洽、谈判 / 签订协议

编修部门		签发人		签发日期

房地产项目管理全案

10.3.2　广告媒体选择执行程序、工作标准、考核指标、执行规范

任务名称	执行程序、工作标准与考核指标
初步确定媒体类型	**执行程序** **1. 明确广告策略** ☆市场营销总监根据房地产项目的营销需要下达营销任务 ☆市场营销部在选择广告媒体前，应先明确广告策略及广告需要达到的效果，构思以何种形式完成广告 **2. 分析媒体需求** ☆市场营销部明确广告策略后，思考为了达到广告效果选择何种媒体形式 ☆市场营销部还需要初步确定需求媒体的数量、规模及宣传能力等 **3. 初步确定媒体类型** 市场营销部初步确定一种或几种媒体类型，准备对其展开论证 **工作重点** 除了传统媒体（如电视、广播、报刊），市场营销部还可以选择以互联网为基础的新媒体，将多种媒体相结合进行广告宣传 **工作标准** 目标标准：通过分析广告策略，初步确定媒体类型 **考核指标** 媒体类型的初步确定时限：应在＿＿＿个工作日内确定
可行性论证	**执行程序** **1. 组织论证** 市场营销部组织相关部门（如物业中心、行政部、设计部等）的人员对初步确定的媒体进行可行性论证，市场营销总监参与论证 **2. 确定媒体类型** 论证完毕后，确定正式的媒体类型 **3. 提交媒体选择建议书** ☆市场营销部记录确定媒体类型的全过程，编制媒体选择建议书，阐述论证过程和结果，报市场营销总监审核、总经理审批 ☆媒体选择建议书经市场营销总监审核及总经理审批通过后，市场营销部方可开展后续工作 **工作重点** 选择媒体的可行性论证要尽量请多部门的负责人参与，以确保论证结果的科学性 **工作标准** ☆参照标准：媒体选择建议书参照企业文书写作的有关要求编制 ☆目标标准：通过可行性论证，确定了适合该次广告宣传的媒体 **考核指标** 媒体选择建议书编制完成的时限：应在＿＿＿个工作日内编制完成

任务名称	执行程序、工作标准与考核指标
达成合作	**执行程序** **1. 收集与分析媒体企业信息** ☆针对同一类型的媒体，有大量企业可供选择，市场营销部应收集该类媒体企业的经营情况、资质、业绩、风评、成功案例、报价等信息 ☆市场营销部要根据收集的信息，结合本企业的广告预算、对外合作制度等情况，寻找匹配性最佳的媒体企业 **2. 选择性接洽、谈判** ☆完成媒体企业的挑选（即匹配）工作后，市场营销部与意向媒体企业进行接洽、谈判，沟通合作细节，尽量达成一致意见 ☆市场营销总监要组织和参与与媒体企业的接洽、谈判工作 **3. 签订协议** 当双方达成一致意见后，市场营销部组织双方签订关于广告投放的合作协议 **工作重点** 市场营销部应请法务部对合作协议进行审核，确保协议内容完整、公平，无法律风险
	工作标准
	目标标准：通过收集媒体企业信息并与其接洽、谈判，最终确定了合作的媒体企业
	执行规范

"媒体选择建议书""广告投放合作协议"

10.4.1 营销推广代理机构选择流程设计

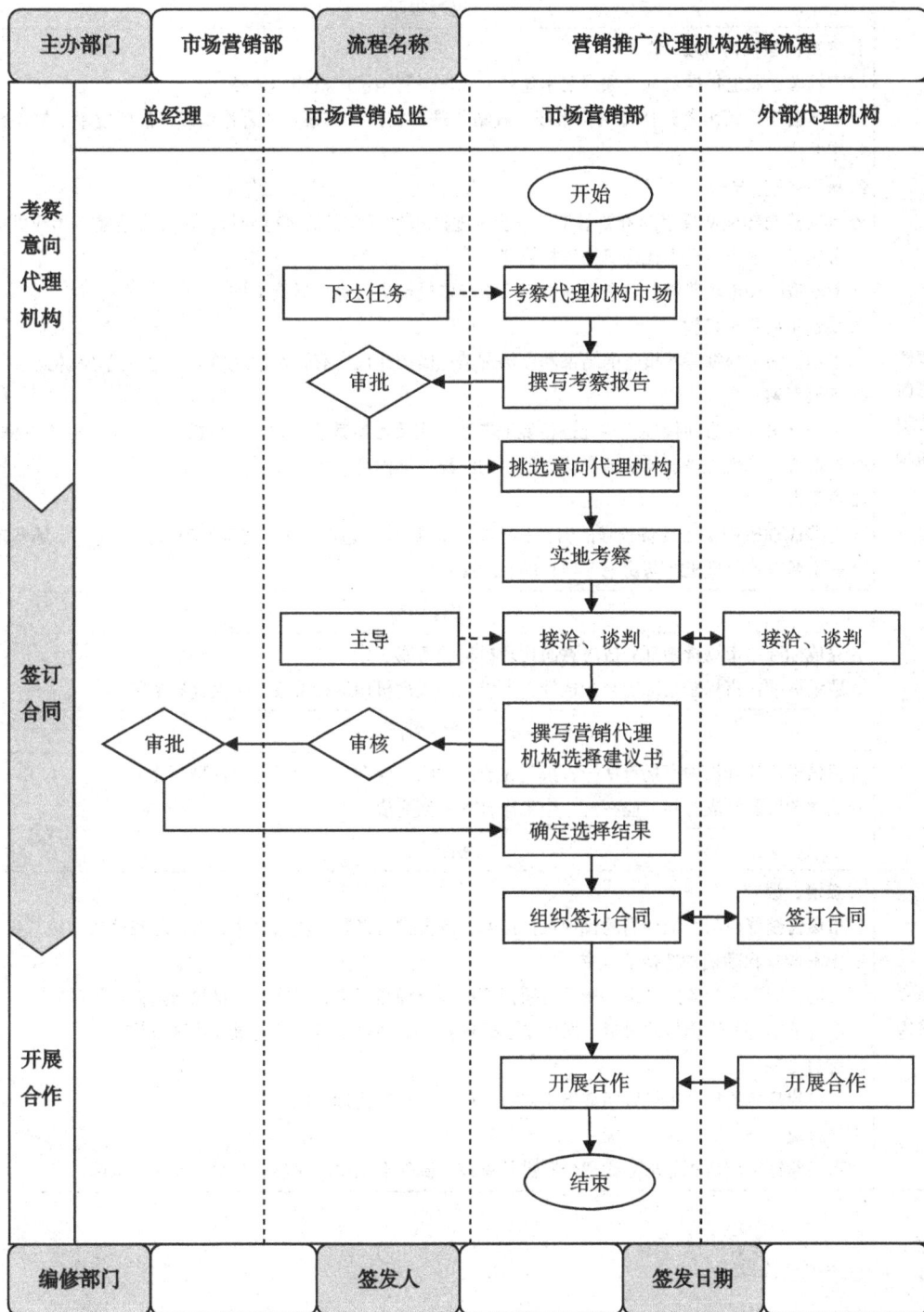

主办部门	市场营销部	流程名称	营销推广代理机构选择流程

	总经理	市场营销总监	市场营销部	外部代理机构

考察意向代理机构

开始

下达任务 ----> 考察代理机构市场

审批 <— 撰写考察报告

挑选意向代理机构

实地考察

签订合同

主导 ----> 接洽、谈判 <——> 接洽、谈判

审批 <— 审核 <— 撰写营销代理机构选择建议书

确定选择结果

组织签订合同 <——> 签订合同

开展合作

开展合作 <——> 开展合作

结束

编修部门		签发人		签发日期	

第 10 章 房地产项目营销推广与策划管理

/ 157 /

10.4.2 营销推广代理机构选择执行程序、工作标准、考核指标、执行规范

任务名称	执行程序、工作标准与考核指标
考察意向代理机构	**执行程序** **1. 考察代理机构市场** ☆市场营销总监根据房地产项目营销需要下达选择营销推广机构的任务 ☆市场营销部组织考察代理机构市场，收集代理机构的运作模式、合作模式、推广效果、机构介绍等信息 **2. 撰写考察报告** ☆市场营销部根据收集的资料信息，结合房地产项目营销目的进行分析，撰写营销推广代理机构市场考察报告，提出代理机构选择建议 ☆考察报告经市场营销总监审批通过后，市场营销部方可进行后续工作 **3. 挑选意向代理机构** 市场营销部根据考察报告的结果和市场营销总监的建议，有针对性地挑选合适的代理机构 **4. 实地考察** 市场营销部至意向代理机构处进行实地考察，主要考察其经营现状、营销推广能力、合作案例、合作模式、代理价格、与房地产营销项目的匹配度等内容 **工作重点** 有些代理机构虽然具备较强的营销推广能力，但不一定适合推广房地产项目，因此，市场营销部一定要考量代理机构与房地产项目的匹配度 **工作标准** ☆完成标准：市场营销部完成对意向代理机构的考察工作 ☆数量标准：市场营销部应至少选择 3 家以上的代理机构进行考察，扩大选择范围 **考核指标** ☆营销推广代理机构市场考察报告撰写完成的时间：应在____个工作日内撰写完成 ☆实地考察的完成时间：应在____个工作日内考察完成
签订合同	**执行程序** **1. 接洽、谈判** 市场营销部应与匹配性高的代理机构接触，双方进行谈判，沟通合作细节，尽量达成一致意见 **2. 撰写营销代理机构选择建议书** ☆市场营销部根据谈判结果，撰写营销代理机构选择建议书，说明谈判结果与选择建议 ☆市场营销部将选择建议书报市场营销总监审核、总经理审批，确定最终代理机构 **3. 签订合同** 确定代理机构后，市场营销部组织双方签订营销推广代理合同 **工作重点** 市场营销部应请法务部对代理合同进行审核，确保合同内容完整、公平，无法律风险

任务名称	执行程序、工作标准与考核指标		
签订合同	**工作标准**		
	☆目标标准：通过接洽与谈判，与代理机构达成一致意见，双方签订了合同 ☆质量标准：营销代理机构选择建议书的内容完整、建议科学、分析有理有据		
	考核指标		
	营销代理机构选择建议书撰写完成的时限：应在____个工作日内撰写完成		
开展合作	**执行程序**		
	双方签订合同后，正式开始合作，代理机构开展营销推广工作 **工作重点** 市场营销部应注意协助并监督代理机构的营销推广工作，确保营销推广符合公司营销策略，达到营销目的		
	工作标准		
	目标标准：通过双方合作，营销推广工作达到了预期效果		
执行规范			
"营销推广代理机构市场考察报告" "营销代理机构选择建议书" "营销推广代理合同"			

第 10 章 ｜ 房地产项目营销推广与策划管理

10.5.1 市场宣传管理流程设计

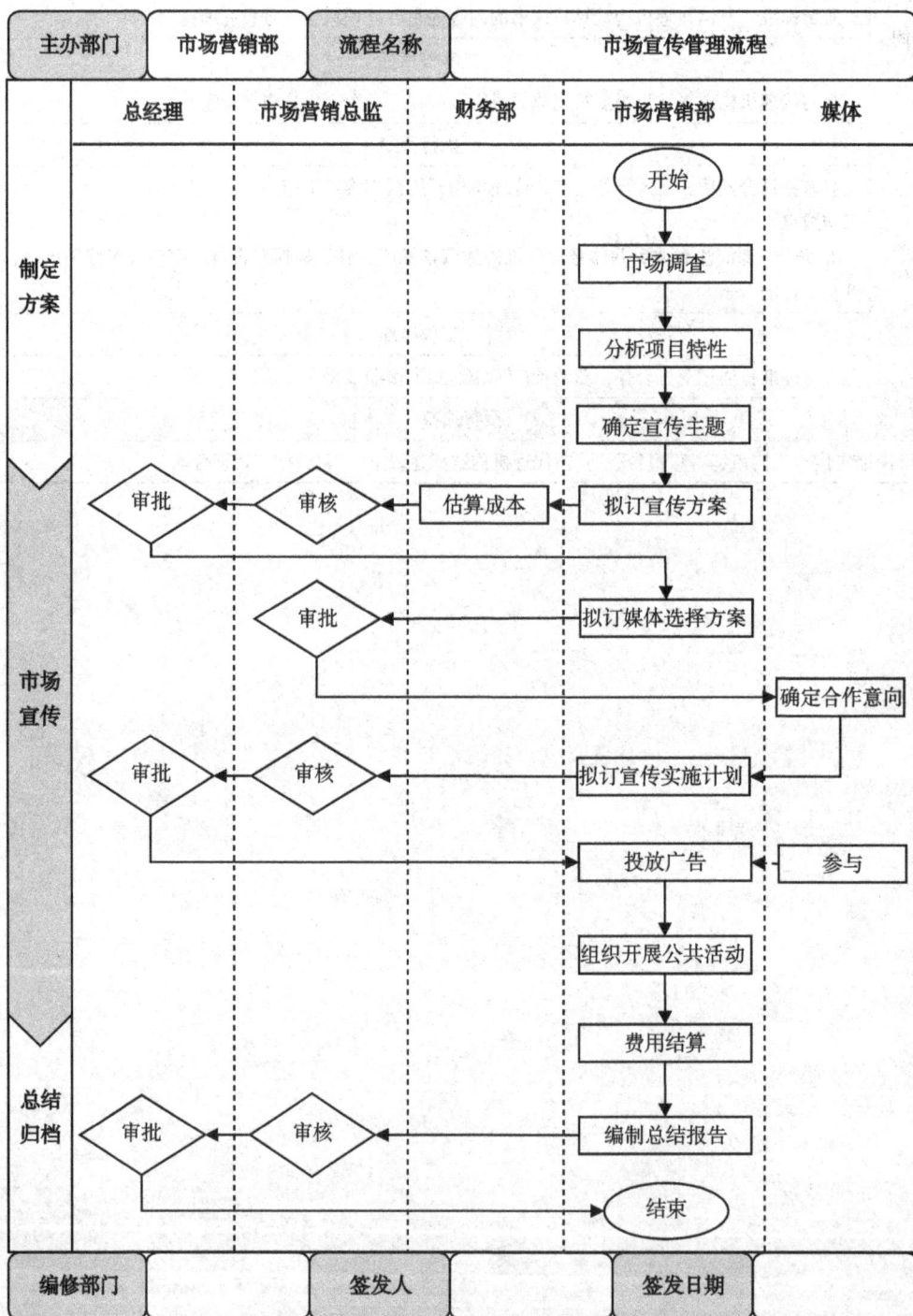

主办部门	市场营销部	流程名称		市场宣传管理流程	
	总经理	市场营销总监	财务部	市场营销部	媒体

制定方案
- 开始
- 市场调查
- 分析项目特性
- 确定宣传主题
- 拟订宣传方案 → 估算成本 → 审核 → 审批
- 拟订媒体选择方案 → 审批

市场宣传
- 确定合作意向
- 拟订宣传实施计划 → 审核 → 审批
- 投放广告 ← 参与
- 组织开展公共活动
- 费用结算

总结归档
- 编制总结报告 → 审核 → 审批
- 结束

编修部门		签发人		签发日期	

房地产项目管理全案

10.5.2　市场宣传管理执行程序、工作标准、考核指标、执行规范

任务名称	执行程序、工作标准与考核指标
制定方案	**执行程序** **1. 市场调查** ☆市场营销部对所在地进行市场调查，分析客户消费水平、爱好及特征等 ☆市场营销部根据所在地的客户群体，分析项目所面向的客户群体 **2 确定宣传主题** 　市场营销部根据项目主题和营销主题，确定市场宣传主题，重点突出项目的优势 **3. 拟订宣传方案** ☆市场营销部根据详细的市场调查结果，结合市场宣传主题，拟订初步的市场宣传方案 ☆财务部对市场宣传方案进行成本估算，控制市场宣传预算 ☆市场营销部将市场宣传方案和费用预算提交市场营销总监审核、总经理审批，审批通过后发布实施 **工作重点** 　市场宣传费用估算必须以营销战略为基础，不得超出财务预算 **工作标准** ☆成本标准：市场宣传费用不得超出财务预算 ☆时间标准：市场宣传方案需在＿＿＿个工作日内拟订完成
市场宣传	**执行程序** **1. 拟订媒体选择方案** ☆市场营销部依据市场宣传方案，分析各宣传媒体的优劣势，拟订媒体选择方案 ☆市场营销总监查看媒体选择方案后，根据客户的习惯和消费者心理特征确定最优的媒体类型 ☆市场营销部工作人员按照市场营销总监确定的媒体类型，选择最优的媒体传达合作意向，与其协商合同的细节，双方满意后签订合同 **2. 投放广告** 　市场营销部和媒体沟通后，定时定点投放广告，并实时观察市场，有热点事件时可适当改变广告模式和内容 **3. 组织开展公共活动** ☆市场营销部依据宣传策划安排参与各种公关、公益活动，在客户中树立积极的形象 ☆市场营销部的宣传活动与项目形象形成良好的呼应和互动，使品牌形象更为饱满 **工作重点** 　市场营销部在选择媒体时，要充分依据项目特点，选择最合适的媒体 **工作标准** 　宣传标准：市场宣传要树立积极向上的形象，时刻遵守国家法律法规与企业相关规定 **考核指标** 　市场宣传目标达成率：目标值为＿＿＿%，用来衡量市场宣传目标的达成情况 　市场宣传目标达成率 $= \dfrac{\text{实际达成的目标数}}{\text{计划达成的目标数}} \times 100\%$

任务 名称	执行程序、工作标准与考核指标
总结 归档	**执行程序**
	1. 费用结算
	☆市场营销部在市场宣传结束后，对宣传期间的费用支出进行结算，填写费用结算表
	☆财务部对市场营销部填写的费用结算表进行核对，核对无误后录入相关财务系统
	2. 编制总结报告
	☆市场营销部先针对市场宣传的实际开展情况进行效果评估，总结并分析不足，提出相应的对策； 然后整理相关数据，编制活动总结报告
	☆市场营销部将活动总结报告提交市场营销总监审核、总经理审批，审批通过后进行资料归档
	工作重点
	☆费用结算表的填写须准确无误，和实际支出费用保持一致
	☆总结报告的内容须详细、条理清晰，包含各种费用支出的明细表
	工作标准
	内容标准：总结报告的内容须完整详细、条理清晰，有数据和图表作为依据
	执行规范
	"财务管理制度""市场宣传方案""市场宣传活动总结报告"

10.6.1　市场宣传文案企划流程设计

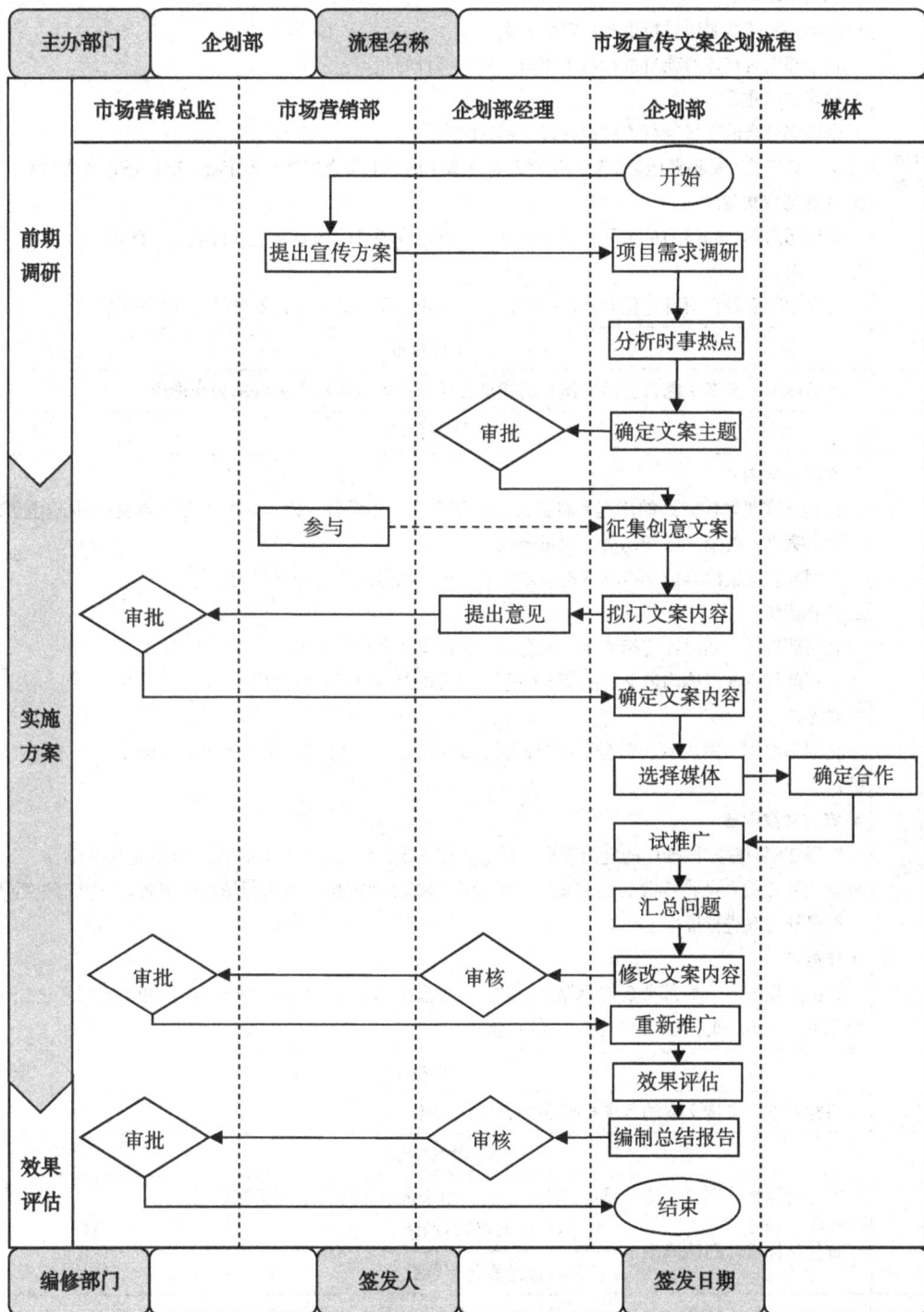

主办部门	企划部	流程名称	市场宣传文案企划流程		
	市场营销总监	市场营销部	企划部经理	企划部	媒体

前期调研

开始

提出宣传方案　→　项目需求调研

分析时事热点

审批　←　确定文案主题

实施方案

参与　------　征集创意文案

审批　←　提出意见　←　拟订文案内容

确定文案内容

选择媒体　→　确定合作

试推广

汇总问题

审批　←　审核　←　修改文案内容

重新推广

效果评估

效果评估

审批　←　审核　←　编制总结报告

结束

编修部门		签发人		签发日期	

第 10 章 —— 房地产项目营销推广与策划管理

/ 163 /

10.6.2 市场宣传文案企划执行程序、工作标准、考核指标、执行规范

任务名称	执行程序、工作标准与考核指标
前期调研	**执行程序** **1. 项目需求调研** ☆市场营销部按照项目特点提出宣传方案 ☆企划部先对宣传的项目进行需求调研，分析项目的亮点 **2. 确定文案主题** ☆企划部对当前市场进行大数据分析，明确时事热点 ☆企划部相关人员根据项目的定位选择几种文案主题并上报企划部经理审批，确定最终的文案主题 **3. 征集创意文案** 　企划部向其他部门的员工征集创意文案，并将贴合项目的创意文案进行汇总、整理 **工作重点** 　文案主题要符合项目定位和公司的形象，展现积极向上的态度，不得带有任何歧视色彩 **工作标准** 内容标准：文案主题符合国家倡导的优良文化，能为企业树立良好的公众形象
实施方案	**执行程序** **1. 确定文案内容** ☆企划部依照宣传方案的流程，将征集到的创意文案相融合，确定文案内容。企业可对征用的创意文案进行奖励，以调动员工的积极性 ☆企划部将文案内容提交市场营销总监审批，审批通过后方可开展后续工作 **2. 选择媒体** ☆企划部根据文案内容选择媒体，向合适的媒体发送合作意向书 ☆企划部与意向媒体沟通文案的细节问题，双方协商一致后签订合同 **3. 试推广** 　企划部根据文案内容，在合适的时间进行试推广，观察文案的宣传效果，了解目标群体对文案的反应 **4. 修改文案内容** ☆企划部随时跟踪试推广的宣传效果，做好数据记录，汇总宣传中的问题，修改文案内容 ☆企划部相关人员将修改后的文案内容提交企划部经理审核、市场营销总监审批，审批通过后按照最新方案进行推广 **工作重点** 　试推广期间，企划部要随时观察目标群体对文案的反应，对目标群体提出的相关建议可适当予以采纳，且给予提供建议的人员一定的奖励 **工作标准** 目标标准：宣传文案的各项指标需达到预期标准 **考核指标** 宣传目标按计划达成率：目标值为____%，用来衡量宣传文案的实施效果 $$宣传目标按计划达成率 = \frac{实际达成的宣传目标数}{计划达成的宣传目标数} \times 100\%$$

任务名称	执行程序、工作标准与考核指标
	执行程序

效果评估	**1. 效果评估**
	    企划部在市场宣传推广结束后进行整体评估，对文案宣传效果及目标达成情况等进行全面分析
	2. 编制总结报告
	    企划部召开总结会，针对文案宣传的整个环节进行复盘，分析不足之处，编制详细的总结报告，提交企划部经理审核、市场营销总监审批
	工作重点
	    企划部在召开总结会时，可对表现优异的员工进行嘉奖，以增强团队的凝聚力

	工作标准
	内容标准：总结报告的内容须完整详细、条理清晰，有数据和图表作为依据
	执行规范
"创意文案征集表""文案宣传效果评估表""文案宣传总结报告"	

第 10 章 | 房地产项目营销推广与策划管理

11.1 房地产项目销售管理流程设计

11.1.1 流程目的说明

房地产项目公司对销售进行流程管理的目的如下：

（1）提高房地产项目的竞争能力，赢得主动权，避免项目在销售运作环节出现偏差；

（2）增强房地产项目销售人员的管理能力和创新能力，有效整合项目销售资源，扩大项目市场优势。

11.1.2 流程结构设计

房地产项目销售管理流程设计可采取并列式结构，即将销售管理细分为 9 个事项，分别就每个事项设计流程，具体的结构设计如图 11-1 所示。

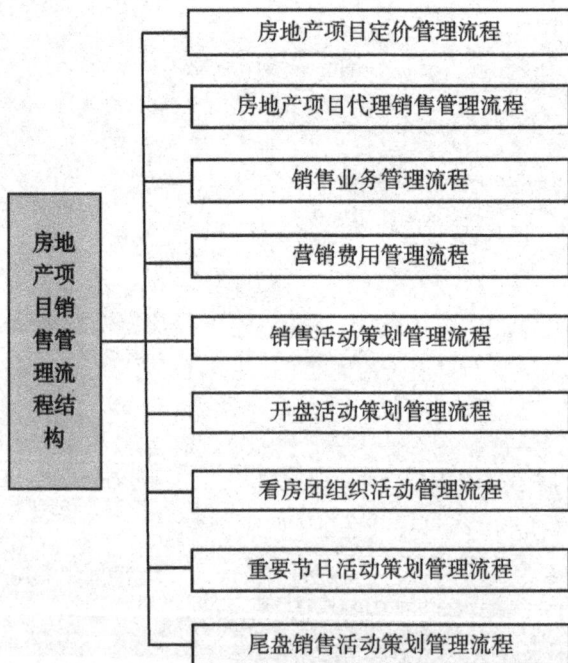

图 11-1 房地产项目销售管理流程结构设计

11.2.1 房地产项目定价管理流程设计

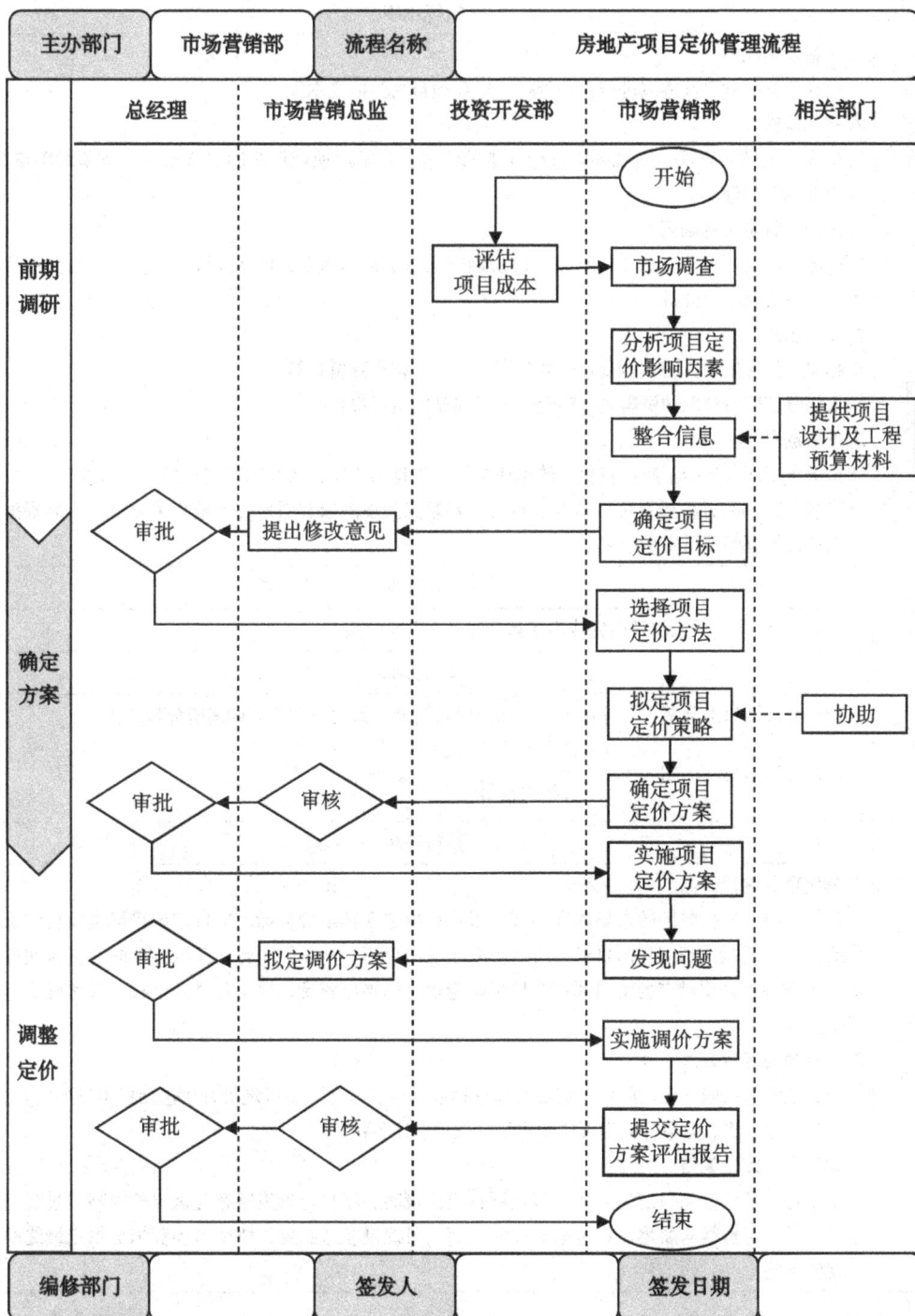

主办部门	市场营销部	流程名称	房地产项目定价管理流程

	总经理	市场营销总监	投资开发部	市场营销部	相关部门
前期调研			评估项目成本	开始 → 市场调查 → 分析项目定价影响因素 → 整合信息 → 确定项目定价目标	提供项目设计及工程预算材料
	审批 ← 提出修改意见 ←				
确定方案				选择项目定价方法 → 拟定项目定价策略	协助
	审批 ← 审核 ←			确定项目定价方案 → 实施项目定价方案	
调整定价	审批 ← 拟定调价方案 ←			发现问题 → 实施调价方案	
	审批 ← 审核 ←			提交定价方案评估报告 → 结束	

编修部门		签发人		签发日期	

第 11 章 房地产项目销售管理

11.2.2　房地产项目定价管理执行程序、工作标准、考核指标、执行规范

任务名称	执行程序、工作标准与考核指标
前期调研	**执行程序** **1. 评估项目成本** 　投资开发部对项目整体进行合理判断，估算项目的整体成本 **2. 市场调查** 　市场营销部对宏观、微观环境进行详细的调查，包括房地产行业的整体水平、竞争对手情况、消费者的需求等 **3. 分析项目定价影响因素** 　市场营销部根据市场调查的结果，分析影响项目定价的因素，可从经济、社会、政治及项目周边环境等层面进行分析 **4. 整合信息** ☆相关部门提供项目的其他资料，如项目设计及工程预算资料等 ☆市场营销部将获取的资料进行整合，形成完整的调研报告 **工作重点** ☆市场营销部要充分了解项目价格的组成结构，根据价格特性研究项目定价的具体信息 ☆市场营销部在分析项目价格影响因素时，要重点关注国家及当地的土地相关政策，实时根据最新的政策调整项目定价信息 **工作标准** 时间标准：＿＿＿个工作日内完成市场调研报告的编制工作 **考核指标** 调研分析结果准确率：目标值为＿＿＿%，用以衡量市场营销部的市场调研分析能力 $$调研分析结果准确率 = \frac{分析结果准确的次数}{分析总次数} \times 100\%$$
确定方案	**执行程序** **1. 确定项目定价目标** 　市场营销部根据前期的市场调查和调研报告，拟定项目定价目标。项目定价目标是项目定价的核心，它一般包括利润导向目标、市场占有率导向目标、竞争导向目标及生存导向目标这四种形式。市场营销总监对市场营销部初步拟定的定价目标提出意见，提交总经理审批，最终确定项目定价目标 **2. 选择项目定价方法** 　市场营销部根据已确定的项目定价目标选择项目定价方法。项目定价方法包括成本导向定价法、需求导向定价法、竞争导向定价法及市场比较导向定价法 **3. 拟定项目定价策略** 　市场营销部结合项目定价方法，拟定项目定价策略。项目定价策略有开盘定价策略、过程定价策略、时点定价策略及尾盘定价策略，相关部门可提供参考意见，协助市场营销部拟定最终的项目定价策略

任务名称	执行程序、工作标准与考核指标
确定方案	**4. 确定项目定价方案** ☆市场营销部汇总项目定价的所有信息，编制完整的项目定价方案 ☆市场营销部将项目定价方案上报市场营销总监审核、总经理审批，确定最终的项目定价方案 **工作重点** ☆市场营销部在确定项目定价目标、方法和策略时，要综合分析它们的优缺点，不能只看重表面获取的利润 ☆市场营销部制定的项目定价方案应包括文字、图表等材料，需要有具体的数据作为支撑，以保证方案的完整性与可行性
	工作标准
	编写标准：项目定价方案格式统一、图表整齐，严格按照公司要求编写
调整定价	**执行程序**
	1. 实施项目定价方案 市场营销部按照项目定价方案，依据人员分工，有序地开展工作 **2. 发现问题** 市场营销部在实施项目定价方案时，要实时观察市场行情和方案实施的实际效果，发生异常后要及时汇总问题并上报市场营销总监 **3. 拟定调价方案** 市场营销总监根据市场营销部反映的异常问题，结合当下市场情况和项目成本，对项目定价做出实时调整，拟定调价方案并提交总经理审批 **4. 实施调价方案** 市场营销部依据经过审批的调价方案开展工作，调整工作内容和进度 **5. 提交定价方案评估报告** 市场营销部记录项目定价方案实施与调整的全过程，对调整后的项目定价方案的实施效果进行评估，分析其优缺点，形成完整的评估报告并提交市场营销总监审核、总经理审批 **工作重点** ☆市场营销部在制定项目定价方案时，要及时记录市场上的价格变化情况，定期进行数据分析，以便第一时间发现并处理异常问题，降低项目的损失 ☆市场营销总监在制定调价方案时，需要掌握调价的时机。一般情况下，企业可以根据工程进度和销售进度选择调价时机，以达到最佳效果
	工作标准
	内容标准：定价方案评估报告的内容须完整详细、条理清晰，有数据和图表作为依据
	执行规范
	"市场调研报告""项目定价方案""项目调价方案"

第三章 房地产项目销售管理

11.3 房地产项目代理销售管理流程设计与工作执行

11.3.1 房地产项目代理销售管理流程设计

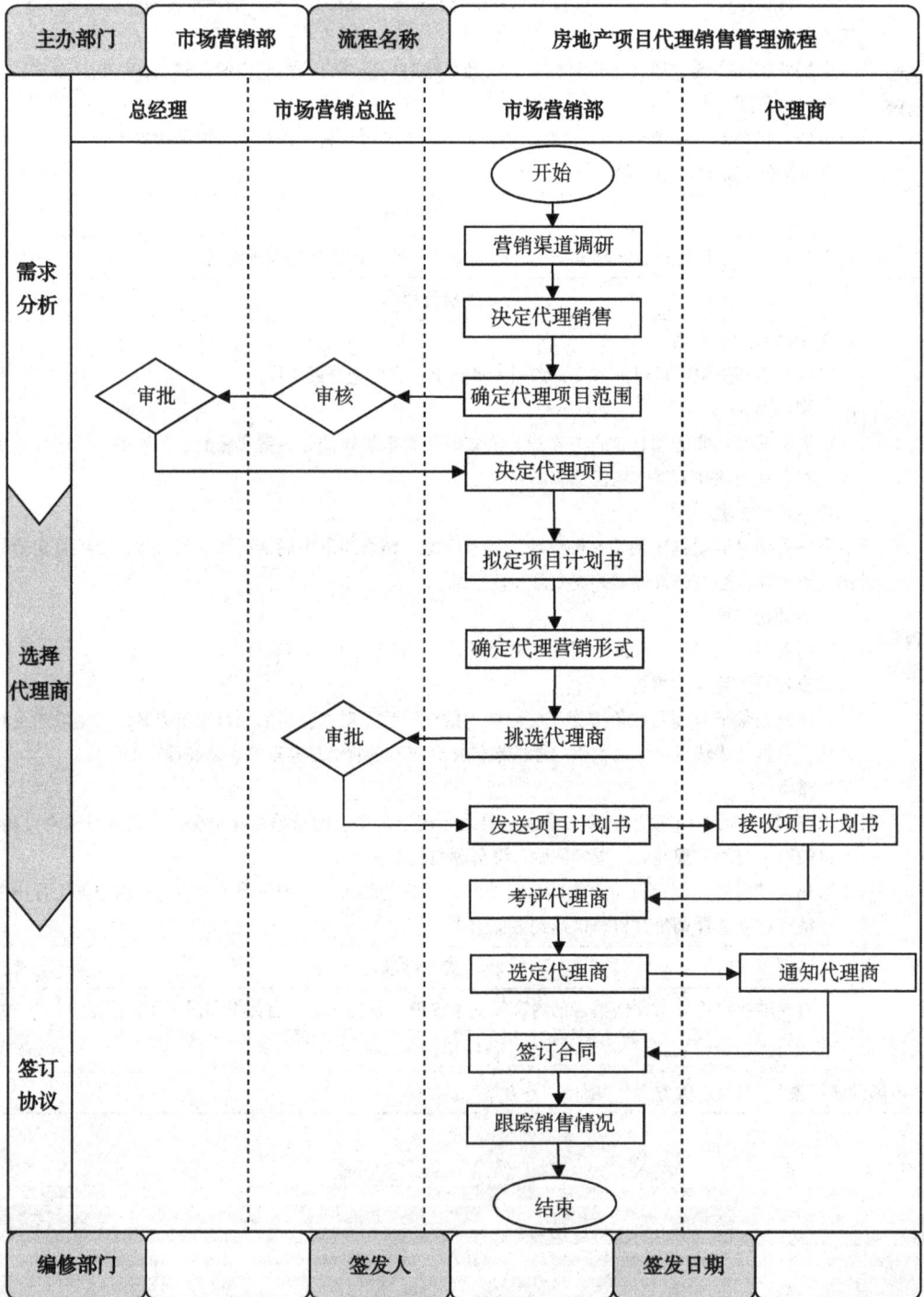

主办部门	市场营销部	流程名称	房地产项目代理销售管理流程

	总经理	市场营销总监	市场营销部	代理商

需求分析

开始

营销渠道调研

决定代理销售

确定代理项目范围 → 审核 → 审批

决定代理项目

选择代理商

拟定项目计划书

确定代理营销形式

挑选代理商 → 审批

发送项目计划书 → 接收项目计划书

考评代理商

选定代理商 → 通知代理商

签订协议

签订合同

跟踪销售情况

结束

编修部门		签发人		签发日期	

房地产项目管理全案

11.3.2 房地产项目代理销售管理执行程序、工作标准、考核指标、执行规范

任务名称	执行程序、工作标准与考核指标
需求分析	**执行程序** **1. 营销渠道调研** 　市场营销部进行销售需求分析，根据项目的销售需求及人员数量，分析直接营销和代理营销两种渠道的成本，并根据分析结果决定是否选择代理销售 **2. 决定代理销售** 　如选择代理销售，市场销售部要根据项目的定位和特性，确定代理销售的具体内容和范围，提交市场营销总监审核、总经理审批 **工作重点** 　市场营销部分析营销渠道时，需详细了解直接营销和代理营销的适用范围及其优缺点 **工作标准** 成本标准：代理营销费用不得超出财务预算
选择代理商	**执行程序** **1. 拟定项目计划书** ☆市场营销部按照代理营销的具体内容和范围，拟定详细的项目计划书 ☆市场营销部根据项目计划书的内容，先了解代理营销的形式，对独家代理和联合代理两种营销形式进行完整的成本分析后，选择最优的营销形式 **2. 挑选代理商** ☆市场营销部收集各代理商的资料并分门别类地归档，建立代理商信息档案 ☆市场营销部对收集的信息进行筛选，并与代理商进行初步沟通，从中选择几家合适的代理商，整理汇总后提交市场营销总监审批 **3. 考评代理商** ☆市场营销部向市场营销总监选定的候选代理商发送项目计划书 ☆候选代理商按项目计划书的相关要求制订项目代理销售计划 ☆市场营销部对候选代理商制订的项目代理销售计划进行具体的研究和分析，对候选的代理商进行综合考核和评价，从中选择最合适的代理商进行合作 **工作重点** 　市场营销部在考评代理商时，需从六个方面进行综合考虑：（1）拥有以自身销售网络为基础的强大的营销平台，（2）丰富的客户信息资源，（3）高效的信息搜集、分析和运用能力，（4）成熟的管理经验和专业的团队，（5）强大的营销策划能力、宣传推介能力和合同执行能力，（6）能帮助项目拓展合作领域 **工作标准** 考评标准：市场营销部要按照项目的特性和以上提及的六个方面对代理商进行综合考评

任务名称	执行程序、工作标准与考核指标
签订协议	**执行程序** **1. 签订合同** ☆市场营销部与选定的代理商就合同进行充分协商和谈判 ☆协商一致后，市场营销部与选定的代理商签订合同 **2. 跟踪销售情况** ☆市场营销部对代理商的销售过程进行实时关注，定期跟踪项目的销售情况 ☆市场营销部建立代理销售风险预警机制，最大限度地防范代理销售风险 **工作重点** 市场营销部在制定代理合同时，要明确代理商的各种义务，保障本方的利益最大化
	工作标准 合规标准：代理合同的内容符合国家相关规章制度
	考核指标 代理销售任务完成率：目标值为____%，用来衡量代理销售任务的完成情况 $$代理销售任务完成率 = \frac{实际完成的代理销售额}{计划完成的代理销售额} \times 100\%$$
	执行规范

"营销渠道调研报告""项目计划书""代理销售合同"

11.4　销售业务管理流程设计与工作执行

11.4.1　销售业务管理流程设计

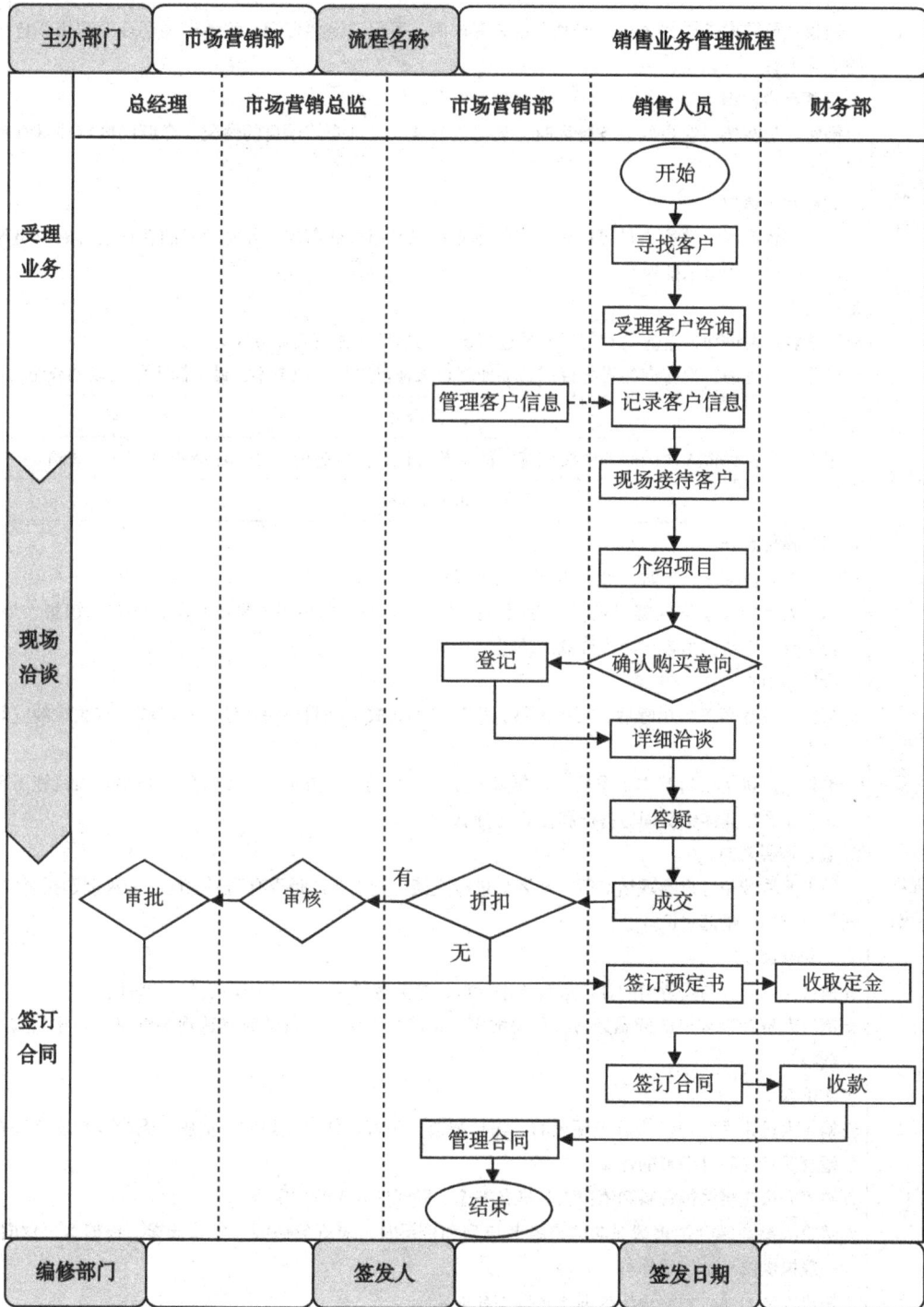

主办部门	市场营销部	流程名称	销售业务管理流程

	总经理	市场营销总监	市场营销部	销售人员	财务部

受理业务

开始

寻找客户

受理客户咨询

管理客户信息 --- 记录客户信息

现场接待客户

介绍项目

现场洽谈

确认购买意向

登记

详细洽谈

答疑

审批　审核 ← 有 折扣 无 ← 成交

签订合同

签订预定书 → 收取定金

签订合同 → 收款

管理合同

结束

编修部门		签发人		签发日期	

第三章 房地产项目销售管理

/ 173 /

11.4.2 销售业务管理执行程序、工作标准、考核指标、执行规范

任务 名称	执行程序、工作标准与考核指标
受理 业务	**执行程序** **1. 寻找客户** 　销售人员需向外寻找客户，扩大项目的客户源，可通过电话咨询、房地产展会等渠道拓宽自身的人际关系 **2. 受理客户咨询** 　销售人员在接受客户的业务咨询时，需热情有礼，详细介绍项目的情况，介绍的内容要具有吸引力 **3. 记录客户信息** 　在客户咨询时，销售人员要记录客户的基本信息及相应的需求，并将填好的客户信息表单整理汇总后提交市场营销部保管 **工作重点** ☆受理客户咨询前，企业要对销售人员进行统一的培训，提高其业务能力 ☆销售人员受理客户咨询的最终目标是促使客户来楼盘进行实地考察，做更深入的面谈和介绍 **工作标准** 　服务标准：销售人员的服务要按照统一的规范进行，做到态度柔和、热情积极、吐字清晰
现场 洽谈	**执行程序** **1. 现场接待客户** ☆销售人员在接待客户时，要主动欢迎、热情有礼 ☆销售人员应主动询问客户是否有专门对接的人，若有，则请客户稍等片刻，呼叫该销售人员；若没有，则自己为客户介绍楼盘的情况 **2. 介绍项目** ☆销售人员在简单打招呼后，可搭配沙盘模型开始正式的项目讲解，使客户对项目有大致的空间概念 ☆销售人员讲解项目基本情况后，带领客户参观样板间，必要情况下可带领客户参观项目施工现场，让客户具体感受周边特征和楼盘的特点 **3. 确认购买意向** 　销售人员带领客户参观结束后，和客户进行交谈，判别客户是否有购买意向，如果有购买意向，则上报市场营销部登记 **4. 详细洽谈** ☆销售人员和有购买意向的客户进行详细洽谈，根据客户偏好的户型作更详尽的说明 ☆销售人员针对客户的疑惑点进行相关解释，消除购买障碍，可适时制造现场气氛，强化其购买欲望 **工作重点** ☆销售人员带领客户参观施工现场时，需要提前规划好路线并做好防护措施，嘱咐客户戴好安全帽及保管好随身携带的物品 ☆销售人员应将销售资料和销售工具准备齐全，随时应对客户的需求 ☆销售人员在结合销售情况向客户推荐户型和楼层时，应避免提供太多的选择，根据客户意向，一般提供两三个选项即可 ☆销售人员要随时观察现场氛围，掌握主导地位

任务 名称	执行程序、工作标准与考核指标
现场 洽谈	**工作标准** 服务标准：销售人员现场接待客户时，应热情专业、准备充分
签订 合同	**执行程序** **1. 签订预定书** 　客户决定购买后，户型有折扣价格的，需先上报市场营销总监审核、总经理审批，审批通过后方可与客户签订预定书；如没有折扣价格，则直接与客户签订预定书 **2. 收取定金** 　销售人员带领客户去财务部交纳小额定金，并告诉其定金适用规则 **3. 签订合同** ☆销售人员请客户带好相关证件，与客户签订完整的房屋买卖合同 ☆销售人员带领客户去财务部交纳相应尾款 ☆市场营销部对签订的合同进行保管 **工作重点** ☆销售人员须将定金适用规则详细、完整地向客户讲解清楚，包括定金的保留日期、违约处理办法等重要事项，避免日后产生纠纷 ☆销售人员要注意收取定金日和签约日的间隔时间不宜过长，以免发生客户中途违约的情况 ☆在客户签订合同时，销售人员须将合同的条款解释清楚，消除客户的疑惑 ☆在签订合同后，应将合同及相关资料迅速提交房地产交易管理机构审核，并报房地产登记机构备案 ☆销售人员应与签约客户始终保持联系，帮助其解决各种问题，维护好客户关系，拓宽自身客户源 **工作标准** 合规标准：合同的签订及后续手续的办理应严格按照国家相关规定执行 **考核指标** 目标成交率：目标值为____%，以衡量销售人员的业务能力 $$目标成交率 = \frac{实际成交人数}{计划成交人数} \times 100\%$$

执行规范
"销售服务标准""客户登记信息表"

第三章　房地产项目销售管理

11.5.1 营销费用管理流程设计

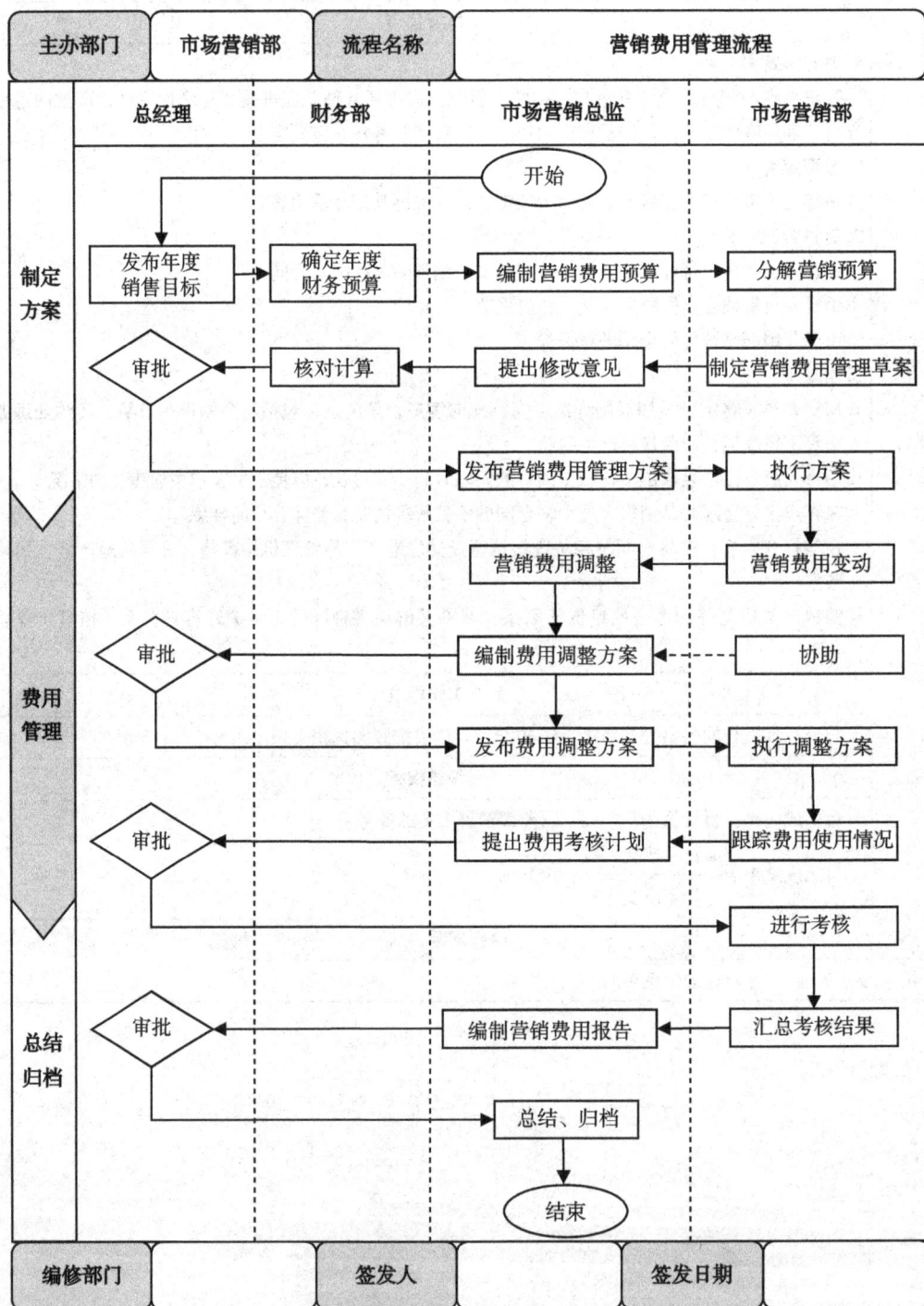

主办部门	市场营销部	流程名称	营销费用管理流程

	总经理	财务部	市场营销总监	市场营销部
制定方案	发布年度销售目标 / 审批	确定年度财务预算 / 核对计算	开始 / 编制营销费用预算 / 提出修改意见 / 发布营销费用管理方案	分解营销预算 / 制定营销费用管理草案 / 执行方案
费用管理	审批 / 审批		营销费用调整 / 编制费用调整方案 / 发布费用调整方案 / 提出费用考核计划	营销费用变动 / 协助 / 执行调整方案 / 跟踪费用使用情况 / 进行考核
总结归档	审批 / 总结、归档		编制营销费用报告 / 结束	汇总考核结果

编修部门		签发人		签发日期	

房地产项目管理全案

11.5.2 营销费用管理执行程序、工作标准、考核指标、执行规范

任务名称	执行程序、工作标准与考核指标
制定方案	**执行程序** **1. 编制营销费用预算** ☆总经理根据房地产市场行情和项目实际情况制定年度销售目标 ☆财务部根据年度销售目标制定年度财务预算 ☆市场营销总监结合年度销售目标和财务预算编制年度营销费用预算 ☆市场营销部进一步分解营销费用预算，对各营销项目进行费用分配 **2. 制定营销费用管理草案** ☆市场营销部根据每个营销项目的特点和所需费用，制定营销费用管理草案 ☆市场营销部将营销费用管理草案交与市场营销总监，市场营销总监提出相关意见后，由财务部进行财务预算核对，确认无误后提交总经理审批，确定最终的营销费用管理方案 **3. 发布营销费用管理方案** ☆市场营销总监发布最终的营销费用管理方案 ☆市场营销部和其他相关部门严格执行营销费用管理方案 **工作重点** 营销费用预算必须以项目定位和特点为基础，不得超出财务预算标准 **工作标准** 时间标准：营销费用管理草案需在＿＿＿个工作日内编制完成
费用管理	**执行程序** **1. 营销费用变动** 市场营销部在实际管理营销费用时，要时刻观察市场变化，当市场行情突变，营销费用发生变动且超过预期时，须及时上报市场营销总监 **2. 营销费用调整** ☆市场营销总监根据市场变化和财务预算及时调整营销费用管理方案，并将调整后的方案提交总经理审批 ☆市场营销部按照调整后的营销费用管理方案继续开展工作 ☆市场营销部需定期对营销费用进行跟踪、记录，收集完整的数据 **3. 进行考核** ☆市场营销总监根据营销项目的特点和指标制订考核计划，对各环节的营销费用进行严格控制和优化，将制订的费用考核计划提交总经理审批 ☆市场营销部依据考核计划对营销费用预算的执行情况进行考核 **工作重点** 市场营销总监应随时跟踪市场动态，紧跟市场形势，及时对营销费用做出调整，学会灵活变通 **工作标准** 目标标准：营销费用的各项指标须达到预期标准 **考核指标** 方案目标按计划达成率：目标值为＿＿＿%，用来衡量营销费用控制方案的实施情况 $$方案目标按计划达成率 = \frac{实际达成的方案目标数}{计划达成的方案目标数} \times 100\%$$

任务名称	执行程序、工作标准与考核指标
总结归档	**执行程序**
	1. 汇总考核结果
	市场营销部对营销费用的考核数据进行整理汇总，尤其需注意整理未达标的项目，对数据进行详细记录，按照考核计划严格执行奖惩措施
	2. 编制营销费用总结报告
	市场营销总监根据市场营销部记录的考核数据和营销费用方案的实施过程，编制完整的营销费用总结报告，分析其中的优缺点，提交总经理审批
	工作重点
	☆市场营销部执行营销费用考核计划时，必须实事求是，不得编造数据
	☆总结报告应附带各种营销费用的明细表
	工作标准
	内容标准：总结报告的内容须完整详细、条理清晰，有数据和图表作为依据
	执行规范
	"财务管理制度""营销费用管理方案""营销费用考核计划""营销费用总结报告"

11.6.1 销售活动策划管理流程设计

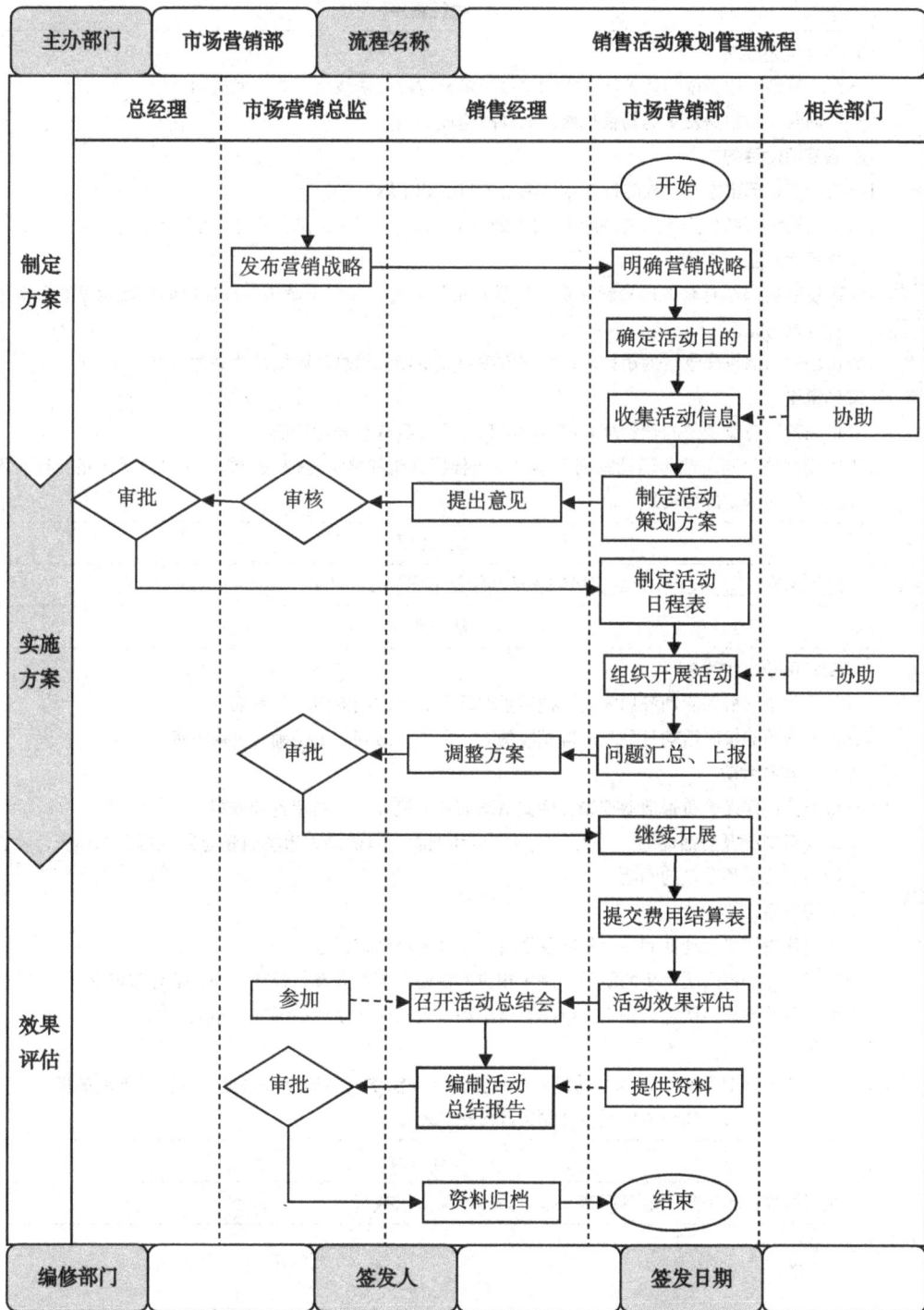

主办部门	市场营销部	流程名称	销售活动策划管理流程

	总经理	市场营销总监	销售经理	市场营销部	相关部门

制定方案

开始

发布营销战略 ← 明确营销战略

确定活动目的

收集活动信息 ←-- 协助

审批 ← 审核 ← 提出意见 ← 制定活动策划方案

制定活动日程表

实施方案

组织开展活动 ←-- 协助

审批 ← 调整方案 ← 问题汇总、上报

继续开展

提交费用结算表

效果评估

参加 --→ 召开活动总结会 ← 活动效果评估

审批 ← 编制活动总结报告 ←-- 提供资料

资料归档 → 结束

编修部门		签发人		签发日期	

11.6.2 销售活动策划管理执行程序、工作标准、考核指标、执行规范

任务名称	执行程序、工作标准与考核指标
制定方案	**执行程序** **1. 明确营销战略** ☆市场营销总监根据项目整体成本和定位制定相应的营销战略，并下发通知 ☆市场营销部根据发布的营销战略，明确战略核心 **2. 确定活动目的** ☆市场营销部根据营销战略确定销售活动的目的和主题 ☆市场营销部在相关部门的协助下共同搜集销售活动的相关信息，并进行整理与汇总 **3. 制定活动策划方案** ☆市场营销部结合获取的资料制定销售活动策划方案，并根据销售经理提出的修改意见对方案进行修改与完善 ☆市场营销部将修改后的销售活动策划方案提交市场营销总监审核、总经理审批 **工作重点** ☆市场营销总监制定的营销战略应突出项目主题，具有差异化特征 ☆市场营销部制定销售活动策划方案时，应根据营销战略进行信息控制，统一活动风格，针对不同目的的活动进行策划 **工作标准** 时间标准：____个工作日内完成销售活动策划方案的制定工作
实施方案	**执行程序** **1. 制定活动日程表** ☆市场营销部根据活动策划方案，按照重要环节制定详细的活动日程表 ☆市场营销部按照活动日程表安排相应的人员负责，做到分工明确、有条不紊 **2. 组织开展活动** ☆市场营销部提前布置活动现场，检查活动的各个流程，并制定备选方案 ☆市场营销部开展活动时，相关部门应在活动期间予以协助，市场营销总监也可定期巡查，检查活动的效果和存在的问题 **3. 调整方案** ☆市场营销部将活动期间发生的问题及时汇总并上报销售经理 ☆销售经理分析问题发生的原因，制定相应的措施，调整方案，提交市场营销总监审批 ☆市场营销部按照调整后的方案继续开展活动，且实时记录活动期间的相关数据 **工作重点** 市场营销部对活动策划内容的设计、布置及开展需要进行质量、进度、执行等方面的把控，对于未完成的环节，要分析原因，并制定改进措施 **工作标准** 执行标准：销售活动的各环节须按方案的相关要求执行

任务名称	执行程序、工作标准与考核指标
实施方案	**考核指标** 方案目标按计划达成率：目标值为____%，用来衡量销售活动策划方案的实施情况 $$方案目标按计划达成率 = \frac{实际达成的方案目标数}{计划达成的方案目标数} \times 100\%$$
效果评估	**1. 提交费用结算表** 市场营销部在活动结束后盘点相关物资，根据实际产生的费用填写结算表，并交与财务部 **2. 活动效果评估** 市场营销部对销售活动的效果进行分析、评估，将相关资料汇总后交与销售经理 **3. 编制活动总结报告** 销售经理召开活动总结会，对整个活动进行复盘，并编制活动总结报告，提交市场营销总监审批通过后进行资料归档 **工作重点** 市场营销部在填写费用结算表时，需要对活动的销售数据、费用支出、损耗费用等进行详细的说明和分析，为日后活动的开展提供综合的数据信息 **工作标准** 内容标准：总结报告的内容须完整详细、条理清晰，有数据和图表作为依据
	执行规范
	"销售活动策划方案""销售活动策划调整方案""费用结算表""销售活动策划总结报告"

第三章　房地产项目销售管理

11.7.1 开盘活动策划管理流程设计

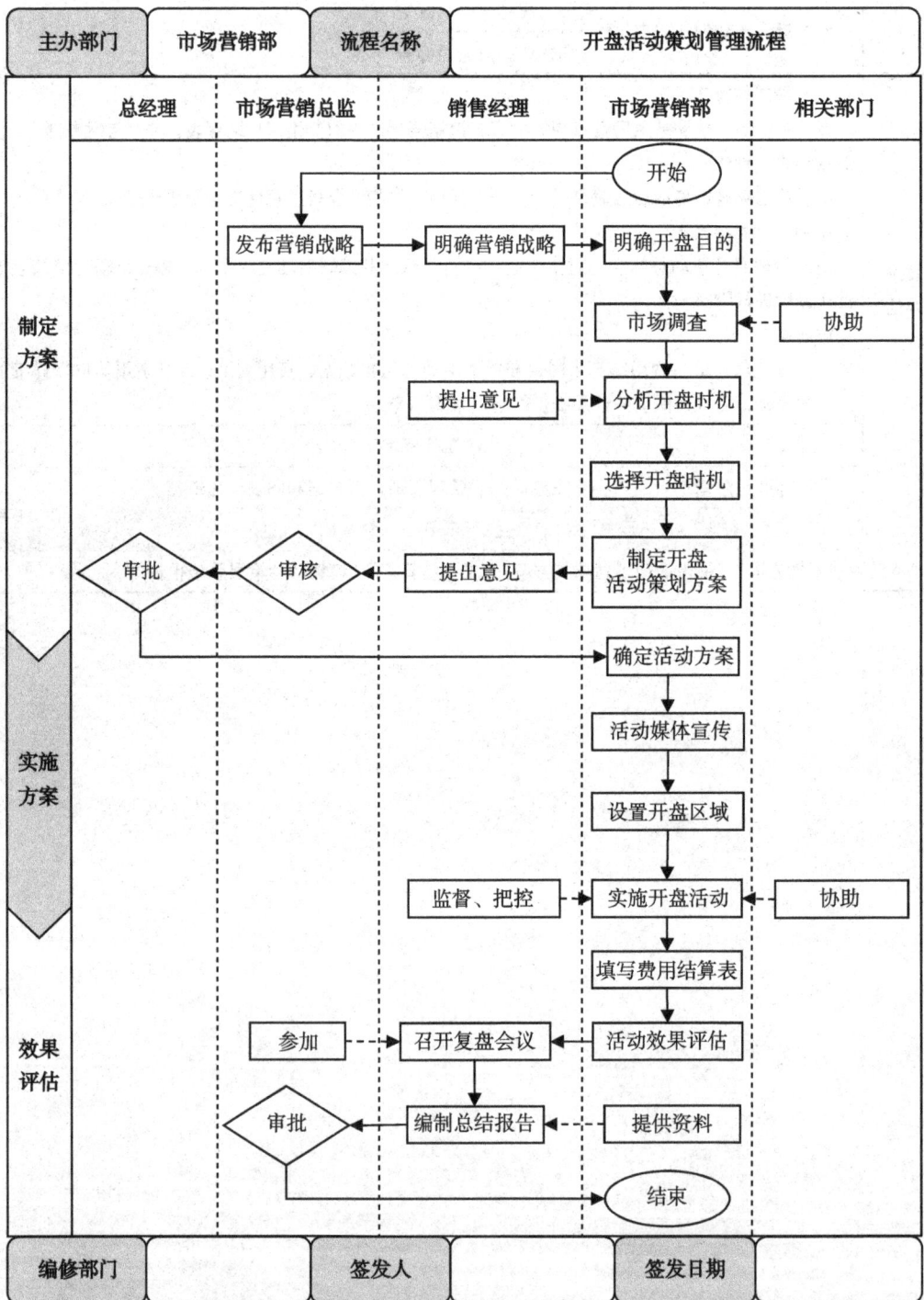

主办部门	市场营销部	流程名称	开盘活动策划管理流程

	总经理	市场营销总监	销售经理	市场营销部	相关部门

制定方案

- 开始
- 发布营销战略 → 明确营销战略 → 明确开盘目的
- 市场调查 ← 协助
- 提出意见 ⇢ 分析开盘时机
- 选择开盘时机
- 制定开盘活动策划方案
- 审批 ← 审核 ← 提出意见

实施方案

- 确定活动方案
- 活动媒体宣传
- 设置开盘区域
- 监督、把控 → 实施开盘活动 ← 协助
- 填写费用结算表

效果评估

- 参加 ⇢ 召开复盘会议 ← 活动效果评估
- 审批 ← 编制总结报告 ⇠ 提供资料
- 结束

编修部门		签发人		签发日期	

房地产项目管理全案

11.7.2 开盘活动策划管理执行程序、工作标准、考核指标、执行规范

任务名称	执行程序、工作标准与考核指标
制定方案	**执行程序** **1. 明确开盘目的** ☆市场营销总监根据项目定位制定营销战略并下发通知 ☆销售经理根据营销战略制定营销战略目标，市场营销部依据营销战略目标明确开盘目的 **2. 市场调查** 　市场营销部对当前行业、竞争对手、消费者需求等进行详细的调查，分析自身项目在行业中的优缺点，其他部门可提供相关资料信息 **3. 选择开盘时机** 　市场营销部根据市场调查的结果，并依据销售经理的意见选择最优开盘时机 **4. 制定开盘活动策划方案** ☆市场营销部结合市场调查的相关信息，从前期准备、媒体宣传、场景布置这三个方面制定活动策划方案 ☆销售经理审查活动策划方案后提出修改意见，市场营销部把修改后的活动策划方案提交市场营销总监审核、总经理审批 **工作重点** 　市场营销部必须在新项目开盘前办齐五个证件，包括《国有土地使用证》《建设用地规划许可证》《建设工程规划许可证》《建设工程施工许可证》《商品房预售许可证》 **工作标准** ☆成本标准：活动策划费用不得超出财务预算 ☆时间标准：开盘活动策划方案须在____个工作日内提交审核
实施方案	**执行程序** **1. 活动媒体宣传** ☆市场营销部根据活动策划方案，制定媒体宣传日程 ☆市场营销部在确定邀请媒体的类别、数量及名单时，还需要考虑项目开盘的主题 **2. 设置开盘区域** ☆市场营销部根据活动现场合理设置开盘区域，在保证开盘活动有序进行的同时，要贴合客户类型营造出良好的选房环境 ☆市场营销部在设置开盘区域时，可将其分成客户等候区、选房区、休息区、销控处、财务区、签约区这六个区域 **3. 实施开盘活动** 　市场营销部按照开盘活动策划方案实施开盘活动，活动期间要注意现场的纪律、秩序和安全问题，及时满足客户的需求，销售经理应在现场进行监督、把控 **工作重点** 　市场营销部需要对开盘区域的工作人员进行前期培训，让员工充分掌握所在岗位的工作技能 **工作标准** 　服务标准：开盘活动期间，工作人员为客户提供服务时，必须遵守相关服务准则

任务 名称	执行程序、工作标准与考核指标
实施 方案	**考核指标** 目标客户接待率：目标值为＿＿%，用来衡量开盘活动期间现场接待客户的实际情况 $$目标客户接待率 = \frac{实际接待客户数}{计划接待客户数} \times 100\%$$
效果 总结	**执行程序** **1.填写费用结算表** 　市场营销部在活动结束后对相关物资进行盘点，按照实际发生的费用填写费用结算表 **2.活动效果评估** ☆市场营销部对整个开盘活动进行效果评估，根据预期目标和实际成果编制完整的评估报告 ☆销售经理就开盘活动召开复盘会议，指出活动的不足，分析原因，形成总结报告并提交市场营销总监审批 **工作重点** 　总结报告应附带各种活动费用支出的明细表 **工作标准** 内容标准：总结报告的内容须完整详细，条理清晰，有数据和图表作为依据
执行规范	
"开盘活动策划方案""营销战略文件""开盘活动评估报告""开盘活动总结报告"	

11.8.1 看房团组织活动管理流程设计

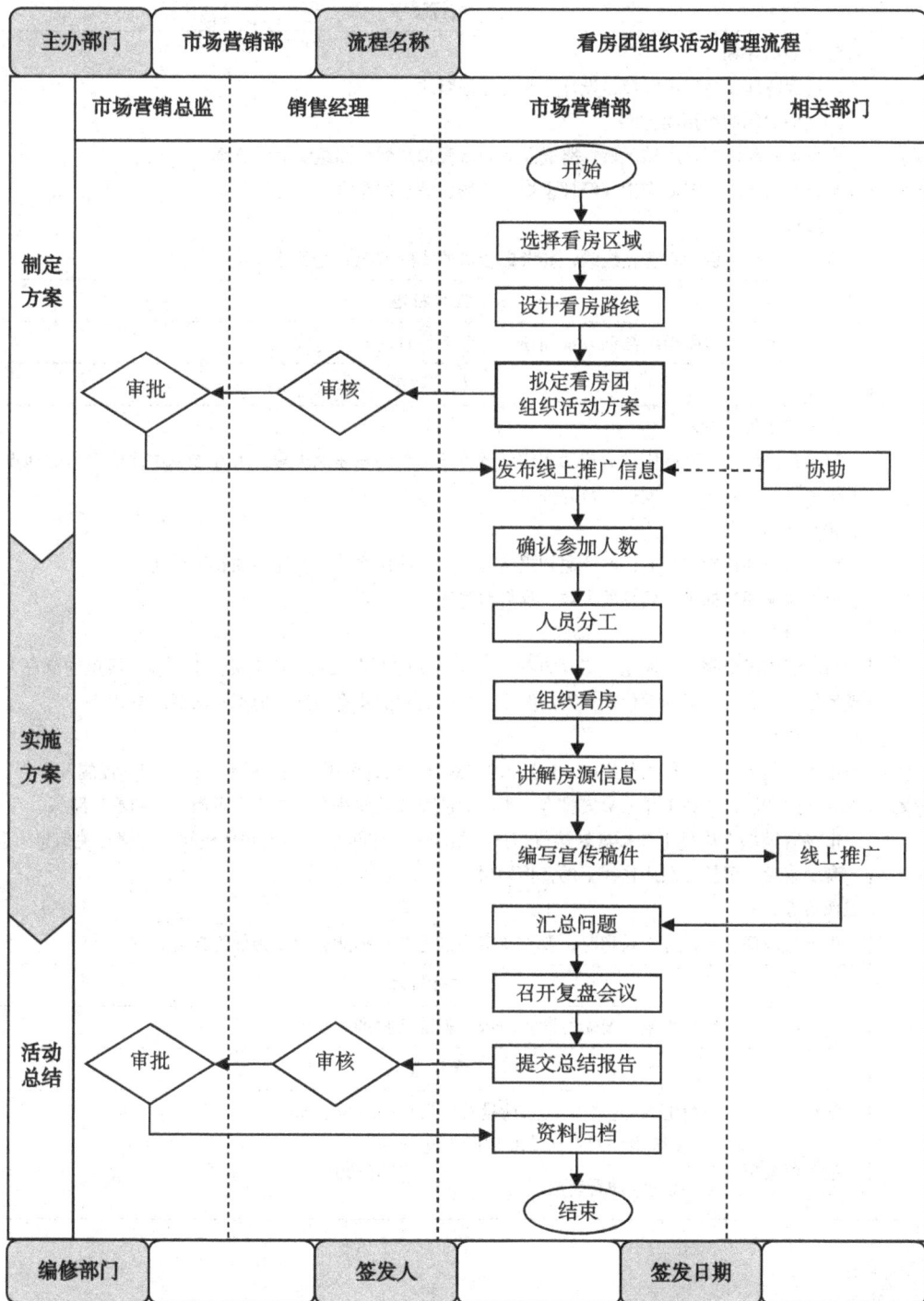

主办部门	市场营销部	流程名称	看房团组织活动管理流程

市场营销总监	销售经理	市场营销部	相关部门

制定方案

开始

↓

选择看房区域

↓

设计看房路线

↓

拟定看房团组织活动方案

审批 ← 审核 ← 拟定看房团组织活动方案

发布线上推广信息 ← - - - 协助

↓

确认参加人数

↓

人员分工

↓

组织看房

实施方案

↓

讲解房源信息

↓

编写宣传稿件 → 线上推广

↓

汇总问题 ←

↓

召开复盘会议

↓

活动总结

审批 ← 审核 ← 提交总结报告

资料归档

↓

结束

编修部门		签发人		签发日期	

11.8.2　看房团组织活动管理执行程序、工作标准、考核指标、执行规范

任务名称	执行程序、工作标准与考核指标
制定方案	**执行程序** **1. 设计看房路线** 　市场营销部选择看房区域，设计合理的看房路线 **2. 拟定看房团组织活动方案** ☆市场营销部根据看房的区域、路线及活动流程拟定看房团组织活动方案 ☆市场营销部将方案提交销售经理审核、市场营销总监审批 **工作重点** 　市场营销部在设计看房路线时，要考虑楼盘的实际情况，避免路线重合 **工作标准** 　时间标准：看房团组织活动方案须在____个工作日内拟定完成
实施方案	**执行程序** **1. 发布线上推广信息** 　市场营销部根据已确定的看房团组织活动方案制作看房报名专题，并在专题中注明看房的地点，可申请页面广告推广、发送会员邮件等 **2. 确认参加人数** ☆市场营销部在看房日前，电话通知报名的客户，确认客户是否能参加看房活动 ☆市场营销部根据确定到场的人数，预订看房车 **3. 人员分工** 　市场营销部根据看房团组织活动方案和参加看房的客户人数进行人员分工，包括线路的负责人、现场拍照人员等，提前短信通知看房客户，注明看房的集合时间、地点及联系人电话等 **4. 组织看房** ☆市场营销部相关工作人员提前30分钟达到集合地点，可用显眼的横幅、广告牌等提醒客户 ☆客户到齐后，相关工作人员安排客户乘坐对应路线的看房车，在车上可简要介绍看房路线 ☆市场营销部安排员工在楼盘处接待客户，组织客户参观项目楼盘和样板间，讲解相关信息。参观结束后，可拍合照用作线上的宣传素材 **工作重点** 　市场营销部在安排客户看房时，要注意客户的安全，提醒客户妥善保管自身财物 **工作标准** 　安全标准：看房过程中，要做好防护措施，保障客户的人身安全 **考核指标** 　活动参与率：目标值为____%，用来衡量看房活动的组织情况 $$活动参与率 = \frac{实际参加看房活动的客户人数}{计划参加看房活动的客户人数} \times 100\%$$

任务名称	执行程序、工作标准与考核指标
活动总结	**执行程序** **1. 编写宣传稿件** 市场营销部根据现场看房情况编写宣传稿件，由相关部门进行线上推广，扩大宣传效果 **2. 召开复盘会议** 市场营销部召开复盘会议，对看房团的整个活动流程进行梳理，分析其中的不足之处，形成总结报告 **3. 提交总结报告** 市场营销部将总结报告提交销售经理审核、市场营销总监审批，审批通过后进行资料归档 **工作重点** 总结报告中应列明看房活动的前期推广费及活动支出等，各项内容标注清楚 **工作标准** 内容标准：总结报告的内容须完整详细、条理清晰，有数据和图表作为依据
执行规范	
"看房路线图""看房团活动方案""看房团活动总结报告"	

第三章 — 房地产项目销售管理

11.9.1 重要节日活动策划管理流程设计

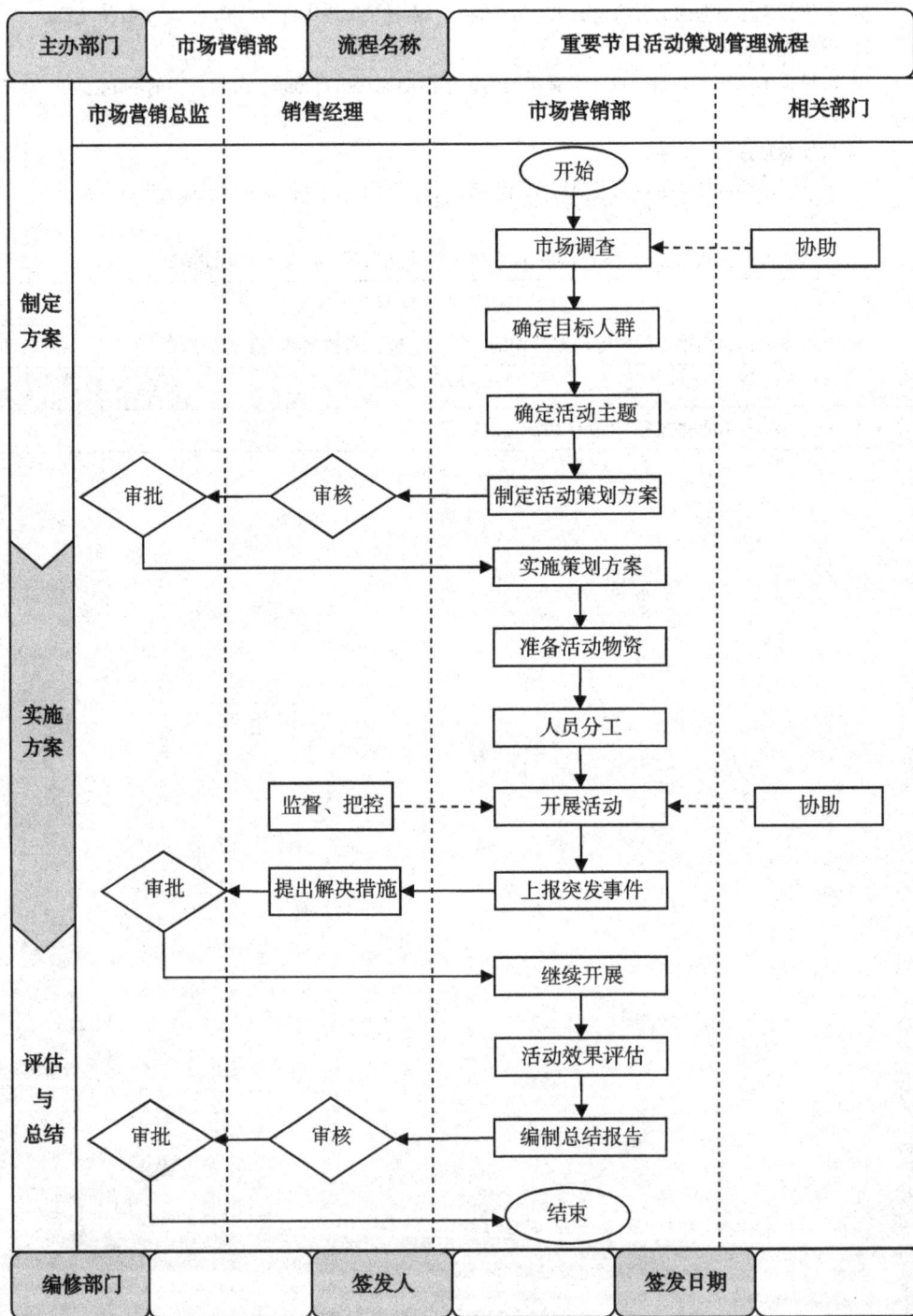

主办部门	市场营销部	流程名称	重要节日活动策划管理流程

	市场营销总监	销售经理	市场营销部	相关部门

制定方案

开始

市场调查 ←-- 协助

确定目标人群

确定活动主题

审批 ← 审核 ← 制定活动策划方案

实施策划方案

准备活动物资

实施方案

人员分工

监督、把控 --→ 开展活动 ←-- 协助

审批 ← 提出解决措施 ← 上报突发事件

继续开展

活动效果评估

评估与总结

审批 ← 审核 ← 编制总结报告

结束

编修部门		签发人		签发日期	

房地产项目管理全案

11.9.2　重要节日活动策划管理执行程序、工作标准、考核指标、执行规范

任务 名称	执行程序、工作标准与考核指标
制定 方案	**执行程序** **1. 确定活动主题** ☆市场营销部对所在地的市场行情、节日促销活动等进行深入调查，了解当地的消费情况 ☆市场营销部根据所在地的消费水平和群体，确定节日活动的目标人群 ☆市场营销部依据目标人群，结合节日特色，确定节日活动策划的主题 **2. 制定活动策划方案** ☆市场营销部根据项目的营销费用预算，制定节日活动预算表 ☆市场营销部根据节日活动主题，分析讨论活动的内容和所需物资 ☆市场营销部根据预算表和节日活动内容编制完整的重要节日活动策划方案，提交市场营销部经理审核、市场营销总监审批，审批通过后发布实施 **工作重点** 活动策划方案的内容要完整、详细，包括人员的分工、场地的选择、物资的准备等 **工作标准** 成本标准：活动策划预算不得超出企业规定标准
实施 方案	**执行程序** **1. 准备活动物资** ☆市场营销部按照活动策划方案有序开展工作 ☆市场营销部根据活动策划的主题，选择合适的宣传物料，包括条幅、海报、展架、DM 宣传单页等，所有的宣传物料的风格、版式应统一，保持美观 ☆市场营销部需提前布置活动场地，清楚地知晓场地的面积、方位、走向及高度，以方便制作活动道具，也可避免安全隐患 **2. 人员分工** ☆市场营销部根据活动策划方案的内容，将具体的任务落实到个人，确保员工对工作时间安排和各自的职责清晰明确 ☆市场营销部在进行人员分工时，可将员工分为四类：销售人员、秩序维持人员、现场咨询人员及管理人员，确保每一环节都有专人负责 **3. 开展活动** 市场营销部准备工作完成后，按照方案开展重要节日活动，市场营销部经理应在现场进行监督、把控，活动涉及的相关部门可派人在现场支援、协助 **4. 上报突发事件** ☆活动期间如发生突发事件，相关工作人员要及时向市场营销部经理报告 ☆市场营销部经理分析事件发生的原因，提出解决措施并上报市场营销总监审批。审批通过后，市场营销部相关工作人员依照解决措施对事件进行处理，并继续开展活动 **工作重点** 市场营销部开展活动时，每一环节都要紧凑，衔接要合理，避免冷场 **工作标准** 分工标准：每个员工都有对应的工作内容和工作时间

任务名称	执行程序、工作标准与考核指标
实施方案	**考核指标**
	突发事件处理及时率：目标值为____%，用来衡量活动现场突发事件的处理情况
	突发事件处理及时率 $= \dfrac{\text{及时处理的突发事件数}}{\text{发生的突发事件数}} \times 100\%$
评估与总结	**执行程序**
	1. 活动效果评估
	市场营销部召开复盘会议，对整个活动的过程进行评估，分析活动的宣传效果和收益
	2. 编制总结报告
	市场营销部整理活动的全部资料，汇总活动的费用支出，编制详细的总结报告并提交市场营销部经理审核、市场营销总监审批，审批通过后进行资料归档
	工作重点
	总结报告的内容须全面，包含各种费用支出的明细表和相关活动照片
	工作标准
	内容标准：总结报告的内容须完整详细、条理清晰，有数据和图表作为依据
	执行规范
"重要节日活动策划方案""重要节日活动总结报告"

房地产项目管理全案

11.10.1 尾盘销售活动策划管理流程设计

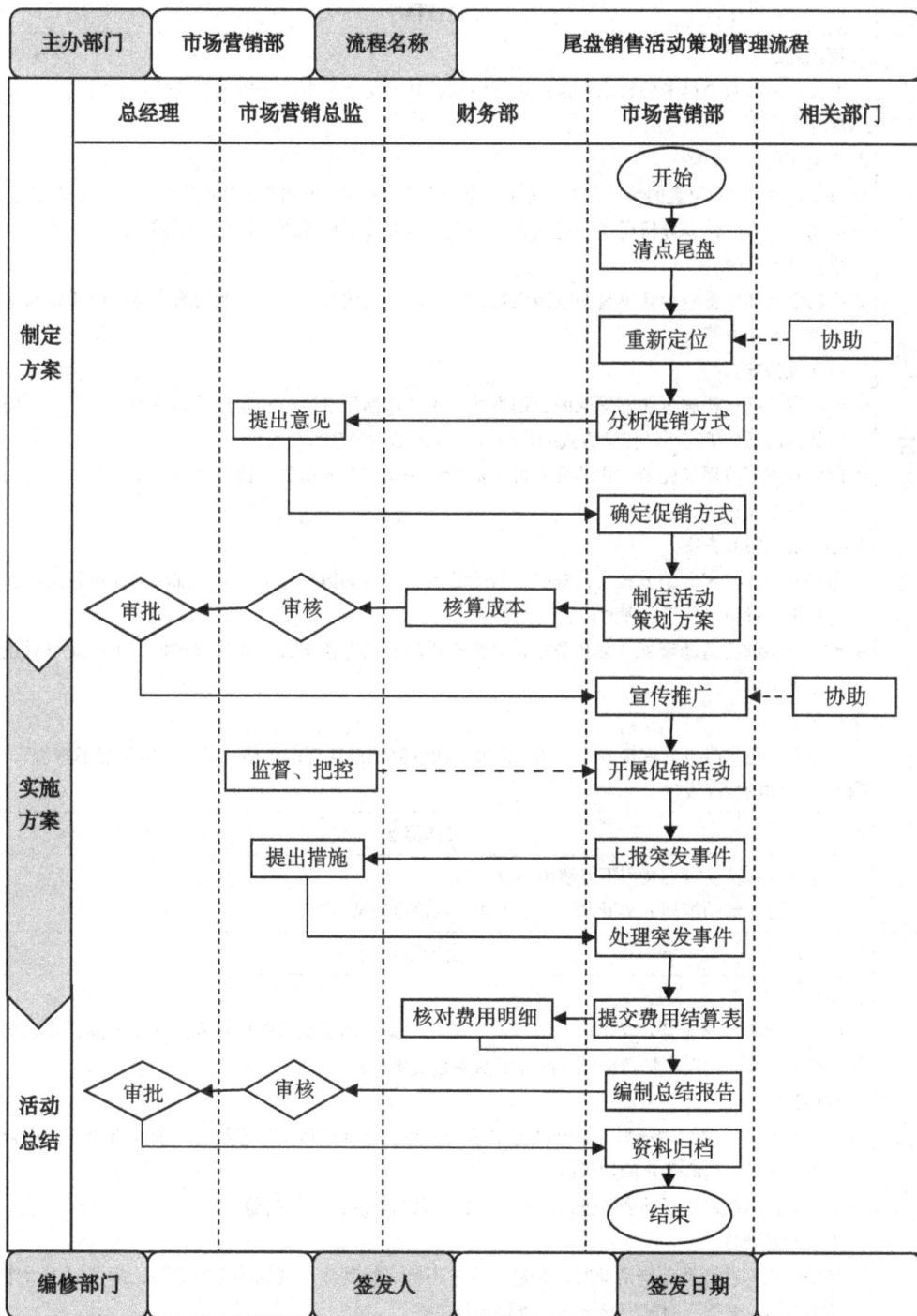

主办部门	市场营销部	流程名称	尾盘销售活动策划管理流程

	总经理	市场营销总监	财务部	市场营销部	相关部门

制定方案

开始

清点尾盘

重新定位 ← 协助

提出意见 ← 分析促销方式

确定促销方式

审批 ← 审核 ← 核算成本 ← 制定活动策划方案

实施方案

宣传推广 ← 协助

监督、把控 → 开展促销活动

提出措施 ← 上报突发事件

处理突发事件

活动总结

核对费用明细 ← 提交费用结算表

审批 ← 审核 ← 编制总结报告

资料归档

结束

编修部门		签发人		签发日期	

第二章 房地产项目销售管理

11.10.2 尾盘销售活动策划管理执行程序、工作标准、考核指标、执行规范

任务名称	执行程序、工作标准与考核指标
制定方案	**执行程序** **1. 清点尾盘** 　市场营销部对项目未销售出的楼盘进行清点，列出尾盘清单，分析尾盘的特点和问题，整理成尾盘分析报告 **2. 重新定位** ☆市场营销部针对尾盘的特点，重新定位、重新界定客户群，在可能的情况下对尾盘进行部分改进 ☆市场营销部先认真分析尾盘的潜在客户构成，再有针对性地进行推广，无需大面积宣传，以免浪费宣传费用 ☆市场营销部要重新设计尾盘的宣传内容，突出尾盘的优势，比如以亲切的生活画面增强与客户沟通的亲和力等 **3. 确定促销方式** ☆市场营销部分析尾盘能够采取的促销方式，主要包括尾盘降价和客户关系营销这两种，市场营销部需认真分析这两种促销方式的优缺点，尽量提高尾盘的利润 ☆市场营销部将尾盘促销方式的分析报告提交市场营销总监审核，请其提出意见，确定最终的尾盘促销方式 **4. 制定活动策划方案** ☆市场营销部确定促销方式后，根据尾盘的特点制定活动策划方案，财务部对活动策划的成本进行核算，对费用进行合理的控制 ☆市场营销部将活动策划方案和费用预算提交市场营销总监审核、总经理审批，审批通过后正式发布实施 **工作重点** 　如果采取尾盘降价的促销方式，那么需要一次性降到最优惠的价格，避免"特价房不特价"，导致无人问津的情况发生 **工作标准** ☆成本标准：活动策划费用不得超出预算 ☆时间标准：活动策划方案需在____个工作日内制定完成
实施方案	**执行程序** **1. 宣传推广** 　市场营销部按照重新定义的客户群和活动策划方案，制定相应的广告推广活动方案，企划部策划相应的文案，协助市场营销部共同开展活动宣传推广 **2. 开展促销活动** ☆市场营销部按照活动策划方案开展促销活动，整个活动过程要注意结合当前时事热点，迎合客户当前偏好，提高客户的购买欲 ☆市场营销总监应在活动现场进行监督、把控，及时解决发生的问题 **3. 处理突发事件** ☆市场营销部在开展促销活动时，如遇到客户不满、扰乱活动现场等突发事件，须及时上报市场营销总监，并第一时间安抚客户，维持现场秩序

任务 名称	执行程序、工作标准与考核指标
实施 方案	☆市场营销总监接到市场营销部反映的突发事件后，要及时了解情况，提出解决措施并监督执行 **工作重点** ☆市场营销部进行宣传推广时，可采用灵活的推广方式，如链式营销、以老带新、以租代售、体验式销售等。 ☆市场营销部在开展促销活动时，应加强安保工作，避免因人员不足而导致现场秩序混乱 ☆市场营销部可安排相关法务人员在场，随时解答客户有关法律方面的疑问 **工作标准** 合规标准：促销活动的内容需符合国家相关法律规定 **考核指标** 方案目标按计划达成率：目标值为____%，用来衡量活动策划方案的实施情况 $$方案目标按计划达成率 = \frac{实际达成的方案目标数}{计划达成的方案目标数} \times 100\%$$
活动 总结	**执行程序** **1. 提交费用结算表** ☆市场营销部在活动结束后，对活动期间的费用支出进行结算，填写费用结算表并提交财务部核对 ☆财务部认真核对市场营销部提交的费用结算表，核对无误后录入相关财务系统 **2. 编制总结报告** ☆市场营销部针对尾盘销售活动进行总结，复盘整个环节，分析其中的不足，编制活动总结报告 ☆市场营销部将活动总结报告提交市场营销总监审核、总经理审批，审批通过后进行资料归档 **工作重点** ☆费用结算表的填写须准确无误，和实际支出费用保持一致 ☆总结报告的内容须全面，包含各种费用支出的明细表 **工作标准** 内容标准：总结报告的内容须完整详细、条理清晰，有数据和图表作为依据
	<div align="center">**执行规范**</div>

"财务管理制度""尾盘清单""尾盘销售活动策划方案""尾盘销售活动总结报告"

12.1　房地产项目物业管理流程设计

12.1.1　流程目的说明

房地产项目物业管理的工作内容涵盖了物业移交管理、业主入住管理、业主装修申请管理、车辆出入管理、业主投诉管理、客服中心管理及环境卫生管理等，其主要工作目的是确保及时为业主提供物业服务，为业主的生活、工作提供必要的保障。

房地产项目公司对项目物业进行流程管理的目的如下：

（1）为业主提供优质的服务，保证业主的各项需求及时得到满足；

（2）规范物业服务工作，维护并提升房地产公司的良好形象。

12.1.2　流程结构设计

房地产项目物业管理流程设计可采取并列式结构，即将房地产项目物业管理细分为7个事项，分别就每个事项设计流程，具体的结构设计如图 12-1 所示。

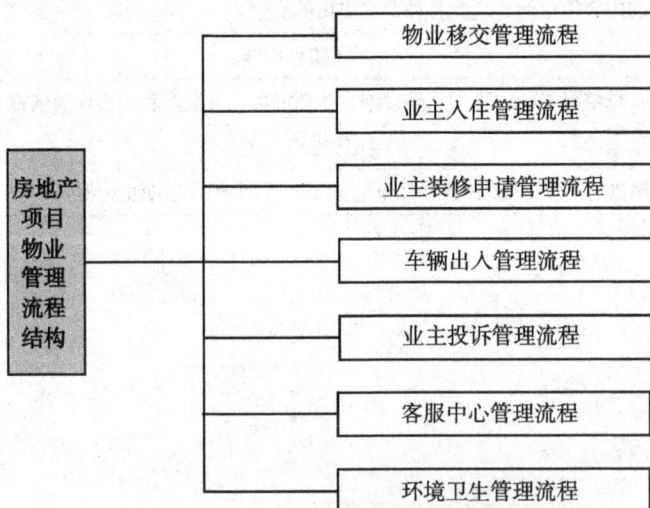

图 12-1　房地产项目物业管理流程结构设计

12.2 物业移交管理流程设计与工作执行

12.2.1 物业移交管理流程设计

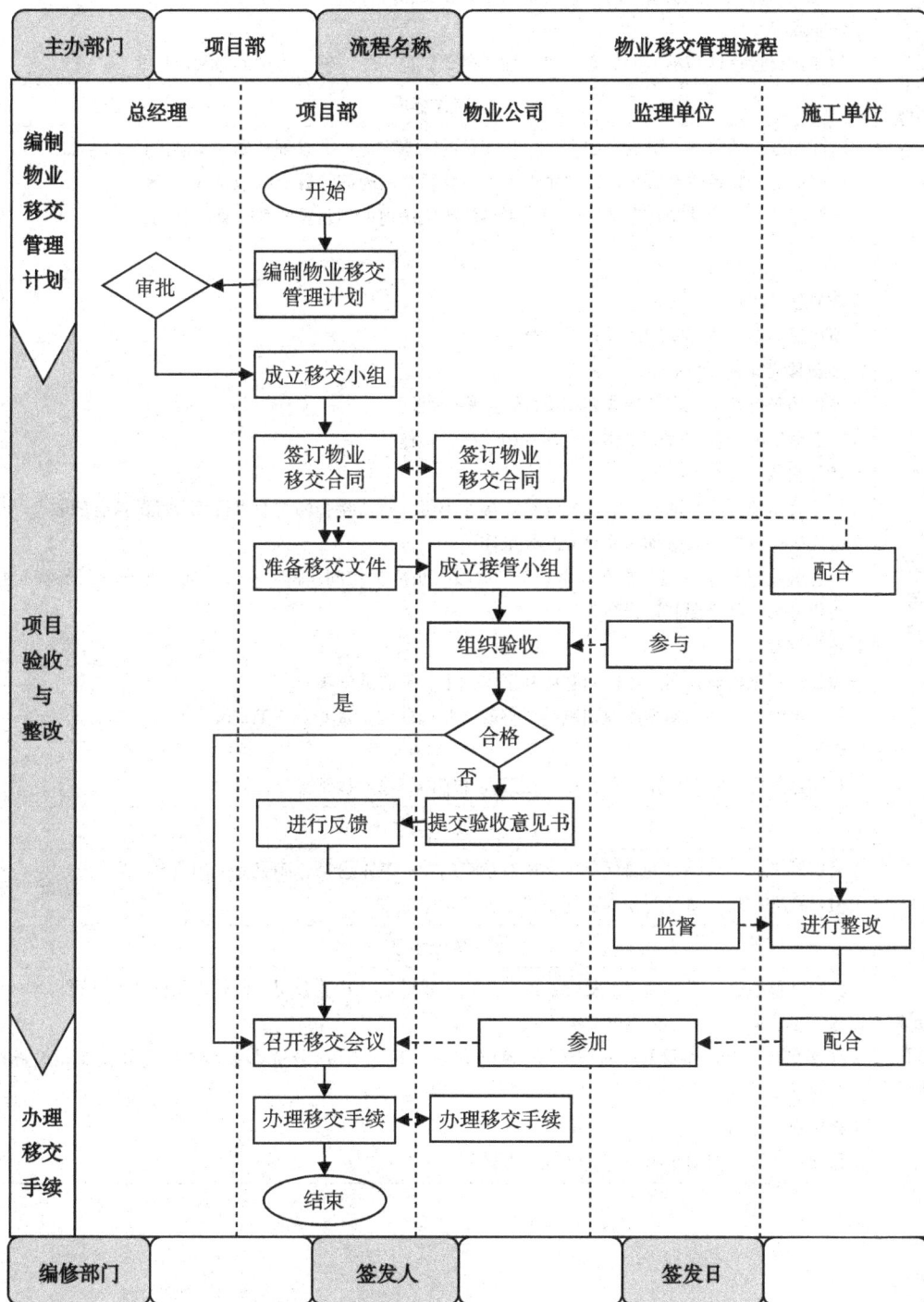

主办部门	项目部	流程名称	物业移交管理流程		
	总经理	项目部	物业公司	监理单位	施工单位

编制物业移交管理计划

开始 → 编制物业移交管理计划 → 审批 → 成立移交小组 → 签订物业移交合同 ↔ 签订物业移交合同

项目验收与整改

准备移交文件 ← 成立接管小组 ←— 配合

组织验收 ← 参与

合格 — 是 / 否

提交验收意见书 → 进行反馈

监督 → 进行整改

办理移交手续

召开移交会议 ← 参加 ← 配合

办理移交手续 ↔ 办理移交手续

结束

编修部门		签发人		签发日	

第 12 章 房地产项目物业管理

/ 195 /

12.2.2 物业移交管理执行程序、工作标准、考核指标、执行规范

任务名称	执行程序、工作标准与考核指标
编制物业移交管理计划	**执行程序** 项目竣工完成后，项目部组织人员编制物业移交管理计划，并报总经理审批 **工作重点** 物业移交管理计划不仅要具有可操作性，更要立足实际，便于后期实施和操作 **工作标准** ☆时间标准：项目竣工完成后的____个工作日内完成物业移交管理计划的编制工作 ☆内容标准：物业移交管理计划的主要内容包括移交的时间、移交的地点等 ☆参照标准：物业移交管理计划的编制可参照历史房地产项目物业移交管理计划
项目验收与整改	**执行程序** **1. 成立移交小组** 项目部根据物业移交管理计划成立移交小组 **2. 准备移交文件** ☆项目部安排专人代表与物业公司签订物业移交合同 ☆施工单位配合项目部做好移交文件的相关准备工作 **3. 组织验收** ☆物业公司根据项目的实际需求成立物业接管小组，对所接管的物业进行综合性的接管验收 ☆监理单位安排专人参加物业移交验收工作 ☆若在验收过程中发现存在不合格现象，验收人员应当将问题逐一记录，向房地产项目部提交验收意见书，并督促其进行整改 **4. 进行整改** ☆项目部根据物业公司反馈的问题向施工单位下发整改通知单 ☆施工单位根据接收的整改通知单进行整改，监理单位负责监督施工整改 **工作重点** 在物业公司验收过程中，移交小组须派人详细做好物业接管验收记录 **工作标准** ☆目的标准：项目验收的目标是确保所有接管的物业基本合格，满足业主的质量要求 ☆质量标准：物业质量与使用功能须符合国家检验标准
办理移交手续	**执行程序** ☆验收和整改合格后，项目部移交小组安排人员提前通知物业公司、监理单位移交的时间 ☆施工单位配合移交小组召开移交会议 ☆在移交会议上，项目部将所有钥匙、管理用房、商业用房、公共设备维修基金及物业相关资料等移交给物业公司 **工作重点** 移交小组要及时组织召开移交会议，办理移交手续

任务名称	执行程序、工作标准与考核指标
办理移交手续	**工作标准** ☆时间标准：移交会议须在验收和整改合格后的____个工作日内举行 ☆内容标准：移交的内容包括工程实体移交和资料文件移交。工程实体包括钥匙、管理用房等，资料文件包括工程竣工资料和竣工图、工程所有的承包商和供应商的合同复印件、工程所有的承包商和供应商的保修联系方式清单、所有设备清单和使用说明等
	执行规范

"物业移交管理制度""物业移交清单"

12.3 业主入住管理流程设计与工作执行

12.3.1 业主入住管理流程设计

/ 198 /

12.3.2 业主入住管理执行程序、工作标准、考核指标、执行规范

任务名称	执行程序、工作标准与考核指标
发出入住通知	**执行程序** **1. 发出入住通知单** 　物业客户服务部先确认业主的地址或联系方式，然后向其发出入住通知单 **2. 接到入住通知单** 　业主接到物业客户服务部发出的入住通知单 **工作重点** 　确认业主的地址或联系方式，避免入住通知单未能及时发到业主手中 **工作标准** 时间标准：物业客户服务部在＿＿个工作日内发出入住通知单
接待审核	**执行程序** **1. 办理入住登记** 　业主携入住通知单、购房合同（或租赁合同）及身份证原件和复印件等相关资料到物业客户服务部进行登记 **2. 引导业主办理入住手续** 　物业客户服务部安排员工引导业主至各部门办理各项应办的手续 **3. 查验资料** ☆物业客户服务部对业主提交的资料进行审核，确认业主的身份无误 ☆如果业主提交的资料不齐全，物业客户服务部应要求业主及时补齐相关资料 **工作重点** 　物业客户服务部应严格查验资料，确保业主提交的资料齐全、无误 **工作标准** 时间标准：对于业主提交的资料，应在＿＿分钟内完成资料的核实工作 **考核指标** 资料查验及时率：在规定时间内完成业主提交资料的查验工作，目标值为100%
签订协议	**执行程序** **1. 发放文件** 　业主的资料经核实无误后，物业客户服务部向业主发放相关文件，并对业主就物业公司所提供的服务和有关事项的提问给予回答 **2. 签订物业服务协议** 　物业客户服务部与业主签订物业服务协议，并就业主对合同个别条款提出的疑问进行解答 **3. 收取费用** 　物业相关部门依照物业服务协议向业主收取物业管理费及其他费用 **工作重点** 　费用的收取标准应严格按照物业服务协议执行，禁止私自更改

（续）

任务名称	执行程序、工作标准与考核指标
签订协议	**工作标准**
	☆内容标准：物业服务协议的内容包括物业服务的内容、物业与业主各自的责任和义务、物业费收取标准等
	☆收费标准：物业费收取的标准要符合物业服务协议的规定
房屋验收	**执行程序**
	1. 发放钥匙和各种 IC 卡
	物业客户服务部向业主发放钥匙和各种 IC 卡，并办理签收手续
	2. 房屋验收
	☆物业客户服务部通知物业工程部陪同业主验房，查验房屋质量。如无问题，双方在验房表上签字确认
	☆若业主验收房屋后认为不合格，物业客户服务部及时联系开发商进行维修
	工作重点
	对房屋验收过程中发现的问题及时予以解决
	工作标准
	时间标准：对于验收过程中发现的问题，应在＿＿个工作日内予以解决
	考核指标
	问题反馈及时率：在规定的时间内及时反馈问题，目标值为 100%
执行规范	
"入住通知单""物业服务协议""验房表""物业服务管理制度""物业服务管理标准"	

12.4.1　业主装修申请管理流程设计

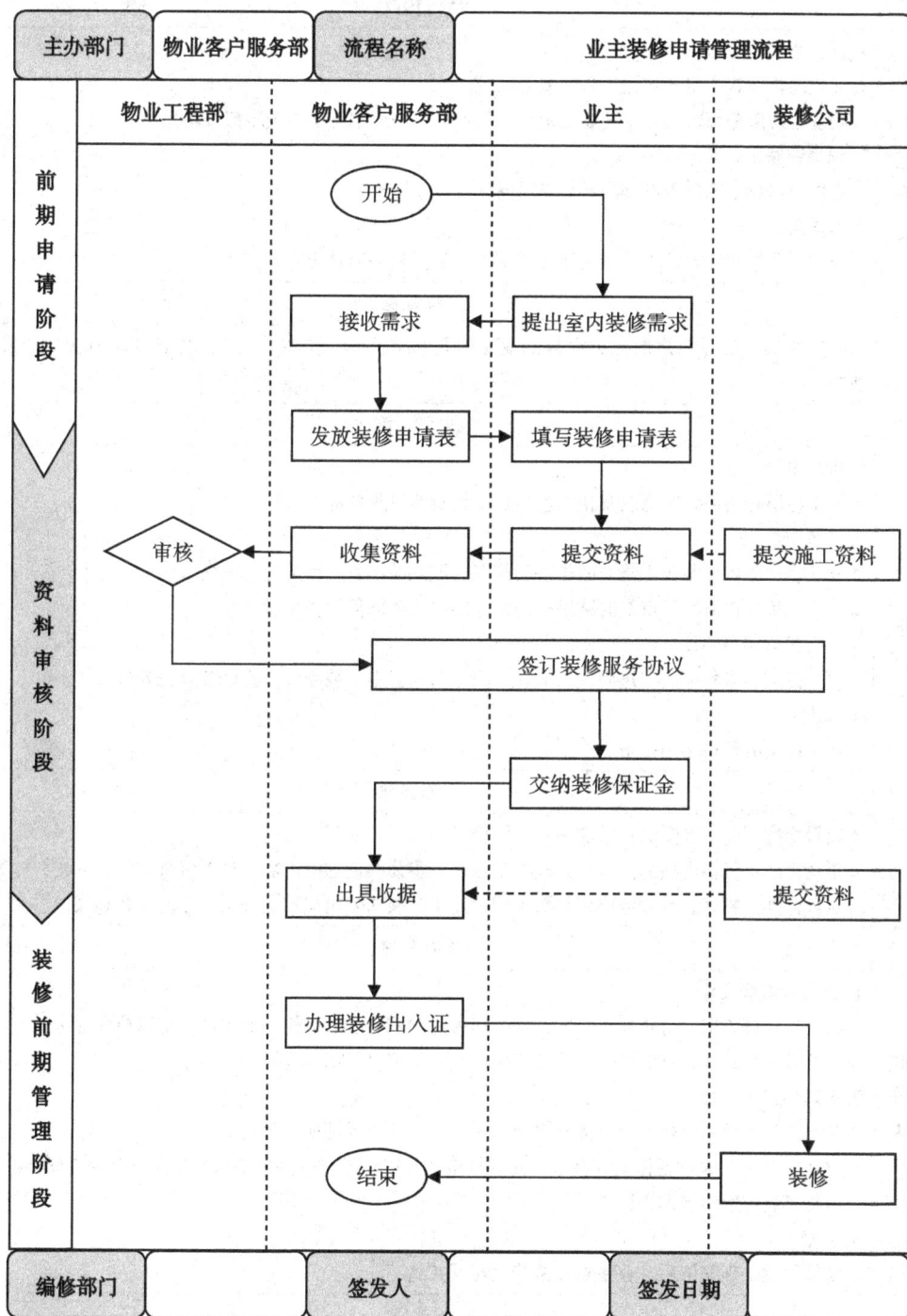

主办部门	物业客户服务部	流程名称	业主装修申请管理流程

	物业工程部	物业客户服务部	业主	装修公司

前期申请阶段

开始

接收需求 ← 提出室内装修需求

发放装修申请表 ← 填写装修申请表

资料审核阶段

审核 ← 收集资料 ← 提交资料 ← 提交施工资料

签订装修服务协议

交纳装修保证金

装修前期管理阶段

出具收据 ← 提交资料

办理装修出入证

结束 ← 装修

编修部门		签发人		签发日期	

第 12 章　房地产项目物业管理

12.4.2 业主装修申请管理执行程序、工作标准、考核指标、执行规范

任务名称	执行程序、工作标准与考核指标
前期申请阶段	**执行程序** **1. 提出室内装修需求** ☆业主向物业客户服务部提出室内装修需求 ☆物业客户服务部收到业主装修需求后,将物业工程部编制的相关装修表格发给业主 **2. 填写装修申请表** 业主根据物业客户服务部的要求填写室内装修申请表 **工作重点** 业主要严格按照要求填写室内装修申请表,确保相关信息准确、有效 **工作标准** 时间标准:物业客户服务部在接到业主的装修申请后,应在____个工作日内将有关表单发给业主
资料审核阶段	**执行程序** **1. 提交资料** 业主将填好的装修申请表及相关资料提交物业客户服务部 **2. 收集资料** ☆物业客户服务部将业主提交的相关装修资料汇总至物业工程部进行审核 ☆物业工程部根据资料审核的结果,向物业客户服务部反馈相关意见 **3. 签订装修服务协议** 业主提交的资料审核通过后,物业客户服务部与业主、装修公司签订装修服务协议 **工作重点** 业主提交的资料必须齐备 **工作标准** ☆数量标准:业主提交的资料应一式____份 ☆审核标准:资料审核的内容包括检查是否有危害公共设施的可能、是否侵害相邻业主的权益等 ☆目标标准:签订装修服务协议是为了明确业主、装修公司与物业公司三方的权利和义务
装修前期管理阶段	**执行程序** **1. 交纳装修保证金** ☆为保证装修质量,防止在装修的过程中损害房屋和管线的结构,业主需交纳装修保证金 ☆物业客户服务部收到业主交纳的装修保证金后,需对其出具收据 **2. 办理装修出入证** ☆装修施工人员向物业客户服务部提交办理小区装修出入证所需要的资料 ☆物业客户服务部收到相关资料后,先进行审核,审核无误后再为装修施工人员办理装修出入证,以便其装修期间进出小区 **3. 装修** 装修手续办理完毕后,业主告知装修公司开始施工

房地产项目管理全案

任务名称	执行程序、工作标准与考核指标
装修前期管理阶段	**工作重点** 　　物业客户服务部要对装修施工人员提交的办理小区装修出入证的资料进行严格审核，确保所提交的资料齐全
	工作标准
	时间标准：装修出入证应在资料提交后的____个工作日内办理完成
	考核指标
	装修出入证办理的及时性：在规定的时间内完成装修出入证的办理工作

执行规范
"物业装修管理制度""装修申请表""装修服务协议"

12.5.1 车辆出入管理流程设计

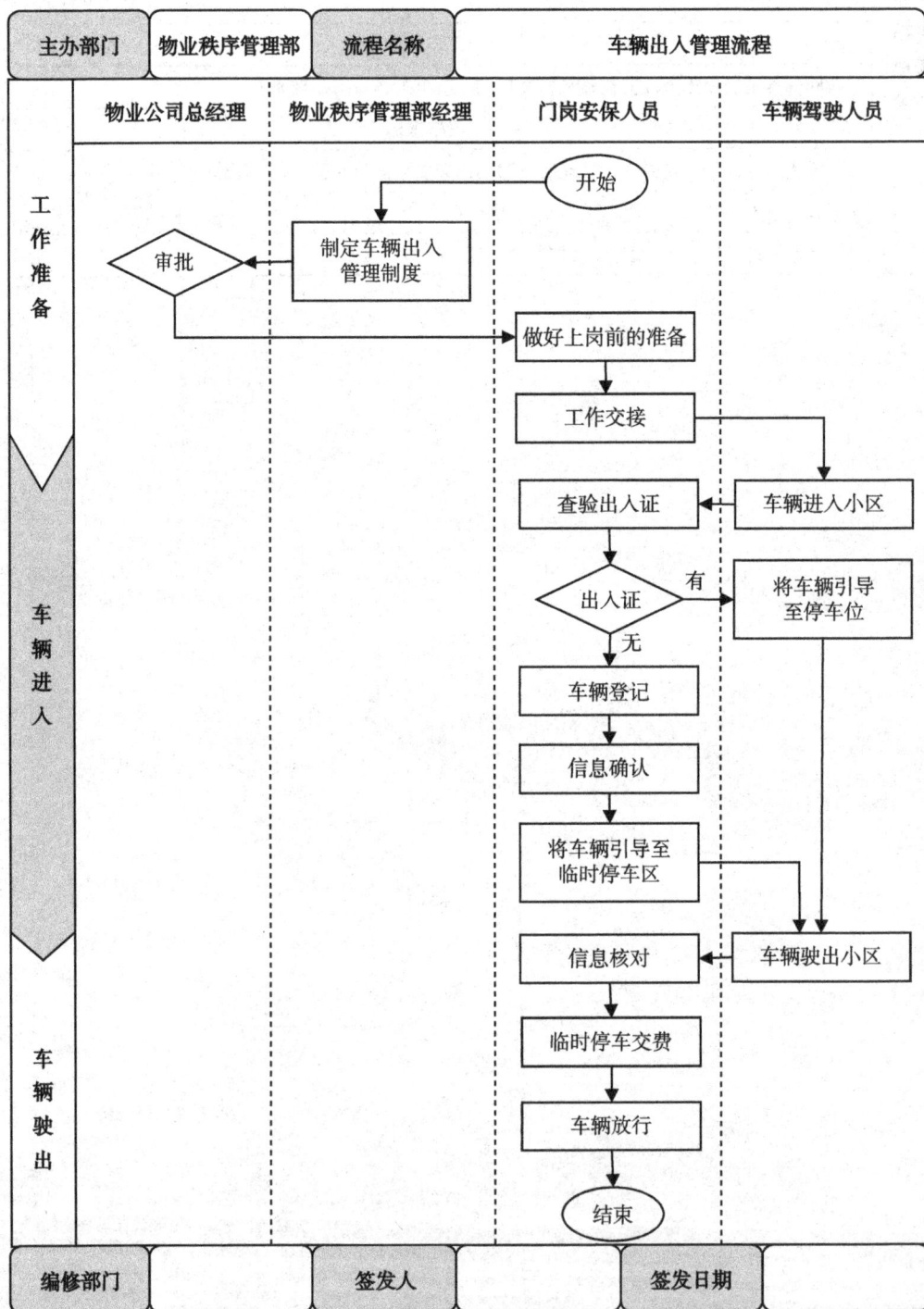

主办部门	物业秩序管理部	流程名称	车辆出入管理流程

	物业公司总经理	物业秩序管理部经理	门岗安保人员	车辆驾驶人员

工作准备

开始 → 制定车辆出入管理制度 → 审批 → 做好上岗前的准备

车辆进入

工作交接 → 车辆进入小区 → 查验出入证 → 出入证（有→将车辆引导至停车位 / 无→车辆登记 → 信息确认 → 将车辆引导至临时停车区）

车辆驶出

信息核对 ← 车辆驶出小区 → 临时停车交费 → 车辆放行 → 结束

编修部门		签发人		签发日期

房地产项目管理全案

12.5.2　车辆出入管理执行程序、工作标准、考核指标、执行规范

任务名称	执行程序、工作标准与考核指标
工作准备	**执行程序** **1. 制定车辆出入管理制度** 　物业秩序管理部经理负责制定车辆出入管理制度，并提交物业公司总经理审批 **2. 做好上岗前的准备** 　接班人员做好上岗准备，按规定着装，携带值勤用品，准备接班 **3. 工作交接** 　门岗保安人员严格遵守交接班制度，在规定的时间交接班 **工作重点** 　门岗保安人员因故不能值勤时，必须提前办理请假手续 **工作标准** 　完成标准：门岗保安人员在工作交接时，交班人员应告知本班值班状况，并交代需要继续处理的事情
车辆进入	**执行程序** **1. 查验出入证** ☆车辆进入物业管辖区时，门岗保安人员需查验车辆出入证 ☆属小区业主的车辆，刷卡进入，门岗保安人员需通知车库巡逻岗，将车辆引导至停车位 **2. 车辆登记** 　临时进入物业管辖区的车辆，须进行登记 **3. 信息确认** 　门岗保安人员根据车辆驾驶人员提供的信息，先联系相关业主核实信息，核实无误后，通知车库巡逻岗，将车辆引导至临时停车区 **工作重点** 　门岗保安人员要做好车辆登记与信息确认工作，避免来历不明的车辆进入小区 **工作标准** ☆依据标准：车辆进入查验与登记工作应以车辆出入管理制度为依据 ☆质量标准：信息登记清晰、完整 **考核指标** ☆信息登记的完备性：信息登记全面，无遗漏 ☆信息登记的准确性：登记的信息内容无差错
车辆驶出	**执行程序** **1. 车辆驶出小区** 　车辆驾驶人员将车辆驶出小区时，门岗保安人员要协助其完成刷卡作业 **2. 临时停车交费** 　对于临时停车者，门岗保安人员依据物业公司规定的标准向其收取停车费，并对其配合表示感谢 **3. 车辆放行** 　门岗保安人员开启挡车栏将车辆放行

第 12 章 房地产项目物业管理

任务名称	执行程序、工作标准与考核指标
车辆驶出	**工作重点** ☆车辆驶出时，门岗保安人员须仔细核查车辆和驾驶人员的信息，核查无误后方可放行 ☆当临时进出的车辆不按规定交费时，门岗保安人员应耐心细致地做好解释工作，避免与车辆驾驶人员发生冲突，情况复杂的要立即上报主管处理
	工作标准
	依据标准：车辆驶出管理工作应以车辆出入管理制度为依据
	考核指标
	$$停车收费差错率 = \frac{停车收费差错数}{停车收费总次数} \times 100\%$$

执行规范
"车辆出入管理制度""车辆出入登记表""车辆停放登记表""车辆临时停车收费表""固定车位登记表""交接班制度"

12.6.1 业主投诉管理流程设计

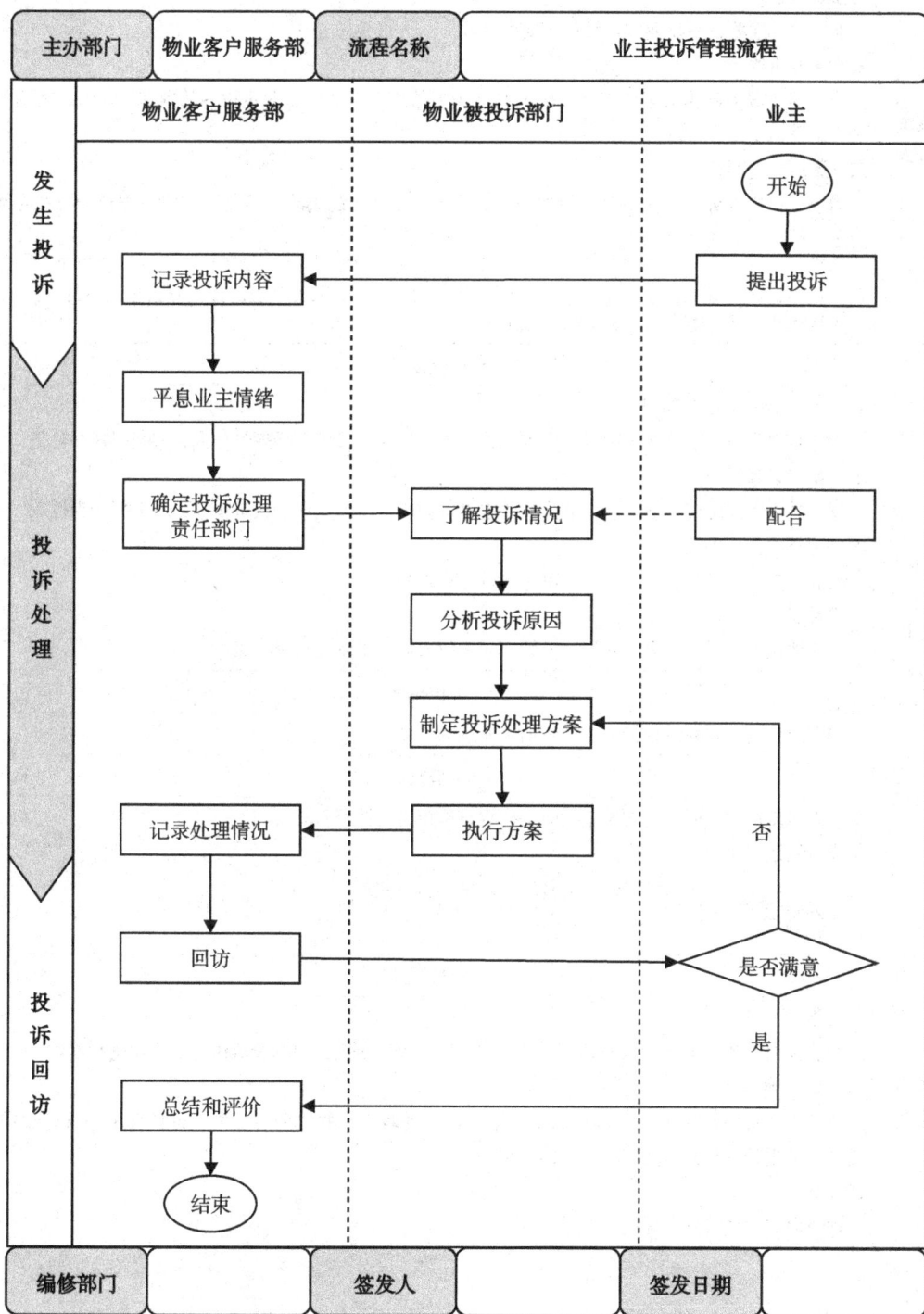

主办部门	物业客户服务部	流程名称	业主投诉管理流程

	物业客户服务部	物业被投诉部门	业主

发生投诉

开始 → 提出投诉 → 记录投诉内容

记录投诉内容 → 平息业主情绪

投诉处理

平息业主情绪 → 确定投诉处理责任部门 → 了解投诉情况 ← 配合

了解投诉情况 → 分析投诉原因 → 制定投诉处理方案 → 执行方案 → 记录处理情况

投诉回访

记录处理情况 → 回访 → 是否满意

否 → 制定投诉处理方案

是 → 总结和评价 → 结束

编修部门		签发人		签发日期	

第12章 | 房地产项目物业管理

12.6.2 业主投诉管理执行程序、工作标准、考核指标、执行规范

任务 名称	执行程序、工作标准与考核指标
发生 投诉	**执行程序** **1. 提出投诉** 　业主发现问题，向物业客户服务部提出投诉 **2. 记录投诉内容** 　物业客户服务部相关工作人员应耐心倾听业主的投诉，然后对业主投诉的内容、对象、要求等进行记录 **工作重点** 　物业客户服务部应明确业主投诉的内容和诉求，若业主的诉求不合理，则应以委婉的方式答复业主，得到业主的理解 **工作标准** 　质量标准：记录的投诉内容清晰、准确
投诉 处理	**执行程序** **1. 确定投诉处理责任部门** 　物业客户服务部根据业主投诉的内容，确定具体的受理部门和受理责任人，并及时通知他们 **2. 了解投诉情况** 　物业被投诉部门接到通知后，应先与业主进行沟通，了解具体的投诉情况，并分析投诉原因 **3. 制定投诉处理方案** 　物业被投诉部门根据分析结果，制定投诉处理方案 **工作重点** 　物业被投诉部门应根据实际情况并结合业主的投诉要求制定投诉方案 **工作标准** 　在不影响公司利益的前提下，尽量满足业主的要求 **考核指标** ☆投诉信息反馈及时性：在规定的时间内将投诉信息反馈至责任部门 ☆投诉问题解决率： $$投诉问题解决率 = \frac{解决的投诉问题数}{投诉问题总数} \times 100\%$$
投诉 回访	**执行程序** **1. 回访** 　物业客户服务部接到物业投诉处理部门的问题解决回执后，根据投诉内容对业主进行回访 **2. 总结和评价** 　物业客户服务部将回访内容记录在业主投诉处理表上，并定期对业主投诉处理工作进行总结，编制总结报告，作为日后工作改进的参考 **工作重点** 　回访内容记录清晰、无误

任务名称	执行程序、工作标准与考核指标
投诉回访	**工作标准**
	时间标准：在投诉处理完毕后的＿＿个工作日内完成回访工作
	考核指标
	☆回访的及时性：在规定的时间内完成业主投诉处理回访工作
	☆总结报告编制的及时性：在规定的时间内完成投诉工作总结报告的编制工作
执行规范	
"物业服务管理制度""业主投诉管理制度""业主投诉记录表""业主投诉处理记录表""投诉处理工作总结"	

第 12 章 ｜ 房地产项目物业管理

12.7 客服中心管理流程设计与工作执行

12.7.1 客服中心管理流程设计

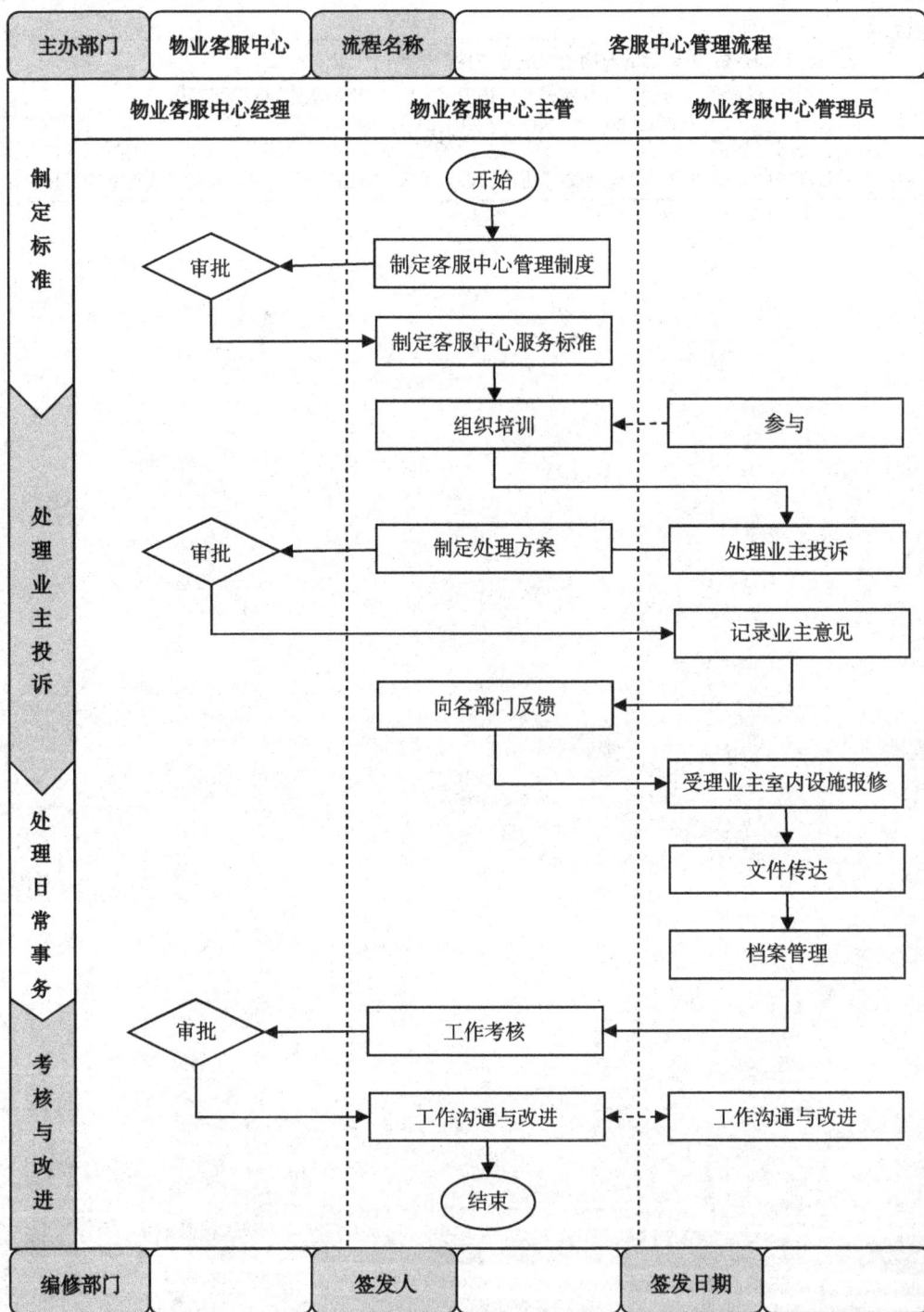

主办部门	物业客服中心	流程名称	客服中心管理流程

	物业客服中心经理	物业客服中心主管	物业客服中心管理员

制定标准 / 处理业主投诉 / 处理日常事务 / 考核与改进

```
                            ┌──────┐
                            │ 开始 │
                            └──┬───┘
                               ↓
        ┌────────┐      ┌─────────────────┐
        │  审批  │ ←──  │制定客服中心管理制度│
        └───┬────┘      └─────────────────┘
            │                  ↓
            └──────→   ┌─────────────────┐
                       │制定客服中心服务标准│
                       └─────────────────┘
                              ↓
                       ┌──────────┐  ←---  ┌────────┐
                       │ 组织培训 │        │  参与  │
                       └──────────┘        └────────┘
                              │                  │
        ┌────────┐   ┌──────────┐      ┌──────────────┐
        │  审批  │ ← │制定处理方案│      │ 处理业主投诉 │
        └───┬────┘   └──────────┘      └──────────────┘
            │                          ┌──────────────┐
            └──────────────────────→   │ 记录业主意见 │
                                       └──────────────┘
        ┌──────────────┐
        │ 向各部门反馈 │
        └──────────────┘
                                       ┌────────────────┐
                                       │受理业主室内设施报修│
                                       └────────────────┘
                                              ↓
                                       ┌──────────┐
                                       │ 文件传达 │
                                       └──────────┘
                                              ↓
                                       ┌──────────┐
                                       │ 档案管理 │
                                       └──────────┘
        ┌────────┐   ┌──────────┐      
        │  审批  │ ← │ 工作考核 │ ←────
        └───┬────┘   └──────────┘
            │        ┌──────────────┐ ←--- ┌──────────────┐
            └──────→ │工作沟通与改进│      │工作沟通与改进│
                     └──────────────┘      └──────────────┘
                            ↓
                       ┌──────┐
                       │ 结束 │
                       └──────┘
```

编修部门		签发人		签发日期	

12.7.2　客服中心管理执行程序、工作标准、考核指标、执行规范

任务名称	执行程序、工作标准与考核指标
制定标准	**执行程序** **1. 制定客服中心管理制度** 物业客服中心主管根据物业客服中心实际情况制定客服中心管理制度，并将其报物业客服中心经理审批 **2. 制定客服中心服务标准** 物业客服中心主管根据审批后的客服中心管理制度制定客服中心服务标准 **工作重点** 客服中心管理制度要结合物业客服中心的实际情况来制定，以便于实施和操作 **工作标准** 时间标准：客服中心管理制度和客服中心服务标准须在____个工作日内制定完成
处理业主投诉	**执行程序** **1. 组织培训** 物业客服中心主管负责组织对物业客服中心管理员就相关的制度和标准进行培训，指导其工作 **2. 处理业主投诉** ☆物业客服中心管理员受理业主投诉，解答并记录业主提出的问题，将相关投诉信息及调查信息报物业客服中心主管，等待处理 ☆物业客服中心主管先审核上报的信息，然后根据信息制定处理方案，并将其报物业客服中心经理审批 ☆业主投诉处理方案经物业客服中心经理审批通过后，由物业客服中心管理员负责执行，接收业主反馈，记录业主意见，并分类、汇总至物业客服中心主管处，由物业客服中心主管将其反馈给相关部门，督促相关部门进行改进 **工作重点** 业主投诉须及时处理，严禁拖延 **工作标准** ☆时间标准：业主投诉的处理工作应在____个工作日内完成 ☆质量标准：投诉记录的内容须清晰、准确 **考核指标** 投诉处理的及时性：在规定的时间内完成业主投诉处理工作
处理日常事务	**执行程序** **1. 受理业主室内设施报修** 物业客服中心管理员受理业主室内设施报修申请，并将信息传达至相关部门 **2. 文件传达** 物业客服中心管理员负责相关部门的协调工作，传达各部门文件 **3. 档案管理** 物业客服中心管理员负责业主档案及客服中心相关文件的管理工作

任务 名称	执行程序、工作标准与考核指标
处理 日常 事务	**工作重点** 　日常事务的处理要及时，严禁拖延
	工作标准
	依据标准：日常事务的处理以相关制度规范为依据
考核 与 改进	**执行程序**
	1. 工作考核 　物业客服中心主管负责对本部门所有管理员的工作进行考核 **2. 工作沟通与改进** 　物业客服中心主管将工作考核结果及时反馈给被考核人员，指出其工作中存在的问题，共同讨论并提出改进措施 **工作重点** 　在工作考核过程中，物业客服中心主管须严格按照考核标准，客观地对物业客服中心管理员的工作进行考核
	工作标准
	☆时间标准：在工作考核结束后的____个工作日内与员工进行沟通 ☆数量标准：工作考核每____（月／季度）进行一次
	执行规范
	"客服中心管理制度""客服中心服务标准""投诉处理方案""业主档案""业主室内设施报修申请表"

12.8.1 环境卫生管理流程设计

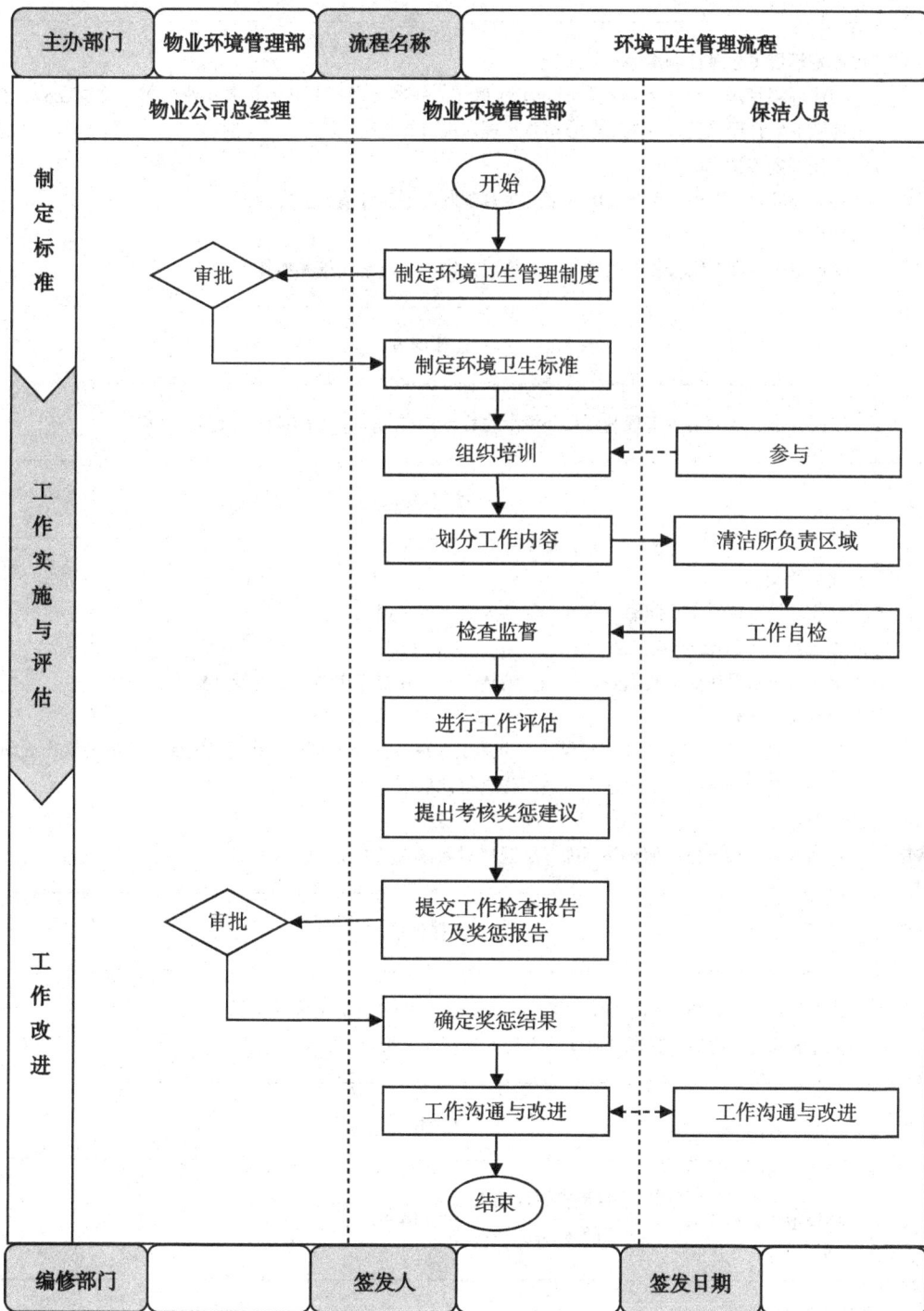

主办部门	物业环境管理部	流程名称	环境卫生管理流程

	物业公司总经理	物业环境管理部	保洁人员
制定标准		开始	
	审批	制定环境卫生管理制度	
		制定环境卫生标准	
工作实施与评估		组织培训	参与
		划分工作内容	清洁所负责区域
		检查监督	工作自检
		进行工作评估	
		提出考核奖惩建议	
工作改进	审批	提交工作检查报告及奖惩报告	
		确定奖惩结果	
		工作沟通与改进	工作沟通与改进
		结束	

编修部门		签发人		签发日期	

第12章 房地产项目物业管理

12.8.2 环境卫生管理执行程序、工作标准、考核指标、执行规范

任务 名称	执行程序、工作标准与考核指标
制定 标准	**执行程序** **1. 制定环境卫生管理制度** 　物业环境管理部结合本物业公司的实际情况，并参考同行业其他优秀物业公司的管理经验，制定环境卫生管理制度，上报物业公司总经理审批 **2. 制定环境卫生标准** 　物业环境管理部根据审批后的环境卫生管理制度制定环境卫生标准 **工作重点** 　环境卫生标准要结合物业公司的实际情况制定，以便于实施和操作 **工作标准** 时间标准：环境卫生管理制度和环境卫生标准须在____个工作日内制定完成
工作 实施 与 评估	**执行程序** **1. 组织培训** 　物业环境管理部负责组织对本部门保洁人员进行培训 **2. 清洁所负责区域** 　保洁人员依照作业规程做好环境卫生清洁工作，并在工作结束后进行自检 **3. 进行工作评估** 　物业环境管理部先安排专人对保洁人员的工作进行检查与监督，然后根据保洁人员的工作表现，参照公司制定的标准，对保洁人员的工作进行评估 **工作重点** 　评估人员必须严格按照评估标准，客观地对保洁人员的工作进行评估 **工作标准** ☆内容标准：培训的内容主要是环境卫生管理制度和环境卫生标准 ☆数量标准：物业环境管理部对保洁人员的工作检查每月不少于____次 **考核指标** $$环境卫生达标率 = \frac{环境卫生检查达标的次数}{环境卫生检查总次数} \times 100\%$$

任务 名称	执行程序、工作标准与考核指标
工作 改进	**执行程序** **1. 提出考核奖惩建议** 　物业环境管理部先根据保洁人员工作评估的结果，依照物业公司的考核制度，提出考核奖惩建议，然后向物业公司总经理提交工作检查报告及奖惩报告，请总经理审批 **2. 工作沟通与改进** 　物业环境管理部将工作评估结果及时反馈给被评估人员，指出其工作中存在的问题，共同讨论并提出改进措施 **工作重点** 　根据沟通的情况提出改进措施
	工作标准 　时间标准：在工作评估结束后的＿＿＿个工作日内与员工进行沟通

执行规范
"环境卫生管理制度""环境卫生标准""卫生检查表""每日清洁检查评估表""卫生检查考核表"

第 12 章　房地产项目物业管理

第13章 房地产项目财务管理

13.1 房地产项目财务管理流程设计

13.1.1 流程目的的说明

财务状况是影响房地产项目公司发展的重要因素，房地产项目公司设计财务管理流程的目的如下：

（1）确保房地产项目财务管理各项工作安排妥当；

（2）不断提高房地产项目财务管理水平，及时监控财务状况，合理规避财务风险；

（3）及时响应国家政策变化，进入存量时代后，降负债以保障项目公司的进一步发展。

13.1.2 流程结构设计

房地产项目财务管理流程设计可采取并列式结构，即将房地产项目财务管理细分为6个事项，分别就每个事项设计流程，具体的结构设计如图13-1所示。

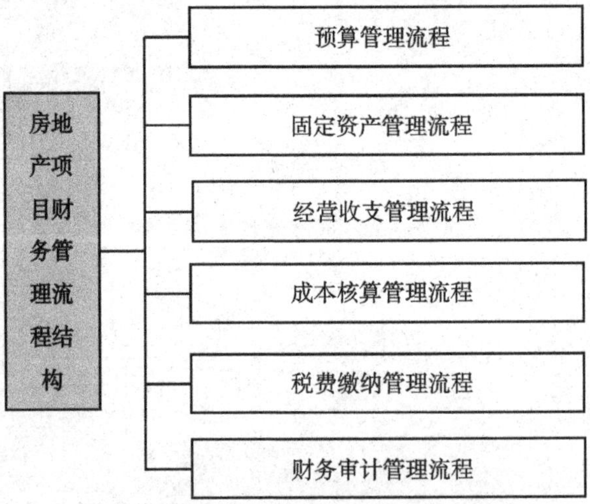

图13-1 房地产项目财务管理流程结构设计

13.2.1　预算管理流程设计

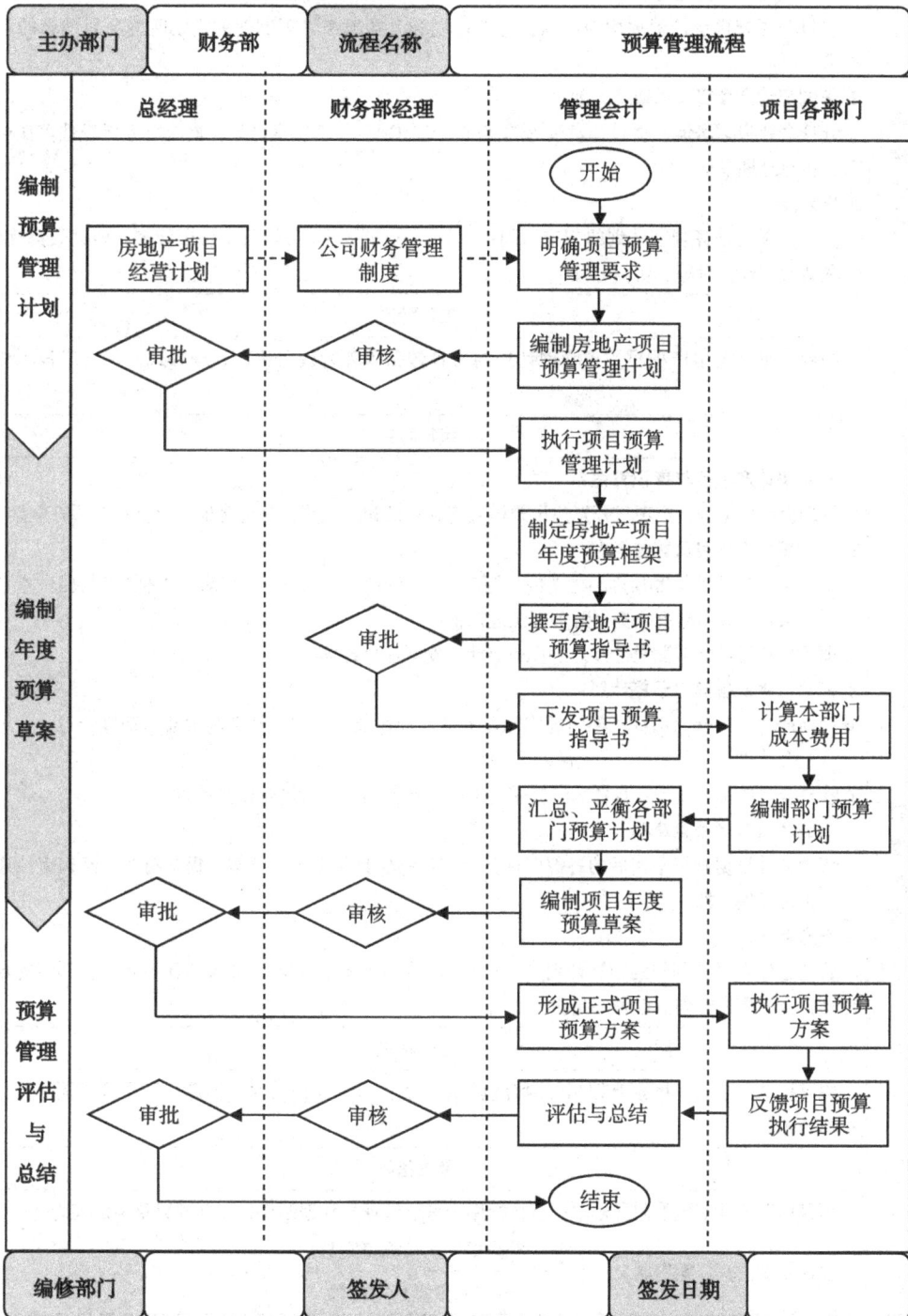

主办部门	财务部	流程名称	预算管理流程		

	总经理	财务部经理	管理会计	项目各部门

编制预算管理计划

开始

房地产项目经营计划 ⇢ 公司财务管理制度 ⇢ 明确项目预算管理要求

审批 ← 审核 ← 编制房地产项目预算管理计划

执行项目预算管理计划

制定房地产项目年度预算框架

编制年度预算草案

撰写房地产项目预算指导书 → 审批

下发项目预算指导书 → 计算本部门成本费用

汇总、平衡各部门预算计划 ← 编制部门预算计划

审批 ← 审核 ← 编制项目年度预算草案

预算管理评估与总结

形成正式项目预算方案 → 执行项目预算方案

审批 ← 审核 ← 评估与总结 ← 反馈项目预算执行结果

结束

编修部门		签发人		签发日期	

第 13 章　房地产项目财务管理

13.2.2　预算管理执行程序、工作标准、考核指标、执行规范

任务名称	执行程序、工作标准与考核指标
编制预算管理计划	**执行程序** **1. 明确项目预算管理要求** 　项目公司管理会计根据房地产项目经营计划和公司财务管理制度的规定明确项目预算的管理要求 **2. 编制房地产项目预算管理计划** 　管理会计根据房地产项目开发设计的情况，编制项目预算管理计划，提交财务部经理审核通过后，报总经理审批 **工作重点** 　房地产项目预算管理计划的制定原则：以目标利润为导向进行成本费用管控，做到效益优先、增利减亏、权责对等、切实可行 **工作标准** 　内容标准：房地产项目预算管理计划的内容包括预算管理目标、管理方式、审批流程、责任人等
编制年度预算草案	**执行程序** **1. 制定房地产项目年度预算框架** 　管理会计根据房地产项目开发建设规模确定项目的初步预算，制定房地产项目年度预算框架 **2. 撰写房地产项目预算指导书** ☆管理会计在项目年度预算的框架内撰写项目预算指导书，为项目各部门的预算编制提供指导原则。项目预算指导书须提交财务部经理审批 ☆项目预算指导书审批通过后，由管理会计下发至项目各部门 **3. 汇总、平衡各部门预算计划** ☆房地产项目各部门根据本部门的实际业务情况计算成本费用，并编制本部门预算计划，上报给管理会计 ☆管理会计汇总并整理项目各部门提交的部门预算计划，对其进行试算平衡 **4. 编制项目年度预算草案** 　管理会计根据试算平衡后的各部门预算计划编制项目年度预算草案，提交财务部经理审核通过后，报总经理审批 **工作重点** 　管理会计在对各部门的预算计划进行汇总与试算平衡时，可能会多次调整与修改各部门的预算计划，这就要求管理会计做好与相关部门的沟通工作，避免产生误会 **工作标准** 　内容标准：项目年度预算编制的内容包括成本费用预算、经营收入预算、资产负债预算、财务指标预算等 **考核指标** 　项目年度预算草案编制合格率：该指标用于考核管理会计编制项目年度预算草案的能力 　项目年度预算草案编制合格率 $= \dfrac{\text{符合要求的预算草案数}}{\text{编制的预算草案总数}} \times 100\%$

任务名称	执行程序、工作标准与考核指标
预算管理评估与总结	**执行程序** **1. 反馈项目预算执行结果** ☆项目年度预算草案审批通过后，管理会计根据审批意见修改并形成正式的项目预算方案，下发项目各部门执行 ☆房地产项目各部门按照项目预算方案执行本部门的预算计划，将预算执行结果反馈给管理会计 **2. 评估与总结** 　管理会计汇总项目各部门反馈的预算执行结果，对预算管理工作进行评估与总结，编写预算管理总结报告，提交财务部经理审核通过后，报总经理审批 **工作重点** 　项目预算执行结果的反馈信息必须真实、准确，保证预算管理总结报告的准确性
	工作标准 　考核标准：管理会计须在收到各部门预算执行反馈信息后的＿＿＿天内完成预算管理总结报告的编制工作
执行规范	
"公司财务管理制度""项目年度预算书""项目预算指导书""项目年度预算草案""预算管理总结报告"	

13.3.1 固定资产管理流程设计

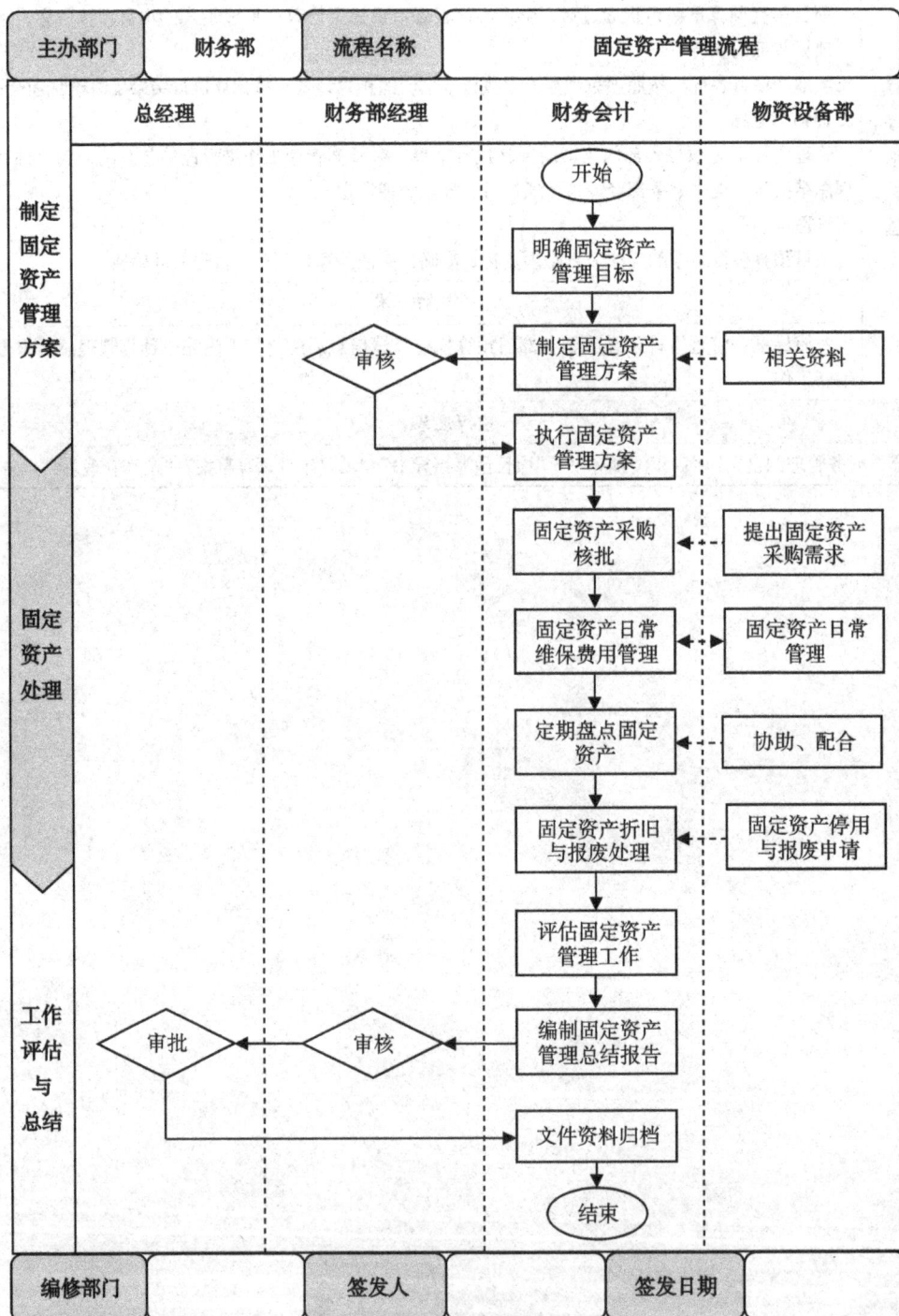

主办部门	财务部	流程名称	固定资产管理流程

	总经理	财务部经理	财务会计	物资设备部
制定固定资产管理方案			开始	
			明确固定资产管理目标	
		审核	制定固定资产管理方案	相关资料
			执行固定资产管理方案	
固定资产处理			固定资产采购核批	提出固定资产采购需求
			固定资产日常维保费用管理	固定资产日常管理
			定期盘点固定资产	协助、配合
			固定资产折旧与报废处理	固定资产停用与报废申请
工作评估与总结			评估固定资产管理工作	
	审批	审核	编制固定资产管理总结报告	
			文件资料归档	
			结束	

编修部门		签发人		签发日期	

房地产项目管理全案

13.3.2　固定资产管理执行程序、工作标准、考核指标、执行规范

任务名称	执行程序、工作标准与考核指标
制定固定资产管理方案	**执行程序** **1. 明确固定资产管理目标** 　财务会计依据项目公司固定资产管理制度的规定，明确房地产项目固定资产管理工作的目标 **2. 制定固定资产管理方案** 　财务会计结合项目公司固定资产的实际情况制定固定资产管理方案，提交财务部经理审核 **工作重点** 　固定资产应涵盖生产建设用固定资产、非生产建设用固定资产、租出固定资产、未使用固定资产、融资租赁固定资产等 **工作标准** 　内容标准：固定资产管理方案的内容包括固定资产的计划、购置、验收、登记、领用、使用、维修及报废等
固定资产处理	**执行程序** **1. 固定资产采购批复** ☆物资设备部根据房地产项目开发建设要求提出相关固定资产的采购需求，填写采购申请 ☆财务会计根据固定资产管理方案和固定资产管理制度的规定，对物资设备部的采购申请进行核批 **2. 固定资产日常维保费用管理** ☆固定资产验收登记后交由相关项目部门使用，物资设备部对固定资产的日常使用情况进行检查和管理，及时对相关固定资产进行维护与保养 ☆财务会计对固定资产的日常维保费用进行管理 **3. 定期盘点固定资产** ☆财务会计定期对项目公司所有的固定资产进行盘点，掌握固定资产的整体情况 ☆物资设备部协助财务会计开展盘点工作 **4. 固定资产折旧与报废处理** ☆物资设备部根据固定资产的使用情况，提交固定资产停用与报废申请 ☆财务会计对经营租赁性质租出和融资租赁性质租入的固定资产计提折旧费，对确需停用与报废的固定资产办理相关手续 **工作重点** 　固定资产是项目公司资产的重要组成部分，固定资产的采购、使用、停用和报废都应严格按照固定资产管理制度的规定程序进行，任何部门和个人都不得擅自处理，财务部和物资设备部要加强检查 **工作标准** 　依据标准：固定资产管理的全过程符合房地产项目公司固定资产管理制度的规定 **考核指标** 　固定资产管理程序出错率：目标值为0，可接受值小于＿＿＿% $$固定资产管理程序出错率 = \frac{出现失误的管理程序个数}{固定资产管理程序总个数} \times 100\%$$

任务名称	执行程序、工作标准与考核指标
	执行程序
工作评估与总结	**1. 评估固定资产管理工作** 　　财务会计对固定资产管理工作的结果进行自我评估和检查，发现管理过程中的问题和漏洞 **2. 编制固定资产管理总结报告** 　　财务会计根据固定资产管理工作的评估结果编制固定资产管理总结报告，提交财务部经理审核通过后，报总经理审批 **工作重点** 　　固定资产管理评估的结果能够真实反映实际管理成果，不故意忽略缺陷，不过分夸大成绩
	工作标准
	质量标准：固定资产管理总结报告多采用图表、数据的表现形式，结果阐述客观，无弄虚作假
	执行规范

"公司固定资产管理制度""固定资产管理方案""固定资产管理总结报告"

13.4.1 经营收支管理流程设计

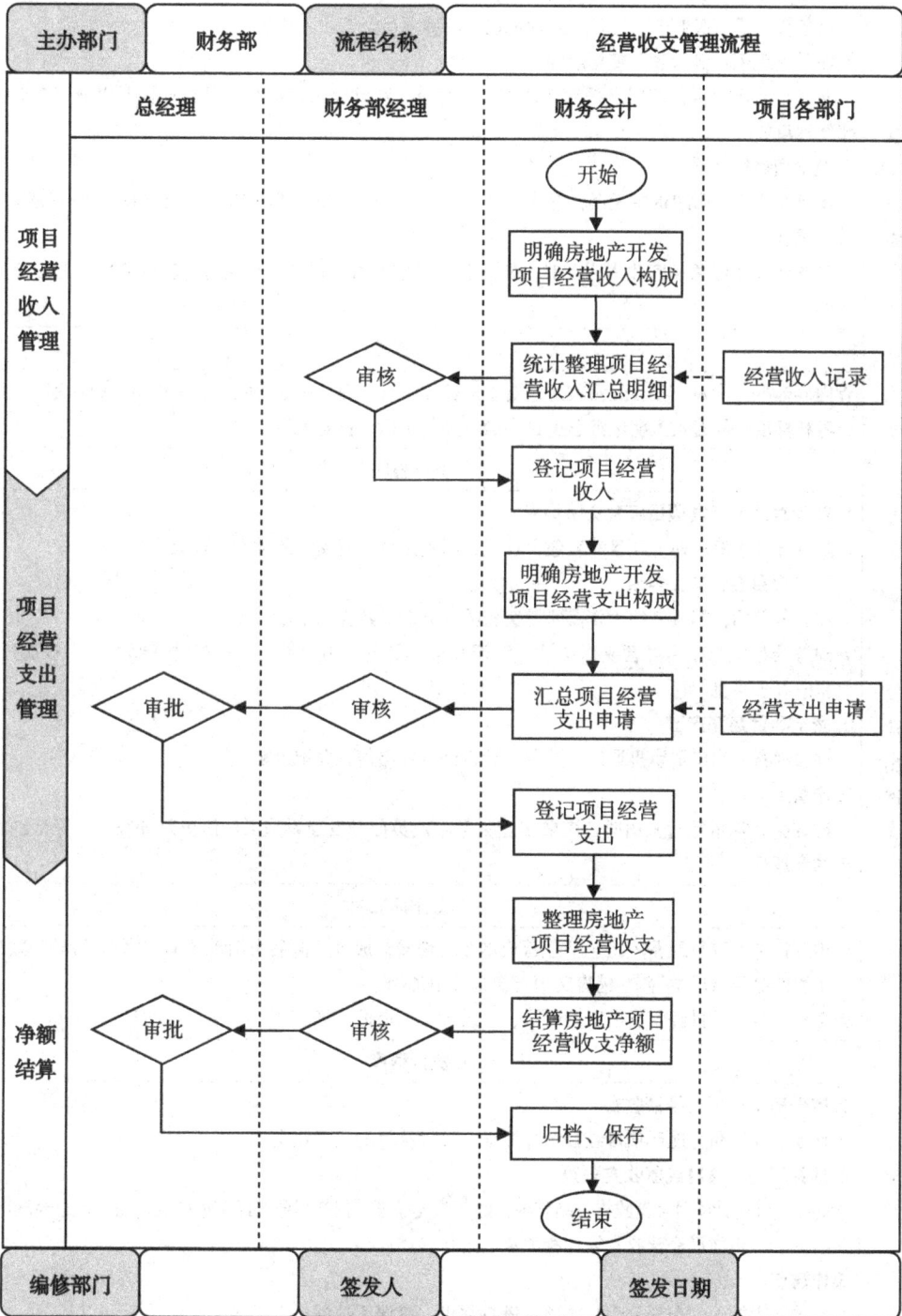

主办部门	财务部	流程名称	经营收支管理流程

	总经理	财务部经理	财务会计	项目各部门

项目经营收入管理

开始

明确房地产开发项目经营收入构成

统计整理项目经营收入汇总明细 ← 经营收入记录

审核

登记项目经营收入

项目经营支出管理

明确房地产开发项目经营支出构成

汇总项目经营支出申请 ← 经营支出申请

审核

审批

登记项目经营支出

整理房地产项目经营收支

净额结算

结算房地产项目经营收支净额

审核

审批

归档、保存

结束

编修部门		签发人		签发日期	

13.4.2　经营收支管理执行程序、工作标准、考核指标、执行规范

任务名称	执行程序、工作标准与考核指标
项目经营收入管理	**执行程序** **1. 明确房地产开发项目经营收入构成** 　财务会计了解房地产项目开发经营过程，明确项目经营收入构成 **2. 统计整理项目经营收入汇总明细** 　财务会计将项目各部门上报的经营收入信息进行统计整理，汇总项目经营收入明细，提交财务部经理审核 **3. 登记项目经营收入** 　项目经营收入明细审核无误，财务会计将项目经营收入登记到相应的会计科目和会计账簿 **工作重点** 　财务会计在汇总经营收入明细时，要注意与对应的财务账户进行核对，确认款项、金额等信息无误 **工作标准** ☆内容标准：房地产项目经营收入包括土地转让收入、商品房销售收入、房屋出租收入等 ☆考核标准：经营收入明细汇总类目准确、金额正确、核对无误
项目经营支出管理	**执行程序** **1. 明确房地产开发项目经营支出构成** 　财务会计了解房地产项目开发建设过程，明确项目经营支出的种类和构成 **2. 汇总项目经营支出申请** ☆项目各部门根据具体的工作需要提交相关业务的经营支出申请 ☆财务会计汇总项目经营支出申请，整理并编制经营支出申请表，提交财务部经理审核通过后，报总经理审批 **3. 登记项目经营支出** 　项目经营支出申请审批通过，财务会计将经营支出信息登记入账 **工作重点** 　财务会计初审经营支出时，应参照过去年度或类似开发建设项目的历史财务数据，保证经营支出的合理性 **工作标准** ☆内容标准：项目经营支出包括经营成本（土地转让成本、商品房销售成本、代建工程结算成本、出租产品经营成本等）、销售费用、税金及附加等 ☆考核标准：项目经营支出审查严格、手续齐全、审批合规
净额结算	**执行程序** **1. 整理房地产项目经营收支** 　财务会计按照房地产项目经营结算要求，整理项目的经营收支 **2. 结算房地产项目经营收支净额** ☆财务会计统计项目经营收支，结算项目经营收支净额，提交财务部经理审核通过后，报总经理审批 ☆财务会计将项目经营收支管理相关资料进行归档保存 **工作重点** 　对结算周期内的全部经营收支项目进行整理，确保无遗漏、无错误

任务名称	执行程序、工作标准与考核指标
净额结算	**工作标准**
	考核标准：项目经营收支净额结算合规、数据正确
	考核指标
	收支净额计算准确率：目标值为 100%，全部经营收支项目计算正确
	收支净额计算准确率 = $\dfrac{\text{数据正确的净额计算结果数}}{\text{收支净额计算结果总数}} \times 100\%$
	执行规范
	"项目经营收入明细表""项目经营支出申请表""项目经营收支净额结算表"

13.5 成本核算管理流程设计与工作执行

13.5.1 成本核算管理流程设计

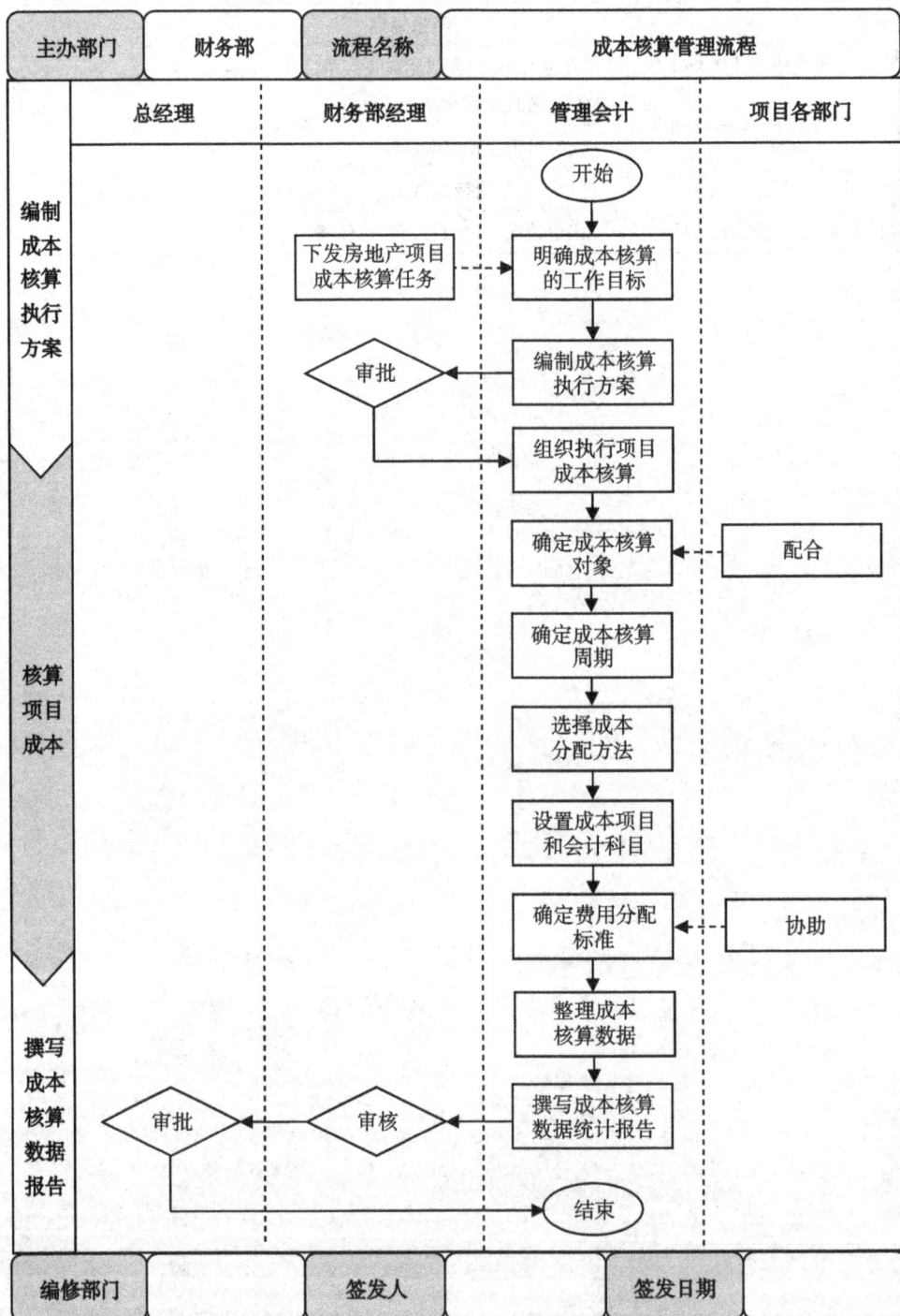

主办部门	财务部	流程名称	成本核算管理流程

	总经理	财务部经理	管理会计	项目各部门

编制成本核算执行方案

开始

下发房地产项目成本核算任务 ┄→ 明确成本核算的工作目标

审批 ← 编制成本核算执行方案

组织执行项目成本核算

确定成本核算对象 ┄ 配合

核算项目成本

确定成本核算周期

选择成本分配方法

设置成本项目和会计科目

确定费用分配标准 ┄ 协助

整理成本核算数据

撰写成本核算数据报告

审批 ← 审核 ← 撰写成本核算数据统计报告

结束

编修部门		签发人		签发日期	

13.5.2　成本核算管理执行程序、工作标准、考核指标、执行规范

任务名称	执行程序、工作标准与考核指标
编制成本核算执行方案	**执行程序** **1. 明确成本核算的工作目标** 　财务部经理根据项目财务管理要求下发成本核算任务，项目公司内部管理会计明确成本核算的工作目标 **2. 编制成本核算执行方案** ☆管理会计编制成本核算执行方案，提交财务部经理审批 ☆成本核算执行方案经审批通过后，由管理会计组织实施 **工作重点** 　成本核算的目标一般包括优化成本决策、帮助计划编制、衡量资产与收益、确定产品价格、加强成本控制等 **工作标准** 内容标准：成本核算执行方案包括核算目标、核算对象、阶段任务、执行人及核算方法概述等
核算项目成本	**执行程序** **1. 确定成本核算对象** 　管理会计根据房地产项目核算目的确定成本核算对象。成本核算对象为房地产项目产品在开发和建设过程中的各类耗费的费用承担主体 **2. 确定成本核算周期** 　管理会计根据房地产项目开发建设情况确定成本核算周期 **3. 选择成本分配方法** 　管理会计针对成本核算对象的特点选择合适的成本分配方法，将可以清晰归类成本核算对象的项目直接计入成本核算对象的成本；当无法清晰归类成本核算对象的项目，需要由两个或多个成本核算对象负担时，应先进行归集，再分配计入有关成本核算对象的开发成本 **4. 确定费用分配标准** 　对于无法清晰归类成本核算对象的项目，管理会计需要确定相关成本费用的分配标准 **工作重点** 　由于房地产项目开发建设具有复杂性，会导致有些成本核算项目无法清晰归类，因此要求管理会计必须熟练掌握成本分配方法和费用分配标准 **工作标准** ☆分类标准：成本核算对象的分类方法有单体开发划分、群体开发划分、分期（区）划分、功能分区划分及结构划分等 ☆内容标准：成本分配的内容包括土地成本分配、公共配套设施费分配、利息费用分配及其他成本分配等 **考核指标** 费用分配标准的合理性：要求将费用准确、合理地归类到对应成本的会计科目中

（续）

任务名称	执行程序、工作标准与考核指标
撰写成本核算数据报告	**执行程序** **1. 整理成本核算数据** 　管理会计完成成本核算过程，整理成本核算数据 **2. 撰写成本核算数据统计报告** 　管理会计根据成本核算结果撰写成本核算数据统计报告，提交财务部经理审核通过后，报总经理审批 **工作重点** 　成本核算数据统计报告全面反映了项目公司阶段性的项目开发成本情况 **工作标准** ☆质量标准：成本核算数据统计报告中记录的数据准确、使用的分配与核算方法正确、结果直观、分析全面 ☆考核标准：管理会计须在完成成本核算后的＿＿天内提交统计报告 **考核指标** 成本核算数据统计报告合格率：该指标用于反映管理会计撰写数据统计报告的水平 $$成本核算数据统计报告合格率 = \frac{符合标准的统计报告数}{撰写的统计报告数} \times 100\%$$
执行规范	
"成本核算执行方案""费用分配标准说明""成本核算数据统计报告"	

13.6 税费缴纳管理流程设计与工作执行

13.6.1 税费缴纳管理流程设计

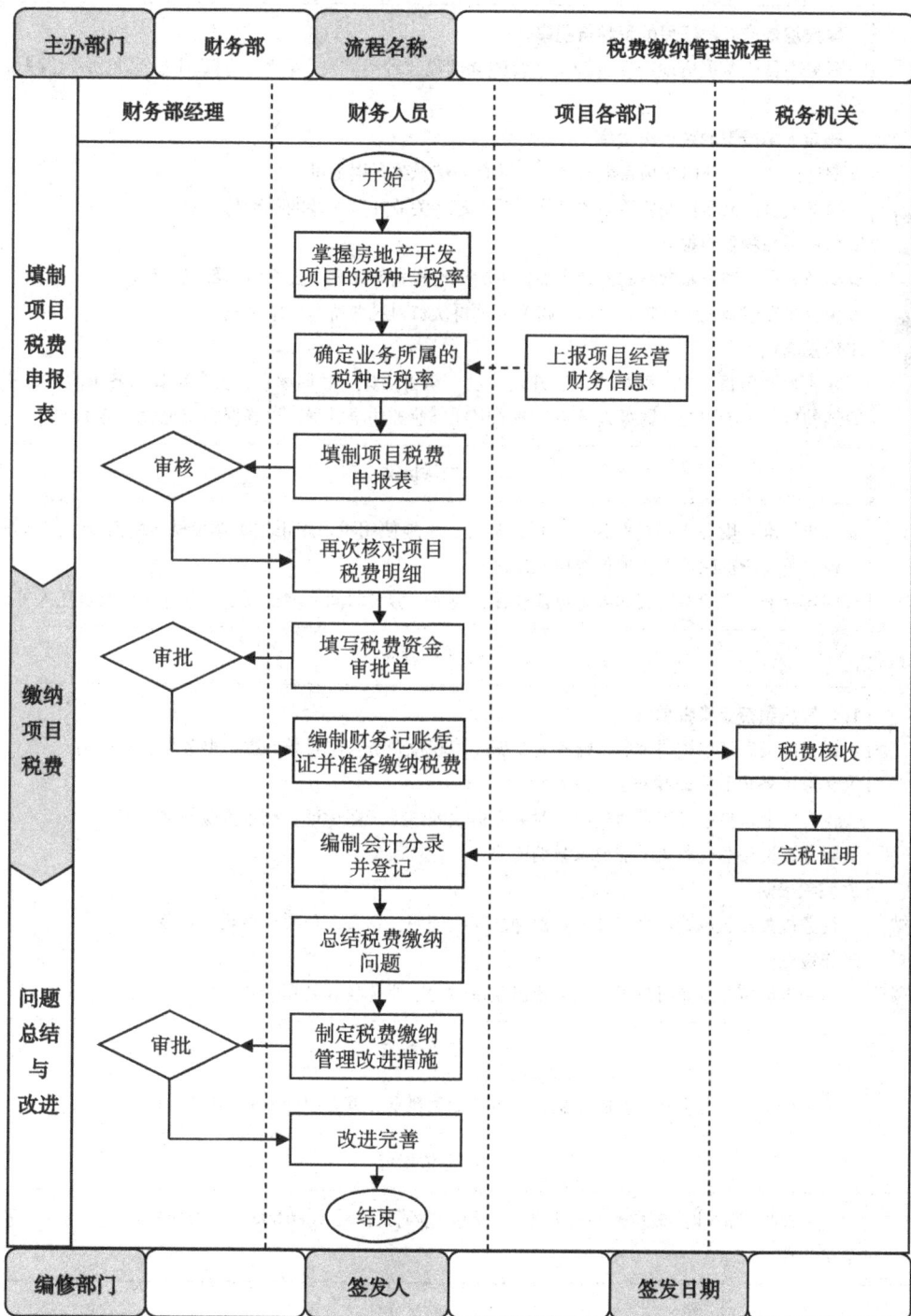

主办部门	财务部	流程名称	税费缴纳管理流程

	财务部经理	财务人员	项目各部门	税务机关

填制项目税费申报表

开始

掌握房地产开发项目的税种与税率

确定业务所属的税种与税率 ← 上报项目经营财务信息

审核 ← 填制项目税费申报表

再次核对项目税费明细

审批 ← 填写税费资金审批单

缴纳项目税费

编制财务记账凭证并准备缴纳税费 → 税费核收

编制会计分录并登记 ← 完税证明

问题总结与改进

总结税费缴纳问题

审批 ← 制定税费缴纳管理改进措施

改进完善

结束

编修部门		签发人		签发日期	

13.6.2　税费缴纳管理执行程序、工作标准、考核指标、执行规范

任务名称	执行程序、工作标准与考核指标
填制项目税费申报表	**执行程序** **1. 掌握房地产开发项目的税种与税率** 　财务人员应掌握房地产项目开发涉及的全部税收种类和对应税率，明确应税标准和合法减税的条件 **2. 确定业务所属的税种与税率** ☆房地产项目各部门将项目经营活动中的财务信息报送财务部 ☆财务人员根据项目经营活动的具体情况确定相关业务所涉及的税种与税率 **3. 填制项目税费申报表** ☆财务人员整理需要缴纳的税费明细，填制项目税费申请表，提交财务部经理审核 ☆项目税费申请表经审核通过后，财务部须再次核对税费待缴明细信息 **工作重点** 　在房地产项目设立、获取土地、开发建设、销售转让、后期运营、清盘结算的各个阶段，所需缴纳的税费是不同的，财务人员要详细了解项目业务的全过程，以确保完成税费缴纳工作
	工作标准 ☆考核标准：财务人员应掌握印花税、契税、土地使用税、城市维护建设税、增值税、土地增值税、企业所得税等重要税种的相关知识 ☆内容标准：税费申报表的内容包括税种、税率、缴税时间、纳税周期、统计人员及责任人等
缴纳项目税费	**执行程序** **1. 填写税费资金审批单** 　税费申报表经审核通过后，财务人员据此填写税费资金审批单，提交财务部经理审批 **2. 编制财务记账凭证并准备缴纳税费** ☆税费资金审批单经审批通过后，财务人员编制财务记账凭证，准备资金缴纳税费 ☆财务人员按照税务机关的要求缴纳税费 **3. 完税证明** 　税务机关核收税费后会出具相关税种的完税证明，财务人员要注意收取并核对 **工作重点** 　财务人员应注意及时缴税，不得超出缴税时间，避免税收处罚
	工作标准 考核标准：财务人员要按时正确、完整地缴纳税费，并及时收取相关税费的完税证明
	考核指标 税费缴纳及时性：该指标是对财务人员税费缴纳工作效率的考核，一般应提前＿＿＿天完成税费缴纳工作

（续）

任务名称	执行程序、工作标准与考核指标
问题总结与改进	**执行程序** **1. 总结税费缴纳问题** 　税费缴纳完成后，财务部回顾税费缴纳过程，针对出现的问题进行分析和总结 **2. 制定税费缴纳管理改进措施** ☆财务人员根据对问题的分析和总结，制定税费缴纳管理改进措施，提交财务部经理审批 ☆财务部逐步改进并完善税费缴纳管理工作 **工作重点** 　财务人员制定的税费缴纳管理改进措施要能够切实解决实际问题，有利于提高工作效率和工作成果 **工作标准** 　考核标准：财务人员应在税费缴纳问题出现后的____天内制定税费缴纳管理改进措施，并提交审批 **考核指标** 　税费缴纳管理改进措施的有效性：要求能够切实提升税费缴纳管理工作的质量和效率
执行规范	

"项目税费申请表""税费资金审批单""税费缴纳管理改进措施"

13.7.1 财务审计管理流程设计

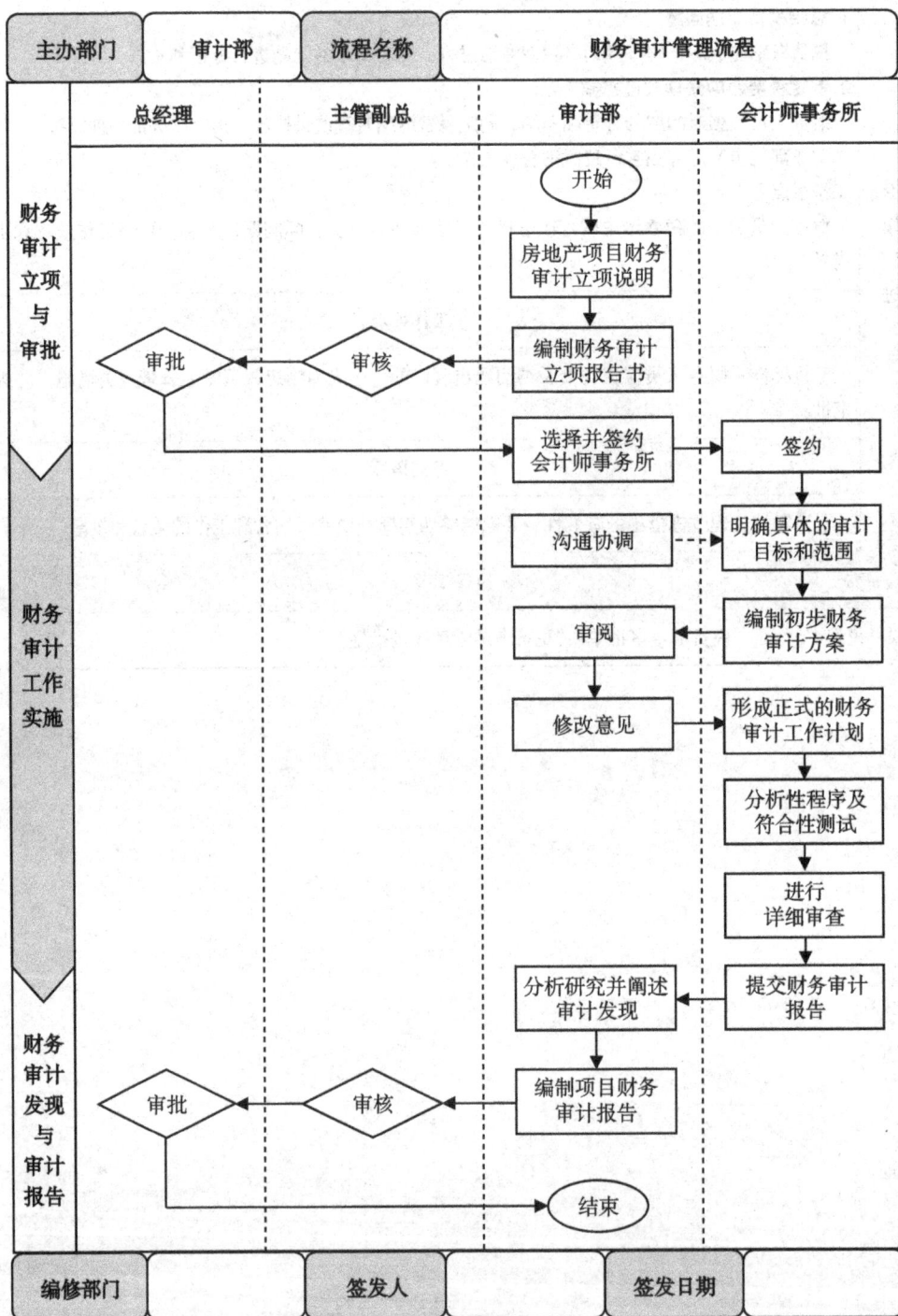

主办部门	审计部	流程名称	财务审计管理流程

	总经理	主管副总	审计部	会计师事务所

财务审计立项与审批

开始

房地产项目财务审计立项说明

编制财务审计立项报告书

审批 ← 审核 ←

选择并签约会计师事务所 → 签约

财务审计工作实施

沟通协调 ⇠ 明确具体的审计目标和范围

审阅 ← 编制初步财务审计方案

修改意见 → 形成正式的财务审计工作计划

分析性程序及符合性测试

进行详细审查

财务审计发现与审计报告

分析研究并阐述审计发现 ← 提交财务审计报告

审批 ← 审核 ← 编制项目财务审计报告

结束

编修部门		签发人		签发日期	

房地产项目管理全案

13.7.2 财务审计管理执行程序、工作标准、考核指标、执行规范

任务名称	执行程序、工作标准与考核指标
财务审计立项与审批	**执行程序** **1. 房地产项目财务审计立项说明** 审计部根据房地产项目公司审计管理制度的要求，对即将开展的财务审计工作进行立项说明 **2. 编制财务审计立项报告书** 审计部编制财务审计立项报告书，提交主管副总审核通过后，报总经理审批 **3. 选择并签约会计师事务所** 财务审计立项通过，审计部选择优秀的会计师事务所，经过评审后与其签约 **工作重点** 财务审计立项要确定具体的审计项目、审计对象，并且必须获得总经理、总裁、董事会等高级领导层的批准和授权 **工作标准** 内容标准：财务审计立项报告书的内容包括审计项目、立项依据、审计内容、审计方式和负责人等 **考核指标** 会计师事务所签约条件合格率：目标值为100%，该指标主要考核审计部选择的签约会计师事务所的质量 $$会计师事务所签约条件合格率 = \frac{会计师事务所符合的签约条件个数}{签约必要条件总数} \times 100\%$$
财务审计工作实施	**执行程序** **1. 明确具体的审计目标和范围** ☆审计部与签约会计师事务所沟通，表达审计诉求，帮助事务所明确项目公司财务审计的具体目标和审计范围 ☆会计师事务所研究项目公司的背景资料，确定财务审计工作时间 **2. 编制初步财务审计方案** 会计师事务所围绕财务审计目标和审计范围，编制初步财务审计方案，提交项目公司审计部审阅 **3. 形成正式的财务审计工作计划** ☆审计部审阅初步财务审计方案后，针对缺失的部分提出相应的修改意见和建议 ☆会计师事务所参照审计部的意见和建议，形成正式的财务审计工作计划 **4. 分析性程序及符合性测试** ☆会计师事务所根据财务报表和相关业务数据完成有关比例、比率和趋势变动等分析性程序 ☆会计师事务所根据分析性程序的结果，研究各项指标与一般情况的符合性，以便发现异常和重大风险

第 13 章 房地产项目财务管理

任务 名称	执行程序、工作标准与考核指标
财务 审计 工作 实施	**执行程序** **5. 进行详细审查** 　　会计师事务所对项目公司经营性活动所产生的财务证据进行详细审查，重点审查财务证据的一致性和实质性 **工作重点** 　　项目公司审计部要与会计师事务所充分沟通，发挥协助和监督作用，确保会计师事务所按照要求完成财务审计工作 **工作标准** 　　内容标准：财务审计的范围包括财务工作的恰当性和有效性，财务会计信息和资料的准确性、完整性、可靠性，资产运营情况，对法律法规的遵守和执行情况。分析性程序及符合性测试包括实际费用与预算的比较、年度内各月财务数据的比较及趋势分析、年度间财务数据的比较及趋势分析、账户间关系分析等 **考核指标** 　　审计部对财务审计工作的参与度：该定性指标是反映审计部工作积极性和负责态度的重要依据
财务 审计 发现 与 审计 报告	**执行程序** **1. 分析研究并阐述审计发现** ☆会计师事务所完成财务审计工作，向审计部提交财务审计报告 ☆审计部阅读并研究财务审计报告，阐述审计发现 **2. 编制项目财务审计报告** 　　审计部在会计师事务所提交的财务审计报告的基础上，结合审计发现的内容，编制项目财务审计报告，提交主管副总审核通过后，报总经理审批 **工作重点** ☆审计发现要详细阐述因实际情况与标准产生差异而造成的影响及相关风险 ☆项目财务审计报告要提出具体的、适当的审计建议，以利于进一步完善财务管理工作、降低相关风险 **工作标准** ☆内容标准：审计发现的内容包括事实情况、相关问题、标准及期望、原因及结果，应以书面文字、图、表的形式呈现 ☆考核标准：审计部应在收到会计师事务所出具的财务审计报告的____天内完成项目财务审计报告的编制工作 **考核指标** ☆审计发现的全面性：该定性指标是对审计部阅读会计师事务所出具的财务审计报告能力的考核，主要考核审计部发现问题、分析问题的能力与水平

（续）

任务 名称	执行程序、工作标准与考核指标
财务 审计 发现 与 审计 报告	**考核指标** ☆项目财务审计报告合格率：该指标用于考核审计部编制项目财务审计报告的质量，是对审计部财务审计总结工作的评估 $$项目财务审计报告合格率 = \frac{符合标准的项目财务审计报告数}{编制的项目财务审计报告数} \times 100\%$$
	执行规范
	"房地产项目财务审计立项说明书""房地产项目财务审计立项报告书""初步财务审计方案""财务审计工作计划""房地产项目财务审计报告"

14.1 房地产项目行政、人事、法务管理流程设计

14.1.1 流程目的说明

房地产项目公司对行政、人事、法务进行流程管理的目的如下：

（1）指导公司行政、人事、法务管理等工作，确保各项业务正常推进；

（2）明确公司行政、人事、法务管理等工作的重要节点，避免工作逻辑混乱；

（3）规范公司行政、人事、法务管理等工作的工作程序，逐步提升公司管理的规范化与标准化程度，从流程角度出发提高公司的整体竞争力。

14.1.2 流程结构设计

房地产项目行政、人事、法务管理流程设计可采取并列式结构，即将房地产项目行政、人事、法务管理细分为 8 个事项，分别就每个事项设计流程，即会议管理流程、招聘管理流程、培训管理流程、绩效管理流程、保险管理流程、员工辞退管理流程、合同管理流程及法务管理流程，具体的结构设计如图 14-1 所示。

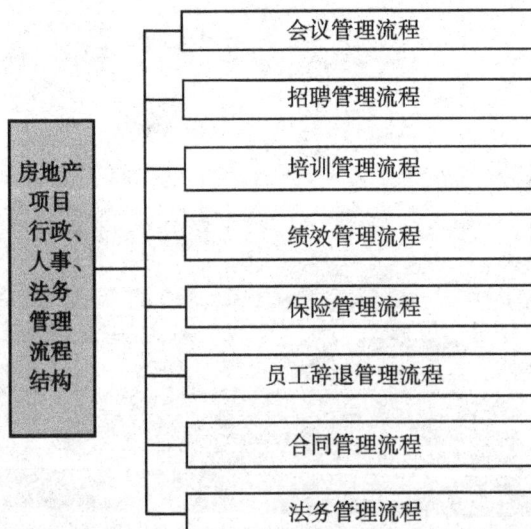

图 14-1 房地产项目行政、人事、法务管理流程结构设计

14.2 会议管理流程设计与工作执行

14.2.1 会议管理流程设计

主办部门	行政部	流程名称	会议管理流程	
	总经理	行政部经理	办公室主任	办公室秘书	其他相关部门

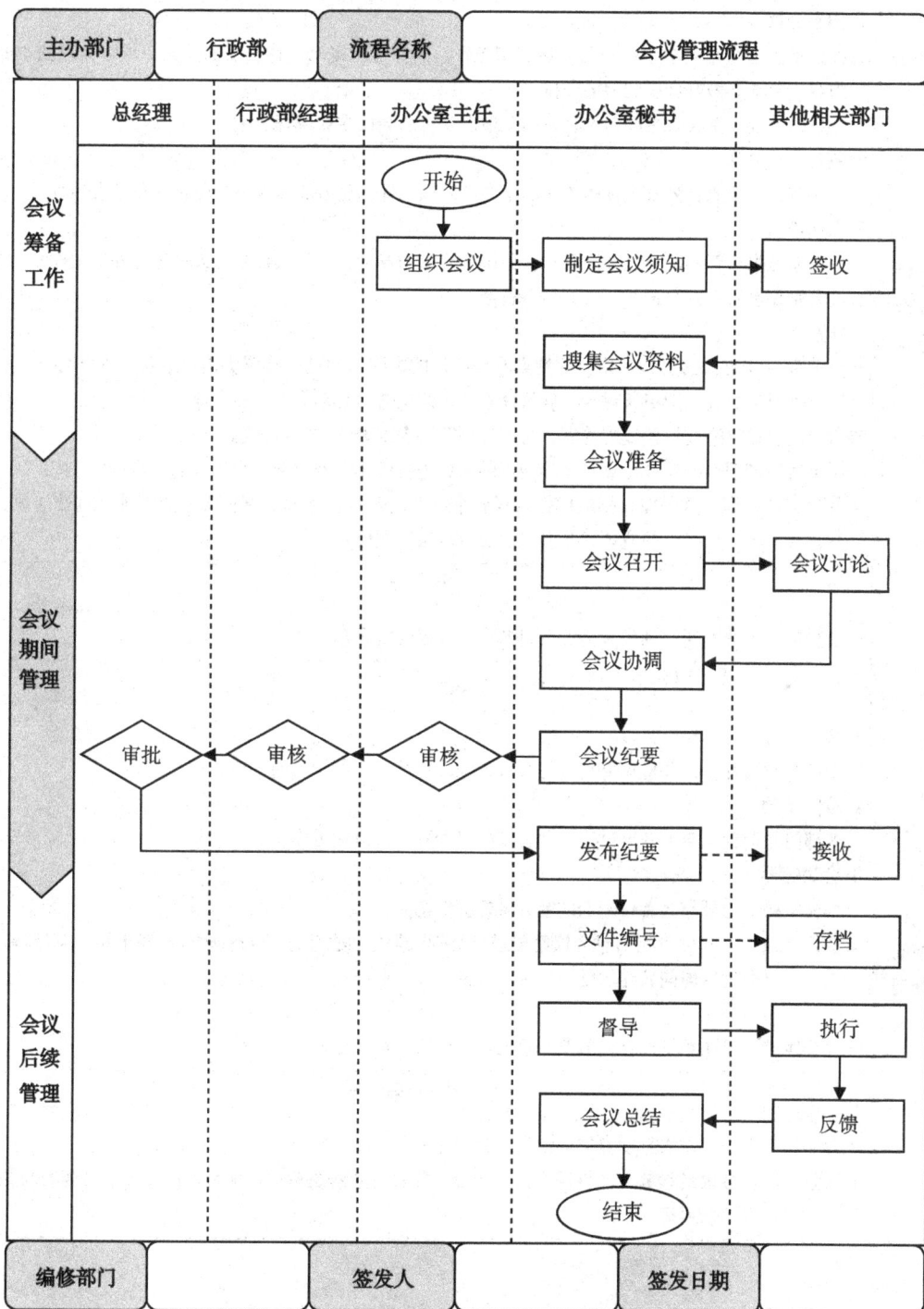

14.2.2　会议管理执行程序、工作标准、考核指标、执行规范

任务名称	执行程序、工作标准与考核指标
会议筹备工作	**执行程序** **1. 组织会议** ☆办公室主任在相关会议召开前开始组织工作，向办公室秘书下达会议通知，并说明会议的主要内容，要求其做好会议的相关安排 ☆会议的内容包括会议主题名称、时间及地点安排、会议主要议程、主要与会人员等 **2. 制定会议须知** 　办公室秘书按照办公室主任的要求制定会议须知，并送至各职能部门，由相关负责人签收 **3. 会议准备** ☆办公室秘书负责收集会议主题资料，并做好会议的场地、时间、设备、人员等的安排工作 ☆办公室秘书发布开会通知，会议准备就绪 **工作重点** ☆办公室主任要根据房地产项目的特点明确会议的类别，常见的会议类别包括总经理办公会、年会、项目动员会、项目研讨会、项目评审会、评比会、总结会、汇报会等 ☆重要的项目推进会议要提前筹划，会议计划需要报主管领导审核、总经理审批 ☆根据房地产项目的业务特点对参加会议的人员进行优化，使与会人员构成达到最佳化 ☆优化会议议题。办公室秘书应根据会议各个议题的轻重缓急和会议负责人的安排，对计划提交的会议议题进行必要的梳理，若有变动要及时通知到位 **工作标准** 质量标准：会议通知到位，会议资料齐全，会议安排合理
会议期间管理	**执行程序** **1. 会议召开** 　会议准时召开，办公室秘书负责与会者签到，并处理会议期间的一切事宜 **2. 会议协调** 　各部门与会者在会上开展讨论，办公室秘书做好会议协调工作 **3. 会议纪要** ☆办公室秘书记录与会者讨论的内容，做好会议纪要 ☆会议结束后，办公室秘书对会议纪要进行整理，上报办公室主任与行政部经理审核、总经理审批，审批通过后连同领导的批示意见一并发布 **工作重点** 　办公室秘书要注意把握会议节奏，根据会议的现场情况做好引导工作 **工作标准** ☆参照标准：公司过去年度类似会议的"会议纪要" ☆质量标准：会议过程紧凑、合理，讨论充分，能够有效解决房地产项目推进过程中出现的问题，达到了会议预期目标

任务名称	执行程序、工作标准与考核指标
会议期间管理	**考核指标** ☆与会人员满意度：达到＿＿＿分 ☆会议目标达成率：用来衡量会议目标的达成情况 $$会议目标达成率 = \frac{实际达成的会议目标数}{计划达成的会议目标数} \times 100\%$$
会议后续管理	**执行程序** **1. 文件编号** 　各职能部门接收会议纪要，并对办公室秘书已做编号处理的纪要文件进行存档 **2. 督导** ☆办公室秘书督导各职能部门执行会议下达的任务，各职能部门及时反馈执行情况 ☆办公室秘书搜集反馈情况，并结合整个会议过程撰写会议总结 **工作重点** 　由于从会议通知的下发到会议总结涉及多部门，因此办公室秘书要注意与各部门的沟通，做好沟通与协调工作
	工作标准 　质量标准：会议内容传达清晰，会议决议被全面贯彻执行，督导过程顺畅
	执行规范
"会议管理细则" "会议纪要"	

第 14 章　房地产项目行政、人事、法务管理

14.3 招聘管理流程设计与工作执行

14.3.1 招聘管理流程设计

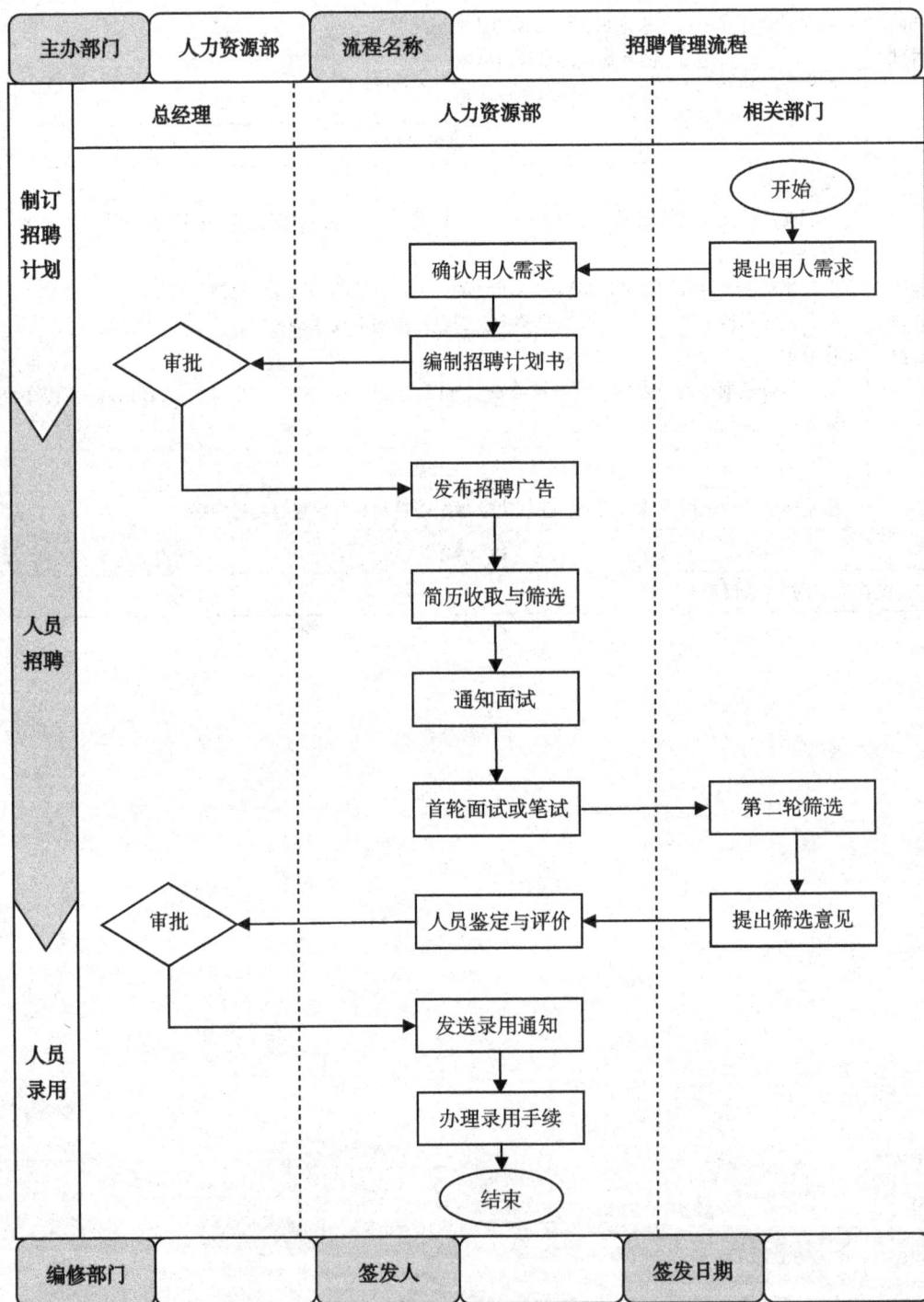

主办部门	人力资源部	流程名称	招聘管理流程

	总经理	人力资源部	相关部门

制订招聘计划

- 开始
- 提出用人需求 → 确认用人需求
- 编制招聘计划书 → 审批

人员招聘

- 发布招聘广告
- 简历收取与筛选
- 通知面试
- 首轮面试或笔试 → 第二轮筛选
- 人员鉴定与评价 ← 提出筛选意见
- 审批

人员录用

- 发送录用通知
- 办理录用手续
- 结束

编修部门		签发人		签发日期

14.3.2 招聘管理执行程序、工作标准、考核指标、执行规范

任务名称	执行程序、工作标准与考核指标
制订招聘计划	**执行程序** **1. 提出用人需求** ☆相关部门根据房地产项目运营的实际需要向人力资源部提出用人需求，完善人员编制 ☆相关部门需向人力资源部详细说明需要招聘的岗位、人员数量、条件要求等 **2. 确认用人需求** ☆人力资源部收到相关部门的用人需求后，先确认需求明细（即招聘的岗位、人员数量、条件要求等），然后根据公司人力资源规划情况和房地产项目推进情况判断是否有招聘的必要 ☆当人力资源部认为有招聘必要时，则立即制订招聘计划 **3. 编制招聘计划书** ☆人力资源部根据相关部门的用人需求制订招聘计划，形成"××部招聘计划书"，内容应包括招聘目的、招聘对象、招聘要求、招聘方式、招聘时间、招聘地点、归口部门和人员、招聘费用等 ☆人力资源部将"××部招聘计划书"提交总经理审批，审批通过后方可执行 **工作重点** 　相关部门在提出用人需求时，要注意将需求细节描述清楚，应先交代需要招聘的原因，然后注明需求的岗位、人员数量、人员素质要求、人员技能要求等 **工作标准** ☆参照标准：招聘计划书参照公司人力资源管理文书写作的标准格式编制 ☆质量标准：招聘计划书的格式规范、内容完整，能够一次性通过总经理审批 **考核指标** "××部招聘计划书"编制完成的时间：应在____个工作日内编制完成
人员招聘	**执行程序** **1. 发布招聘广告** ☆人力资源部根据招聘方式的不同，在不同的平台或渠道发布招聘广告 ☆若为线下招聘，可在当地人才市场、招聘会现场张贴招聘海报及广告；若为线上招聘，可通过线上招聘网站、手机 App 等渠道发布招聘广告 **2. 简历收取与筛选** 　人力资源部收取应聘人员投递的简历，并根据需求部门对招聘岗位的要求筛选合适的简历 **3. 通知面试** ☆人力资源部向通过简历筛选的人员发出面试通知，详细告知其面试时间、地点及注意事项 ☆对于未通过筛选的人员，可向其发出通知并表示遗憾 **4. 首轮面试或笔试** ☆人力资源部对参加面试的人员进行首轮面试或笔试，了解其基本情况 ☆人力资源部应通过面试手段了解应聘人员的素质情况，并对其开展背景调查 ☆经过首轮面试或笔试，人力资源部确定进入下轮筛选的人员，并向其发送通知

任务名称	执行程序、工作标准与考核指标
人员招聘	**5. 第二轮筛选** ☆用人部门对通过首轮面试或笔试的应聘人员进行项目管理、专业技能等方面的考核，主要测试其具体的岗位胜任能力 ☆对应聘管理岗位的人员，主要测试其管理能力；对应聘技能／操作岗位的人员，应请应聘人员现场操作，以判断其技能水平 **6. 提出筛选意见** 用人部门根据参加第二轮筛选的应聘人员的具体表现，给出筛选意见，确定意向人员 **7. 人员鉴定与评价** ☆人力资源部结合用人部门给出的筛选意见及应聘人员首轮面试的实际情况，综合应聘人员的个人素质、技能水平、过往经验等因素，确定拟录用人员，形成拟录用人员名单 ☆人力资源部将拟录用人员名单提交总经理审批，审批通过后方可正式录用 **工作重点** ☆对应聘人员进行背景调查是人员招聘环节的重点，通过背景调查，不仅可以了解应聘人员的工作经验，还可以规避劳动关系上的法律风险 ☆对应聘人员进行面试考核时，一般应由人力资源部对其进行素质、心理上的考核与评价，由用人部门对其进行专业能力上的考核与评价，人力资源部要综合考虑应聘人员这几方面的特质，谨慎筛选人员
	工作标准
	☆目标标准：通过招聘宣传与面试筛选，确定拟录用人员名单 ☆质量标准：招聘程序规范，筛选标准科学合理，拟录用人员名单审批通过率高
	考核指标
	☆人员录用率：用来衡量招聘工作的质量 $$人员录用率 = \frac{最终录用的人数}{计划招聘的人数} \times 100\%$$ ☆拟录用人员名单编制完成的时间：应在____个工作日内编制完成
人员录用	**执行程序**
	1. 发送录用通知 人力资源部向被录用人员发送录用通知，请其在规定的时间到指定地点报到 **2. 办理录用手续** ☆人力资源部为前来报到的人员办理录用手续，收取其身份证明和技能证书等材料复印件，与其签订劳动合同 ☆人力资源部将新员工带到其所在部门，向其介绍主要领导，帮助其熟悉工作环境 **工作重点** 人力资源部须认真核实应聘人员提供的身份证明和技能证书等材料的真实性，避免后期产生纠纷

任务 名称	执行程序、工作标准与考核指标
人员 录用	工作标准
	完成标准：人力资源部按计划完成新员工录用手续的办理工作，新员工成功入职
	执行规范
"××部招聘计划书""拟录用人员名单"	

第14章　房地产项目行政、人事、法务管理

14.4.1　培训管理流程设计

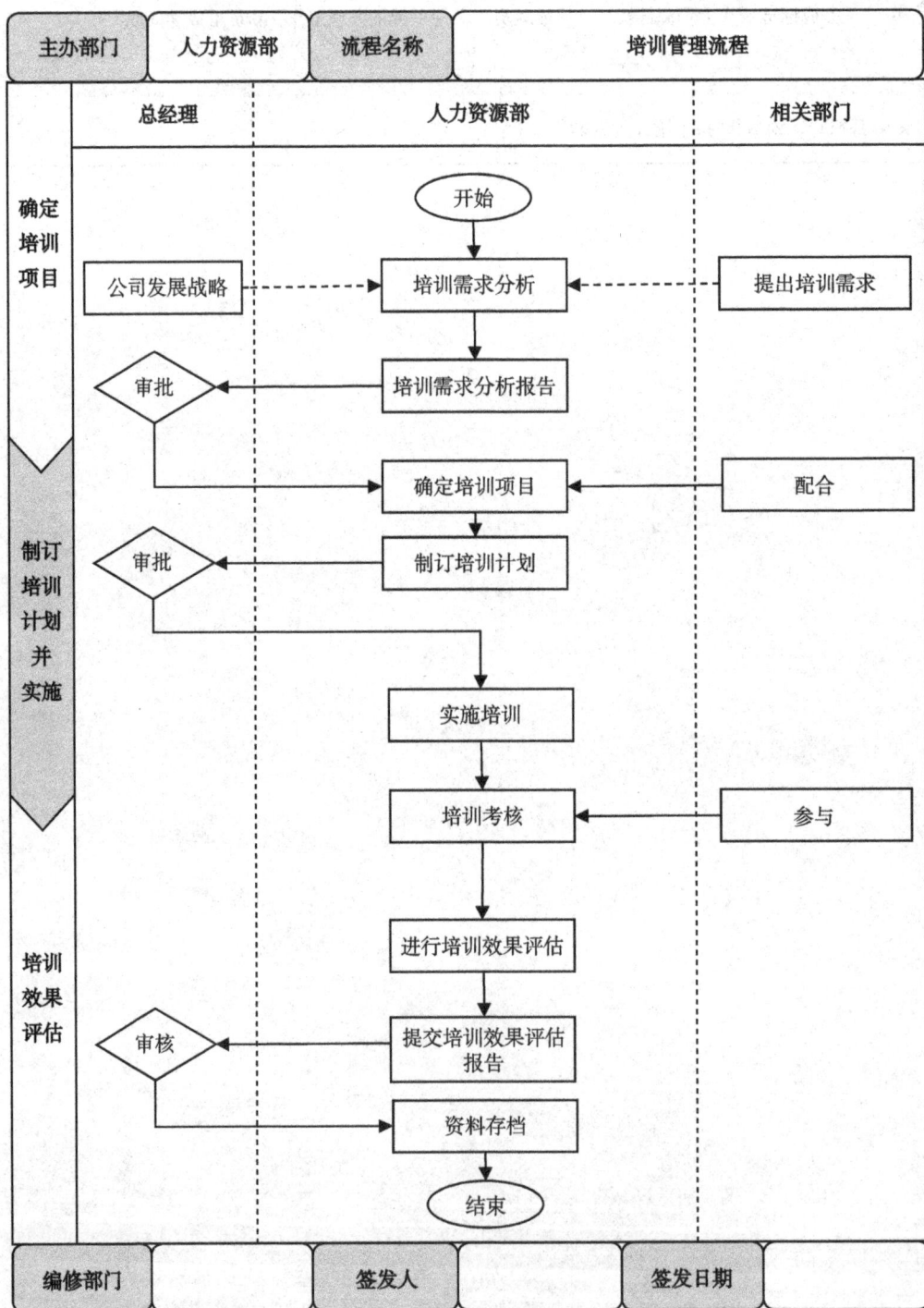

主办部门	人力资源部	流程名称	培训管理流程	

	总经理	人力资源部	相关部门
确定培训项目		开始	
	公司发展战略 ┈┈▶	培训需求分析 ◀┈┈	提出培训需求
	审批 ◀──	培训需求分析报告	
制订培训计划并实施		确定培训项目 ◀──	配合
	审批 ◀──	制订培训计划	
		实施培训	
		培训考核 ◀──	参与
培训效果评估		进行培训效果评估	
	审核 ◀──	提交培训效果评估报告	
		资料存档	
		结束	

编修部门		签发人		签发日期	

14.4.2　培训管理执行程序、工作标准、考核指标、执行规范

任务名称	执行程序、工作标准与考核指标
	执行程序
	1. 培训需求分析 ☆人力资源部基于公司发展战略与各部门的培训需求情况，进行培训需求分析 ☆培训需求分析主要分析培训原因与目的，然后以此为基础制订培训计划 ☆人力资源部应围绕房地产项目的实际推进情况撰写"××部（业务）培训需求分析报告"，并将其报总经理审批，确认培训的必要性。培训需求分析报告经总经理审批通过后，人力资源部方可开展后续培训工作 **2. 确定培训项目** 　人力资源部根据通过审核的"××部（业务）培训需求分析报告"确定培训的具体项目 **工作重点** 　人力资源部要重视培训需求分析工作，它是培训工作的基础，也是重点，没有经过培训需求分析的培训无法"对症下药"，容易使培训流于形式，达不到应有效果
确定培训项目	**工作标准**
	☆参照标准："××部（业务）培训需求分析报告"参照公司文书写作的标准格式撰写 ☆质量标准："××部（业务）培训需求分析报告"内容完整、条理清晰、分析透彻
	考核指标
	"××部培训需求分析报告"撰写完成的时间：应在____个工作日内撰写完成
	执行程序
	1. 制订培训计划 ☆人力资源部基于培训需求分析报告的内容尽快制订培训计划，形成"××部（业务）培训计划书" ☆培训计划书的内容应包括培训目的、培训项目、培训方法、培训时间、培训地点及培训人员等 ☆人力资源部将"××部（业务）培训计划书"报总经理审批，审批通过后方可执行 **2. 实施培训** 　"××部（业务）培训计划书"经审批通过后，人力资源部应根据培训计划书的具体内容，立即着手安排培训老师、场地、器材等，并通知受训人员在指定时间与地点参加培训 **3. 培训考核** 　为检验培训质量，人力资源部应连同相关部门的主要领导对参与培训的人员进行考核，通过笔试、实际操作等方法检验培训效果 **工作重点** 　由于行业特点，房地产项目公司在合规、销售、安全等方面的问题往往较多，这些方面要作为培训重点来设计
制订培训计划并实施	**工作标准**
	完成标准：制订并实施培训计划，相关人员参与培训

任务名称	执行程序、工作标准与考核指标
培训效果评估	**执行程序**
	1. 进行培训效果评估
	☆即便参与培训的人员全部通过培训考核，也不代表培训达到了预期效果，因此培训完成后，人力资源部需要进行培训效果评估
	☆培训效果评估一般分为反应评估、学习评估、行为评估、结果评估
	2. 提交培训效果评估报告
	☆人力资源部应撰写"××部（业务）培训效果评估报告"，详细描述此次培训的实际效果，分析问题，提出对策
	☆人力资源部将培训效果评估报告报总经理审核，审核通过后存档处理
	工作重点
	反应评估、学习评估、行为评估、结果评估即柯式四级评估法，它是现代企业培训效果评估的主要参考模型，应用十分广泛，人力资源部应根据公司实际灵活运用此法
	工作标准
	质量标准：培训效果评估报告的内容紧贴房地产项目的实际业务，逻辑清晰，问题具体，对策可行
	考核指标
	培训目标达成率：用来衡量培训目标的达成情况，目标值为100%
	$$培训目标达成率 = \frac{实际达成的培训目标数}{计划达成的培训目标数} \times 100\%$$
执行规范	
"××部（业务）培训需求分析报告""××部（业务）培训计划书""××部（业务）培训效果评估报告"	

房地产项目管理全案

14.5.1 绩效管理流程设计

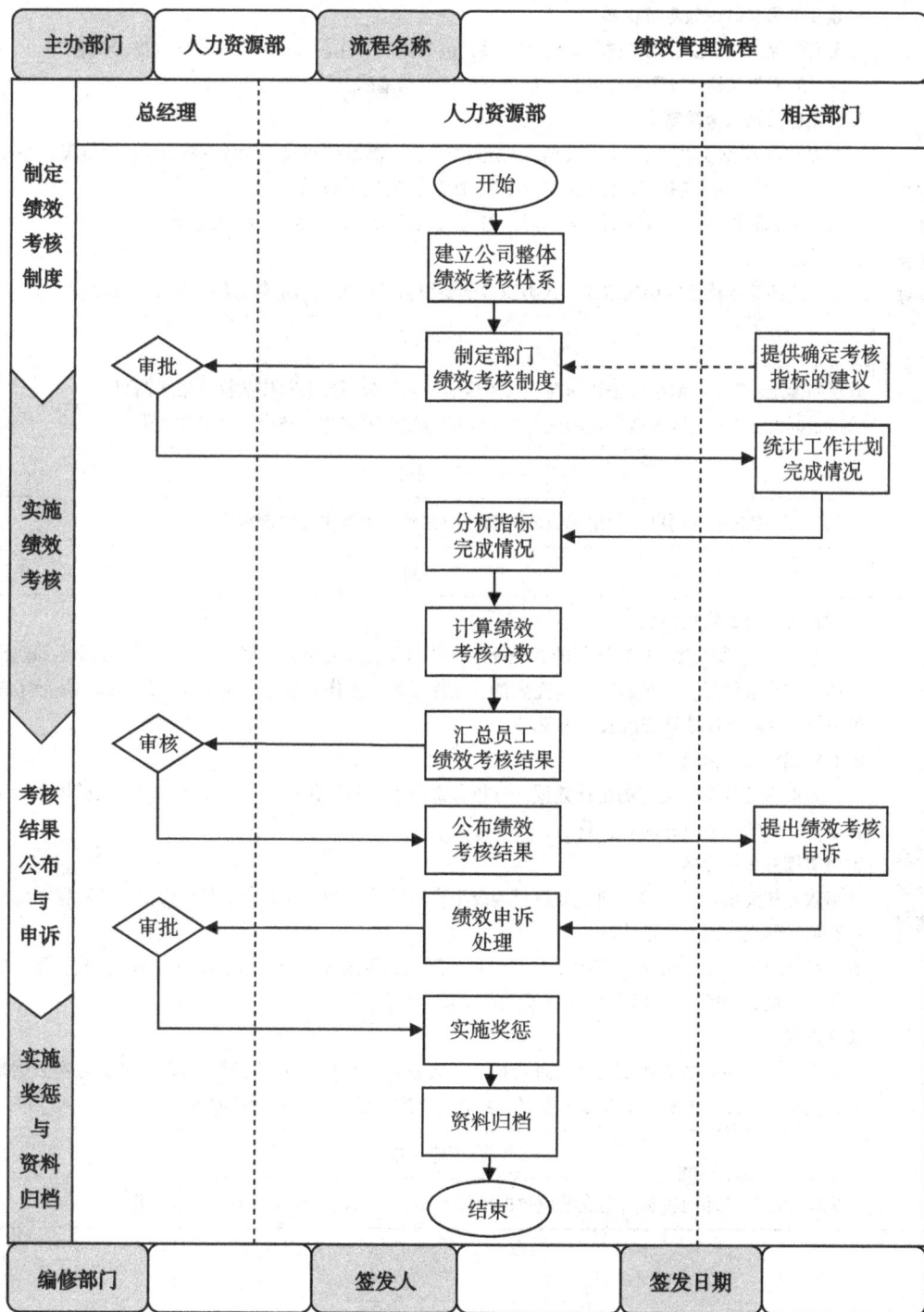

主办部门	人力资源部	流程名称	绩效管理流程

	总经理	人力资源部	相关部门

制定绩效考核制度

开始

建立公司整体绩效考核体系

制定部门绩效考核制度 ← 审批

提供确定考核指标的建议

实施绩效考核

统计工作计划完成情况

分析指标完成情况

计算绩效考核分数

汇总员工绩效考核结果 → 审核

考核结果公布与申诉

公布绩效考核结果 → 提出绩效考核申诉

绩效申诉处理 → 审批

实施奖惩与资料归档

实施奖惩

资料归档

结束

编修部门		签发人		签发日期	

第 14 章 房地产项目行政、人事、法务管理

14.5.2 绩效管理执行程序、工作标准、考核指标、执行规范

任务名称	执行程序、工作标准与考核指标
制定绩效考核制度	**执行程序** **1. 建立公司整体绩效考核体系** ☆人力资源部应建立公司整体绩效考核体系，包括体系文件、人员配置、操作程序等内容 ☆这里的绩效考核体系是建立在房地产项目公司全局基础上的 **2. 制定部门绩效考核制度** ☆人力资源部基于房地产项目公司绩效考核体系，根据项目运营和各部门的实际情况，制定"××部绩效考核制度"，详细规定各部门绩效考核的相关事宜 ☆人力资源部将"××部绩效考核制度"报总经理审批，审批通过后下发执行 **工作重点** 为了使绩效考核达到预期效果，人力资源部要根据部门情况制定各部门的绩效考核制度 **工作标准** ☆参照标准："××部绩效考核制度"参照房地产项目公司文书写作的标准格式撰写 ☆质量标准："××部绩效考核制度"中列出的考核事项完整、清晰，可操作性强 **考核指标** "××部绩效考核制度"制定完成的时间：应在____个工作日内制定完成

实施绩效考核	**执行程序**
	
	1. 统计工作计划完成情况
	  根据"××部绩效考核制度"的有关规定，部门负责人应定时（周、月、季度）统计本部门员工的工作完成情况，主要包括工作完成量、工作质量、工作态度（考勤）等，作为部门绩效考核的依据，并将统计结果交给人力资源部
	2. 分析指标完成情况
	  人力资源部根据各部门的统计数据，分析各部门人员的工作情况，对比各部门的指标体系和考核量表，判断各部门的绩效水平
	3. 计算绩效考核分数
	☆绩效考核完成后，一般会通过分数或等级来表示绩效成绩，人力资源部应根据统计数据和房地产项目的实际情况公正计算
	☆一般情况下，绩效分数可使用十分制或百分制，也可按等级分为A、B、C、D、E或一星、二星、三星、四星、五星等，绩效分数可作为奖惩的依据
	工作重点
	  部门绩效考核一般先由部门经理进行统计，然后交由人力资源部计算，其间可能会存在数据真实性问题，因此人力资源部要派人监督，并制定谎报、瞒报数据的惩戒制度
	
	工作标准
	
	完成标准：各部门负责人完成绩效数据统计工作，人力资源部完成数据分析工作

任务名称	执行程序、工作标准与考核指标
实施绩效考核	**考核指标** ☆各部门统计数据的时间：应在每月____日前完成 ☆数据错误率：用来衡量数据的准确性，目标值为0 $$数据错误率 = \frac{数据出错的项数}{总数据项数} \times 100\%$$ ☆人力资源部分析数据、计算绩效分数的时间：应在每月____日前完成
考核结果公布与申诉	**执行程序** **1. 汇总员工绩效考核结果** ☆人力资源部汇总相关部门所有员工的绩效考核结果，形成"××部×月/周/季度绩效考核说明书" ☆人力资源部将"××部×月/周/季度绩效考核说明书"报总经理审核，审核通过后开展后续工作 **2. 公布绩效考核结果** ☆人力资源部将各部门的绩效考核结果分发给各部门主要负责人，请其告知下属员工，并将考核结果向全公司公示 ☆考核结果公示期为____天，期间任何员工或部门对考核结果有异议的，可向人力资源部提起申诉 **3. 绩效申诉处理** ☆若考核结果确有问题，相关部门可填写"员工绩效申诉表"，将其交给人力资源部。人力资源部须妥善处理绩效申诉，积极与相关部门负责人及提出申诉的人员联系，调查原因，给员工一个公正合理的解释 ☆申诉处理完毕后，人力资源部应在"员工绩效申诉表"上注明申诉结果，并签字盖章，提交总经理审批，审批通过后修改员工的绩效考核结果 **工作重点** 绩效考核结果要在房地产项目公司内部公示，以保证考核结果的公平、公正、公开 **工作标准** 质量标准：绩效考核结果的公布和申诉处理符合公司规定，无绩效纠纷 **考核指标** ☆绩效考核结果的公示时间：应不少于____个工作日 ☆申诉受理及时率：用来衡量绩效申诉处理工作的效率，目标值为100% $$申诉受理及时率 = \frac{及时受理的申诉数}{申诉总数} \times 100\%$$

任务名称	执行程序、工作标准与考核指标
实施奖惩与资料归档	**执行程序** **1. 实施奖惩** 　绩效公示期过且绩效申诉处理完毕后，人力资源部根据公司绩效管理制度的有关规定，对绩效水平高的部门及员工进行奖励，对绩效水平低的部门及员工实施一定程度的惩罚 **2. 资料归档** 　人力资源部应将绩效考核相关资料妥善保管，注意保密，严禁泄露 **工作重点** 　绩效考核的目的是为了提高员工的工作绩效，最常见的策略是实施奖惩，而奖惩各占的比重和内容需要根据项目公司的实际情况而定
	工作标准 ☆目标标准：通过奖惩的实施，有效激励员工的工作积极性，保证房地产项目顺利推进 ☆质量标准：基于绩效考核结果的奖惩实施符合公司规定，操作正当合理
	考核指标 奖惩实施的时间：应在____个工作日内完成
	执行规范

"××部绩效考核制度""××部×月/周/季度绩效考核说明书""员工绩效申诉表"

14.6.1 保险管理流程设计

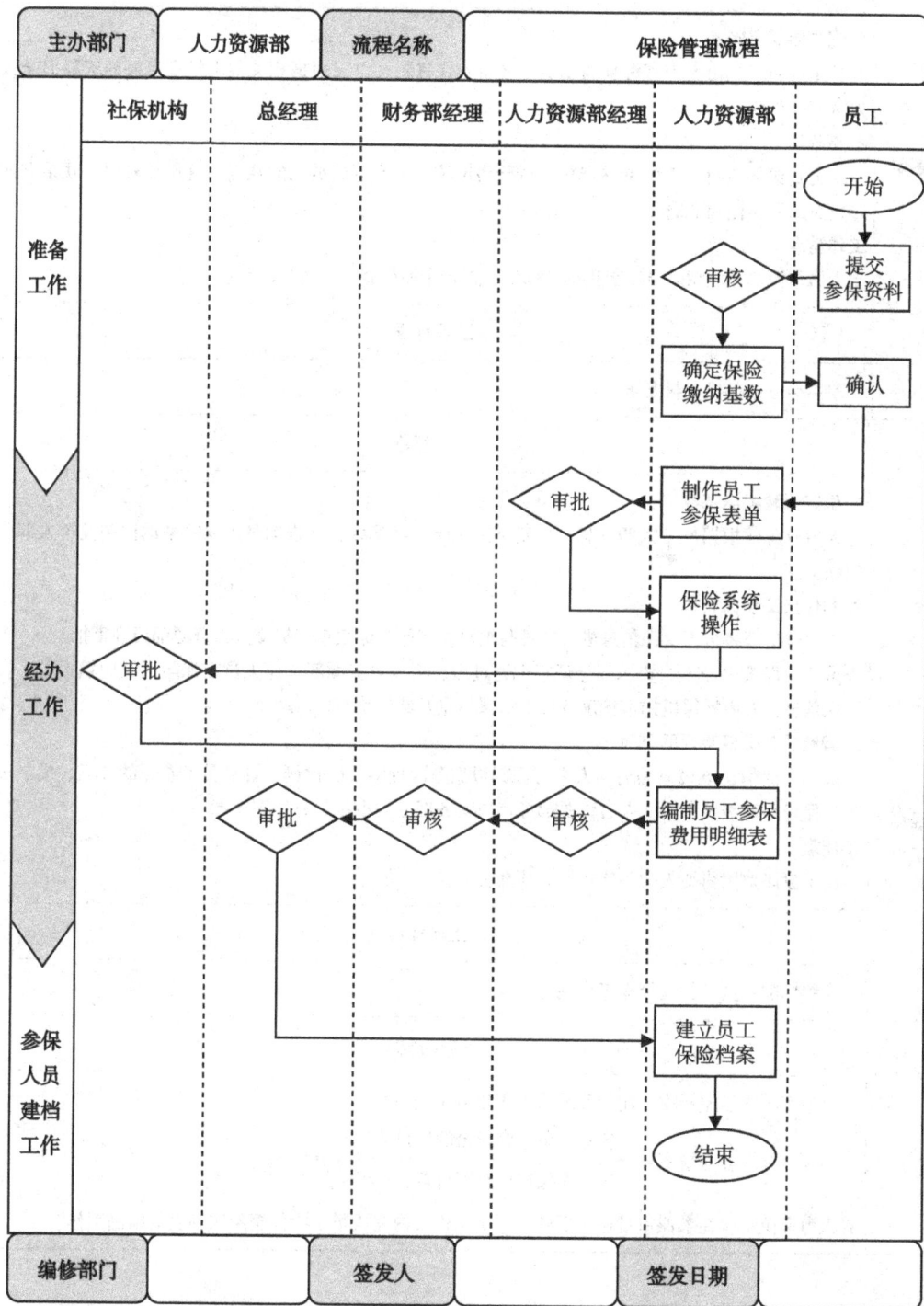

主办部门	人力资源部	流程名称	保险管理流程

社保机构	总经理	财务部经理	人力资源部经理	人力资源部	员工

准备工作

开始 → 提交参保资料 → 审核 → 确定保险缴纳基数 → 确认

制作员工参保表单 → 审批

经办工作

保险系统操作 → 审批

编制员工参保费用明细表 → 审核 → 审核 → 审批

参保人员建档工作

建立员工保险档案 → 结束

编修部门		签发人		签发日期	

第 14 章 | 房地产项目行政、人事、法务管理

/ 251 /

14.6.2 保险管理执行程序、工作标准、考核指标、执行规范

任务 名称	执行程序、工作标准与考核指标
准备 工作	**执行程序** **1. 提交参保资料** 　员工入职后，由人力资源部通知员工准备参保资料，员工根据相关要求将准备好的资料提交人力资源部审核 **2. 审核** 　人力资源部应对员工的参保资料进行严格审核，主要审核员工的姓名、身份证号码、联系方式等信息的真实性和准确性 **工作重点** 　人力资源部要注意对员工提供的参保资料进行全面核查，避免出现错误信息 **工作标准** 参照标准：参保资料要求
经办 工作	**执行程序** **1. 确定保险缴纳基数** 　人力资源部根据员工入职信息，确定员工保险缴纳基数，并告知员工保险缴纳比例及个人部分应缴金额 **2. 制作员工参保表单** ☆人力资源部将员工参保信息进行整理与汇总，制作参保表单，提交人力资源部经理审批 ☆员工参保表单经人力资源部经理审批通过后，由人力资源部工作人员在保险系统中填报员工参保信息，并由社保机构审批确认员工参保信息及参保状态 **3. 编制员工参保费用明细表** 　员工参保信息申报成功后，人力资源部根据各险种的参保比例，计算员工参保的金额，编制员工参保费用明细表，提交人力资源部经理与财务部经理审核、总经理审批 **工作重点** 　员工参保费用明细表的各项数据必须真实准确 **工作标准** 参照标准：员工保险管理工作规范 **考核指标** ☆参保表单内容差错率：用于反映参保表单的编制质量 $$参保表单内容差错率 = \frac{参保表单内容出错的项目数}{参保表单总项目数} \times 100\%$$ ☆人力资源部应在参保审批通过后的____个工作日内完成员工参保费用明细表的编制工作

任务 名称	执行程序、工作标准与考核指标
参保 人员 建档 工作	**执行程序** 人力资源部在员工参保成功后，将员工参保凭证和员工资料一起存档，建立员工参保档案，及时记录员工保险的信息，查询员工社保卡的制卡情况，为没有社保卡的员工申请制卡 **工作重点** 参保人员的档案信息应全面准确，无资料遗漏，并做到一人一档 **工作标准** ☆完成标准：员工参保信息登记并确认完毕 ☆参照标准：员工保险档案存放规范 **考核指标** 参保人员信息建档工作：应在____个工作日内完成
执行规范	
"员工保险管理工作规范""社保系统操作手册""付款审批规范""员工参保档案建档要求"	

14.7.1 员工辞退管理流程设计

主办部门	人力资源部		流程名称		员工辞退管理流程
	总经理	人力资源部经理	人力资源部	部门经理	员工

员工风险行为分析

开始

发生辞退风险行为 → 员工辞退风险行为分析 → 调查核实

判断员工行为严重性 → 严重 —是→

否

警告处理 → 签字确认

员工处罚管理

统计警告次数 ←否— 多次警告

培训或调岗

是

提出辞退申请 → 与员工面谈 → 审批

员工辞退

办理辞退手续

解除劳动合同

结束

| 编修部门 | | | 签发人 | | 签发日期 | |

14.7.2　员工辞退管理执行程序、工作标准、考核指标、执行规范

任务名称	执行程序、工作标准与考核指标
员工风险行为分析	**执行程序** **1. 员工辞退风险行为分析** ☆员工遭到辞退的直接原因就是员工出现导致辞退的风险行为 ☆当员工出现辞退风险行为后，该员工部门经理需分析其产生风险行为的原因，是员工个人问题还是岗位问题导致员工辞退风险行为的产生 **2. 判断员工行为严重性** ☆根据员工风险行为分析结果，人力资源部对该员工的行为严重性进行分类 ☆若员工行为严重违规，则对该员工做出辞退处理，通知该员工办理离职手续 ☆若员工行为未达到严重违规，则根据行为情节，对员工进行警告处理，由员工签字确认 **工作重点** 　员工辞退风险行为调查应全面客观，并做好记录，根据员工行为的严重性做出合适的处理
员工风险行为分析	**工作标准** ☆参照标准：房地产项目公司员工行为规范 ☆效率标准：调查核实工作应在＿＿个工作日内完成
员工处罚管理	**执行程序** **1. 统计警告次数** ☆人力资源部对员工警告次数进行统计，若员工被多次警告处罚，则对员工做出辞退处理 ☆对于警告次数较少、警告处罚程度较轻的员工，人力资源部可将员工警告记录进行存档，为后续员工培训或调岗提供依据 **2. 培训或调岗** 　属于员工个人能力不足或岗位问题导致的员工辞退风险行为，由部门经理和人力资源部对其进行培训或岗位调动，由专人进行辅导，让员工尽快适应新工作 **3. 提出辞退申请** 　员工经过培训或调岗后，依然无法适应新的工作岗位，或者违纪拒不改正，仍产生风险行为的，部门经理可提出员工辞退申请 **工作重点** 　人力资源部应关注培训或调岗后员工的工作状态和心理，及时对员工进行辅导，帮助员工提升工作能力
员工处罚管理	**工作标准** ☆参照标准：员工违纪警告处罚规定 ☆目标标准：通过培训或调岗，减少员工风险行为的产生

任务名称	执行程序、工作标准与考核指标
员工辞退	**执行程序** **1. 与员工面谈** 　部门经理提出员工辞退申请后，由人力资源部经理与员工进行面谈，抓住要点说明实际情况，做好员工的情绪安抚工作，与员工协商辞退补偿等事宜 **2. 办理辞退手续** 　辞退面谈结束，并经人力资源部经理和总经理审批同意后，由人力资源部代表公司与员工解除劳动合同，为员工办理相关手续 **工作重点** 　人力资源部要做好员工的辞退面谈工作，尽量减轻员工的心理压力，避免风险行为的发生
	工作标准
	☆完成标准：员工辞退手续办理完毕 ☆依据标准：人力资源部工作规范
	考核指标
	员工辞退手续应在＿＿＿个工作日内办理完毕
	执行规范
	"房地产项目公司员工行为规范""员工辞退面谈记录表""员工辞退处理报告"

房地产项目管理全案

14.8.1　合同管理流程设计

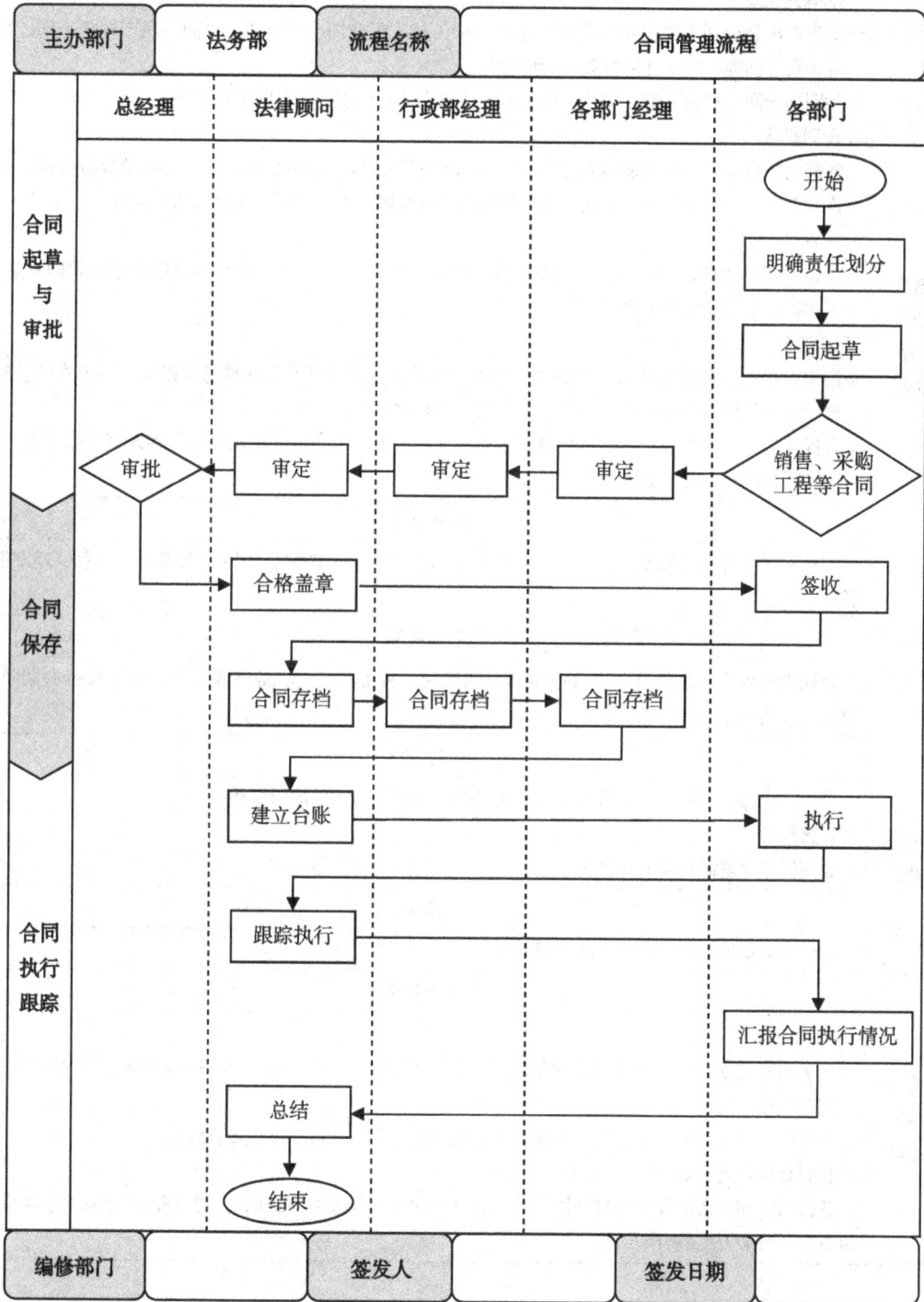

主办部门	法务部	流程名称	合同管理流程		
	总经理	法律顾问	行政部经理	各部门经理	各部门

合同起草与审批 → 合同保存 → 合同执行跟踪

各部门：开始 → 明确责任划分 → 合同起草 → 销售、采购工程等合同

审定（各部门经理）→ 审定（行政部经理）→ 审定（法律顾问）→ 审批（总经理）

合格盖章（法律顾问）→ 签收（各部门）

合同存档（法律顾问）→ 合同存档（行政部经理）→ 合同存档（各部门经理）

建立台账（法律顾问）→ 执行（各部门）

跟踪执行（法律顾问）

汇报合同执行情况（各部门）

总结（法律顾问）→ 结束

编修部门		签发人		签发日期	

第 14 章　房地产项目行政、人事、法务管理

14.8.2　合同管理执行程序、工作标准、考核指标、执行规范

任务名称	执行程序、工作标准与考核指标
合同起草与审批	**执行程序** **1. 明确责任划分** ☆房地产项目公司各部门根据合同类型的不同（如工程合同、土地转让合同、房产销售合同、物资采购合同等）明确合同管理的责任划分 ☆为明确合同管理的职责，房地产项目公司可制定公司层面的"合同管理办法" **2. 合同起草** 　各部门根据具体的合同种类起草合同，如投资开发部起草土地合同、项目部起草监理合同、材料设备部起草材料设备采购合同、销售部起草销售合同、人力资源部起草劳动合同等 **3. 审批** 　根据不同的职能，合同草拟完成后，先由各部门经理审定，再由行政部经理及法律顾问审定，审定无误后上报总经理审批 **工作重点** ☆房地产项目公司通常都有自己的合同范本，行政部、法务部及其他部门可以在合同范本的基础上，结合具体的业务事项对合同进行修改，以有效提升工作效率 ☆合同谈判是一项专业技术含量很高的工作，房地产项目公司可以重点培养一些谈判方面的人才，以备项目推进过程中的各种谈判需要 **工作标准** 　完成标准：各部门拟定合同，经部门经理、行政部经理、法律顾问审定无误后，报总经理审批通过 **考核指标** 　合同内容的完整性：合同内容应包括合同标的、数量和质量、价格或酬金，以及履行的期限、地点、方式和违约责任等条款
合同保存	**执行程序** 　合同一式三份，签订完成后分别交至法务部、行政部及相关部门存档 **工作重点** 　合同保存要遵循公司的相关规定 **工作标准** 　参照标准：公司制定的"合同管理办法"
合同执行跟踪	**执行程序** **1. 建立台账** ☆法律顾问建立合同台账并保留能够证明合同执行情况的原始凭证，同时跟踪和监督各部门对合同的执行情况 ☆在合同执行过程中，如需变更合同条款，则要提供书面材料并进行重新洽谈 **2. 汇报合同执行情况** 　各部门定期向法律顾问汇报合同的执行情况，法律顾问需要对合同的执行情况做出总结、备案，以备应对可能发生的合同纠纷

房地产项目管理全案

任务名称	执行程序、工作标准与考核指标
合同执行跟踪	**执行程序**
	工作重点
	☆在合同执行过程中，各部门要与客户积极沟通，并注意沟通技巧，避免因沟通问题而导致合同执行出现差错
	☆在合同执行过程中，若合作方要求对合同做出修改，以满足其特殊需要，则应让合作方针对修改的条款提供书面文件，相关人员要及时通知投资开发部、技术部、工程部等，对修改条款的可行性进行商议，同时报上级批准
	工作标准
	☆完成标准：合同顺利执行，如有问题双方协商解决
	☆质量标准：合同执行过程顺利，双方沟通顺畅，为下次合作打下了良好的基础
	考核指标
	合同条款履行率：用来衡量合同的履行情况 $$合同条款履行率 = \frac{实际履行的合同条款数}{计划履行的合同条款数} \times 100\%$$
	执行规范
"合同管理办法"	

第14章 房地产项目行政、人事、法务管理

14.9.1 法务管理流程设计

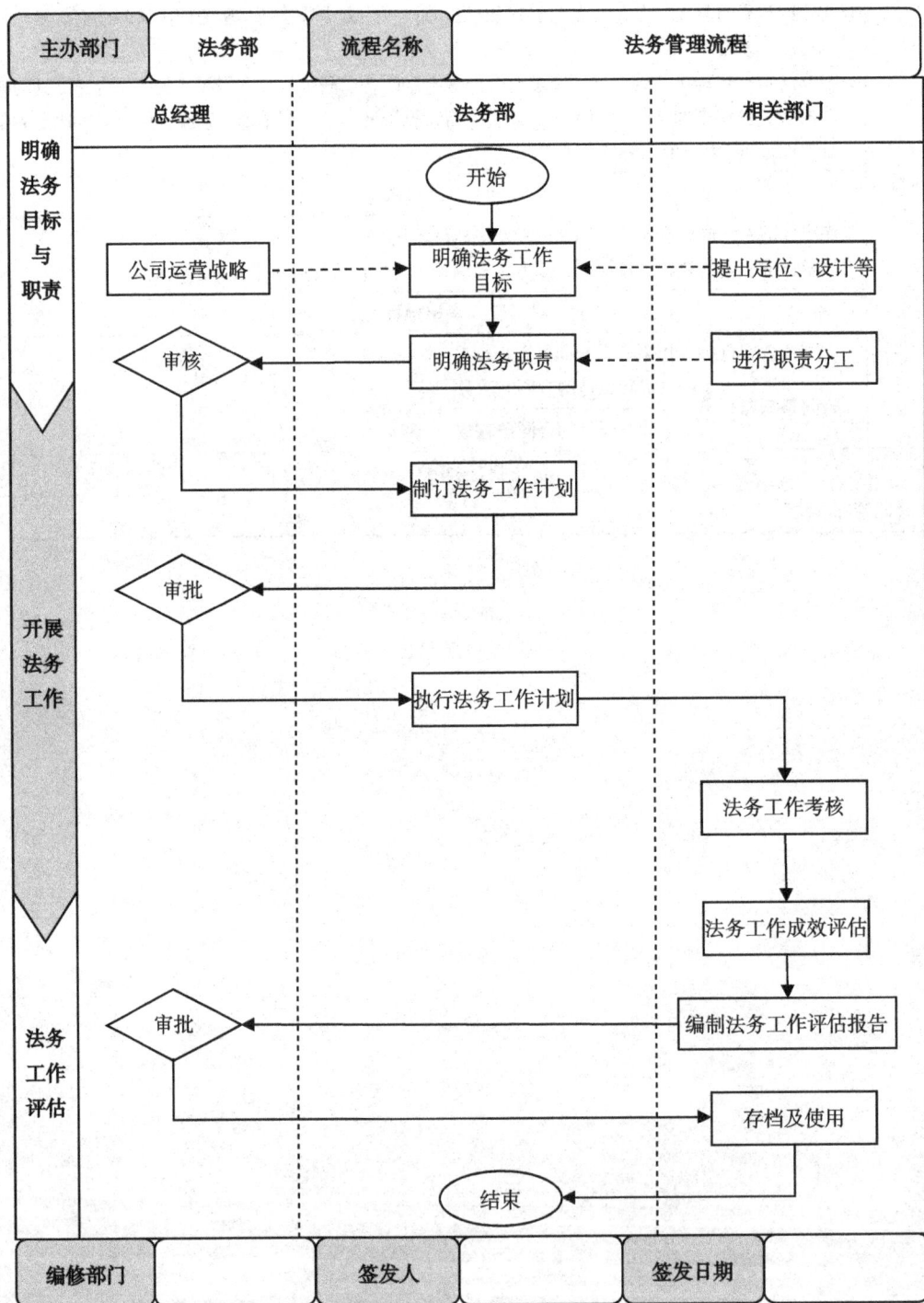

主办部门	法务部	流程名称	法务管理流程

	总经理	法务部	相关部门

明确法务目标与职责

开始

公司运营战略 ⟶ 明确法务工作目标 ⟵ 提出定位、设计等

审核 ⟵ 明确法务职责 ⟵ 进行职责分工

制订法务工作计划

审批

开展法务工作

执行法务工作计划

法务工作考核

法务工作成效评估

法务工作评估

审批 ⟵ 编制法务工作评估报告

存档及使用

结束

编修部门		签发人		签发日期	

房地产项目管理全案

14.9.2　法务管理执行程序、工作标准、考核指标、执行规范

任务 名称	执行程序、工作标准与考核指标
明确 法务 目标 与 职责	**执行程序** **1. 明确法务工作目标** ☆法务部基于总经理提出的公司运营战略与人力资源部对各部门的定位，确定法务工作目标 ☆房地产项目公司的法务工作目标通常为：落实并加强对各项公司涉法事务的综合管理，最大限 　度地降低法律诉讼及非诉讼纠纷的法律风险，维护公司的合法权益 **2. 明确法务职责** ☆法务部基于人力资源部对各部门职责的划分，明确法务职责 ☆房地产项目公司法务职责通常包括以下几个部分：（1）从法律专业角度为公司领导的决策提供 　法律支持，为公司的经营、管理决策提供法律上的可行性、合法性分析和法律风险分析，实现 　公司法律风险管理的规范化，为公司的发展战略提供法律专业角度的决策支持；（2）协助公司 　管理层建立、完善各项规章制度，针对有关公司内部法律风险实施管控，定期为公司员工举办 　相关法律宣传、教育及培训活动，尤其是房地产项目相关法律的培训；（3）对公司管理存在缺 　陷的部门进行法律分析调研，提出加强管理的方案和建议，逐步完善内部控制机制；（4）针对 　公司外部法律风险实施防范，参与重大经济活动（包括委托项目、投资项目）的谈判，提出减 　少或避免项目运营风险的措施和法律意见；（5）确立统一适用于公司及子公司的合同范本，协 　助公司各业务部门与子公司起草、修订、审核业务合同，并对合同的履行进行监督，力争保 　证合同最大限度地维护公司的合法利益；（6）负责处理或委托律师事务所处理公司涉及的劳 　动争议、合同纠纷等非诉讼法律事务；（7）协助公司相关部门办理公司开业注册、合并、分 　立、兼并、解散、清算、注销等工商事务，以及公证、抵押等法律事务，并审查相关法律文件； 　（8）协助相关部门办理合作单位的资信调查事项，发表声明、启事等事务；（9）协助公司证券、 　融资部门及律师办理公司项目的相关法律事务；（10）负责收集、整理、保管与公司经营管理有 　关的法律法规及政策性文件 **工作重点** 房地产项目公司要注意从合规管理的角度来重新定义房地产法务的职责 **工作标准** 参照标准：房地产行业标杆企业的法务职责设计
开展 法务 工作	**执行程序** **1. 制订法务工作计划** ☆法务部基于公司法务工作的实际情况制订工作计划，形成"法务工作计划书"，主要内容应包括 　工作目的、工作内容、工作方法、参与人员等 ☆法务部将"法务工作计划书"报总经理审批 **2. 执行法务工作计划** "法务工作计划书"经审批通过后，法务部应根据计划书的具体内容，立即着手组织实施 **3. 法务工作考核** 为检验法务工作的质量，人力资源部应连同各部门主要领导对公司法务工作进行考核与评审

任务名称	执行程序、工作标准与考核指标
开展法务工作	**工作重点** ☆关于规章制度监督管理：公司各部门及子公司根据公司经营管理的实际情况拟定本部门的规章制度，并提交公司法务部审查备案；规章制度起草部门根据讨论或征求的意见对规章制度进行修改，并将修改后的规章制度草案连同征求的意见等资料送交法务部审查；规章制度打印成文后，应转送一份给法务部登记备案 ☆关于诉讼与仲裁管理：公司各部门和工作人员若收到以本公司作为当事人或利害关系人的诉讼或仲裁文书，应当在收到当日送法务部；法务部收到诉讼或仲裁文书后应当及时向公司领导汇报，并收集有关信息和资料，研究对策；对在法定期限内收到的有关诉讼或仲裁文书，法务部应当在规定的期限内依法处理；对超过法定期限收到的诉讼或仲裁文书，法务部应当及时将有关情况向公司领导汇报，并积极采取补救措施，切实维护公司的合法权益 ☆关于合同（协议）管理：法务人员（部）负责项目各类合同的合法性审查，并提出相应的法律意见；根据业务部门的具体分工，指导合同的实际履行；以公司名义对外签订合同，相关部门起草或者收到合同文本后，应当在签订日前五个工作日送交法务人员（部）审查，并附送起草说明及合同形成的有关背景资料；在送交法务部之前，相关部门必须先行对合同进行初步审核，并保证合同中的内容与谈判记录相符；法务人员（部）在收到合同文本后，一般应在五个工作日内审查完毕，有特殊情况时除外；以公司名义正式签订的合同，应当在合同最后一方签署后五个工作日内将复印件送交法务人员（部）备案 ☆关于法律培训管理：法务部应以公司名义定期对相关部门进行法律培训，培训的主要内容有《中华人民共和国城市房地产管理法》《城市房地产开发经营管理条例》《中华人民共和国建筑法》《中华人民共和国消防法》《中华人民共和国招标投标法》《建筑工程质量管理条例》《房地产登记技术规程》等；在实施法律培训时，法务部应做好培训准备工作，包括制作培训教材、设计培训方案、布置培训场地等；法律培训活动结束后，法务部应对培训的效果进行评估，根据评估结果制订下一阶段的法律培训计划及方案
	工作标准
	质量标准：公司法务工作按计划顺利推进，房地产项目运营中的合规风险明显降低，诉讼、仲裁事项明显减少
法务工作评估	**执行程序**

	1. 法务工作成效评估
	  人力资源部定期或不定期地进行公司法务工作成效评估，评估一般分为相关部门反应评估、公司合规情况评估、法律顾问履行职责评估等
	2. 编制法务工作评估报告
	☆人力资源部应撰写"法务工作评估报告"，详细描述公司法务工作的实际效果，分析问题，提出对策
	☆人力资源部将"法务工作评估报告"报总经理审批，审批通过后进行存档，以备使用
	工作重点
	  对法务培训的评估可以从反应评估、学习评估、行为评估、结果评估四个维度推进，即柯式四级评估法。它是现代企业培训效果评估的主要参考模型，应用十分广泛，人力资源部可以根据公司的实际情况灵活运用此法

房地产项目管理全案

任务 名称	执行程序、工作标准与考核指标
法务 工作 评估	**工作标准**
	☆质量标准："法务工作评估报告"内容完整、逻辑清晰、问题具体、对策可行 ☆参照标准："法务工作评估报告"参照公司文书写作的标准格式撰写
	考核指标
	"法务工作评估报告"撰写完成的时间：应在____个工作日内撰写完成
	执行规范
	"法务工作计划书""法务工作评估报告"

第 14 章 房地产项目行政、人事、法务管理